Friedrich Lange

Zeitbombe Papierwährungen

Der freie Fall von Euro & Dollar als Jahrhundertchance für Ihr Vermögen

Bibliographische Information der Deutschen Bibliothek:
Die Deutsche Bibliothek verzeichnet diese Publikation in der Deutschen Nationalbibliographie. Detaillierte bibliographische Daten sind im Internet über http://dnb.ddb.de abrufbar

ISBN: 978-3-932017-95-7

Herausgeber: Sandra Witscher
Autor: Friedrich Lange, v.i.S.d.P.
Satz & Design: TiPP 4 GmbH, Rheinbach
Überarbeitung: Matthias Fach, Markus Still

Inhalt

Zeitbombe Papierwährungen: Nutzen Sie die Krise, um ein Vermögen auf- und auszubauen!

Liebe Leserin, lieber Leser,

wirft man einen Frosch zum Kochen in heißes Wasser, macht er in Todesangst einen Riesensprung aus dem Topf heraus. Wird der Frosch aber in Wasser mit Zimmertemperatur ausgesetzt und wird der Topf langsam erwärmt, passt sich der Frosch an die veränderte Umweltbedingung der steigenden Wärme an, bis es für den rettenden Sprung zu spät ist. Dieser Frosch sind Sie, der Anleger und Bürger.

Die treffende Schilderung kommt von Mark Twain, dem bekannten US-Autor von „Huckleberry Finn" und „Tom Sawyer". Ähnlich wie der Frosch werden wir Anleger und Bürger behandelt. Wir sollen uns nach und nach an die schrittweise veränderte Umwelt mit inzwischen sogar negativen realen Zinsen gewöhnen. Diese sind weitaus weniger spürbar als höhere Steuern oder gekappte öffentliche Leistungen und aus diesem Grund politisch eher akzeptabel. Sie erleiden damit reale Kapitalverluste. Steuererhöhungen und Leitungskürzungen wird es ohnehin zusätzlich geben.

Papierwährungen werden so zur Zeitbombe, die Ihren Lebensstandard und Ihr Kapital immer mehr zerstören. Voltaire fasste dies prägnant in dem Satz zusammen: „Papiergeld kehrt früher oder später zu seinem inneren Wert zurück: null!" Davon handelt dieses Buch, schildert Ihnen wichtige Hintergründe und gibt Ihnen Anregungen, zumindest für sich persönlich diese Zeitbombe zu entschärfen.

Wir erleben eine Welt des immer rascheren und nachhaltigen Wandels. 2007 wurden die Finanzmärkte und Staaten durch die größte Finanzkrise seit den 1920er Jahren erschüttert. Aus der Banken- wurde inzwischen eine Staaten-Krise.

Wie reagiert die große Masse der Anleger? Sie flieht in die angeblich sicheren Häfen der vorzugsweise deutschen und US-Staatsanleihen und senkt die Renditen auf Rekordtiefstände. In Panik rennt man eben oft in die falsche Richtung.

Leser meiner regelmäßigen Börsendienste fragen mich immer wieder, ob ich Ihnen zur Anlage in Euro oder zum US-Dollar rate. Meine Antwort ist seit Jahren: Wechseln Sie nicht von der Lusitania auf die Titantic. Beide Schiffe sind untergegangen.

Wir befinden uns im Jahrzehnt der Sachwerte, und auch die von mir schon seit zwölf Jahren prognostizierte Aufwärtsentwicklung der Edelmetalle wird – Korrekturen gehören dazu – weiter anhalten. Sie werden wahrscheinlich den Atem anhalten, wenn Sie meine Analysen zur Geopolitik lesen. Die Prognosen werden sukzessive Realität – ganz anders, als die Massenmedien Ihnen suggerieren. Auswirkungen der Geopolitik betreffen uns immer elementarer. Für mich ein Grund, diese Analysen in den Mittelpunkt zu stellen. Denn die dadurch eintretenden Folgen entwerten alle schönen Vorhersagen diverser Institute über die Konjunktur- und Inflationsentwicklung zur Makulatur.

Seien Sie bitte nicht ängstlich! Turbulente Zeiten, in denen wir leben, sind eine großartige Chance, nicht zu den Verlierern zu gehören, sondern Vermögen aufzubauen und zu erhalten. Das Leben besteht hauptsächlich daraus, mit Unvorhergesehenem fertig zu werden. Da hatte John Steinbeck, ein Pulitzer- und Nobelpreisträger, völlig Recht.

Bitte nutzen Sie die für Sie geschilderten Hintergründe und meine Gedanken zu wichtigen Trends an den internationalen Finanzmärkten, zu den Gefahren und Chancen, die sich Ihnen bieten. Im Schlusskapitel dieses Buches habe ich als Essenz meiner Analysen eine Reihe konkreter Ratschläge für Sie zusammengestellt. Prüfen Sie kritisch, ob Sie diese für sich umsetzen wollen. Ich würde mich freuen, wenn ich Ihnen auf diese Weise helfen kann.

Herzliche Grüße

Ihr
Friedrich Lange

„Früher stand auf dem US-Dollar: Gegenwert in Gold auszahlbar.
Heute steht drauf: Wir vertrauen auf Gott!"

Bonmot, Verfasser unbekannt

Der US-Dollar: Die größte Wirtschaftsmacht der Welt übernimmt sich!

Wertentwicklung des US-Dollars seit 1775

Quelle: Measuringworth.com

Der US$ – ein gutes Beispiel für jede Papierwährung: … Langfristig kehrt sie zu ihrem inneren Wert zurück: null!

Die USA befinden sich in einer Schuldenlawine – einer Katastrophe: mit weitaus schlimmeren Folgen als die stets geschickt von den angelsächsischen Medien und US-Rating-Agenturen hochgespielte Euro-Krise. Schauen Sie auf die Zahlen. Zum einen auf die Differenz zwischen Einnahmen und Ausgaben des US-Bundeshaushalts. Hier klafft inzwischen eine seit 1945, dem Ende des Zweiten Weltkriegs, nicht gekannte Lücke, die schon mehr ein Krater ist. In früheren Jahrzehnten lagen die Einnahmen der US-Bundesregierung bei etwa 18 % des Bruttoinlandsprodukts (BIP) der USA, die Ausgaben bei rund 20 %. Also wurde über Jahrzehnte hinweg mit einem jährlichen Haushaltsdefizit von leicht mehr als 2 % des BIP gewirtschaftet. Die Unterdeckung wurde über Schulden finanziert.

Seit dem Jahr nach der großen Finanzkrise, also seit 2009, weitete sich diese Haushaltslücke auf einen Schlag dramatisch aus. Ursachen waren massiven staatliche Konjunkturprogramme, hohe Sozialleistungen infolge zunehmender Arbeitslosigkeit, weiter ausufernde Ausgaben für das Militär sowie noch niedrigere Steuereinnahmen angesichts der Konjunkturflaute. Die zusätzliche Schuldenaufnahme pro Jahr explodierte geradezu auf über 10 % der gesamten Wirtschaftsleistung.

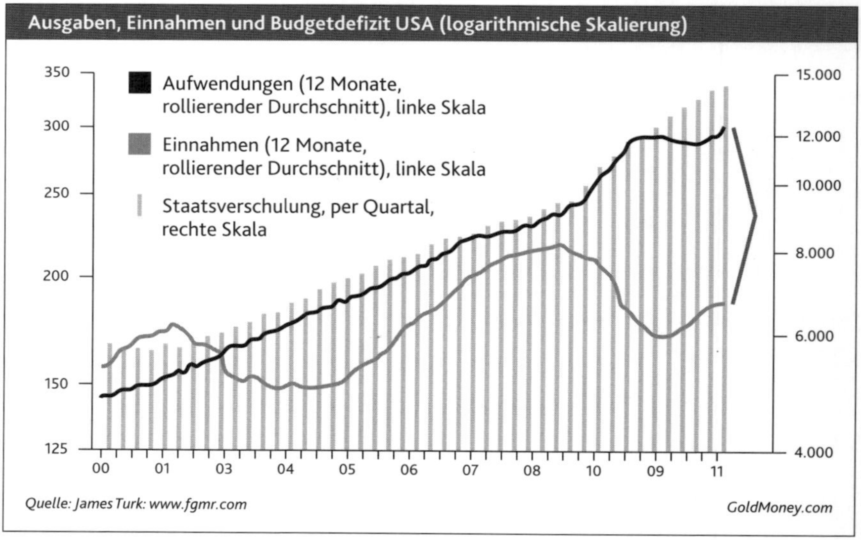

Ursache des US-Haushaltsdefizits: Die Ausgaben ziehen stark an, aber die Einnahmen sacken ab!

US-Haushaltsdefizit über 100 % zum BIP – zu niedrig angegeben

Im Dezember 2011 stieg der offizielle Schuldenberg der US-Bundesregierung über die Marke von 15 Bio. US$ – Tendenz: weiter steil aufwärts.

Damit liegt er zugleich über der jährlichen US-Wirtschaftsleistung und somit oberhalb von 100 %. Zum Vergleich: Die wenig schmeichelhafte Verschuldung der krisengeschüttelten Euro-Zone liegt bei rund 85 %. Die US-Verschuldung ist allerdings auch noch stark geschönt. 44 Bundesstaaten stehen im Jahr 2012 vor einem Gesamtdefizit von mehr als 100 Mrd. US$ (Quelle: *CMPP*, 9.3.2011).

Wenn wir künftige Verpflichtungen für öffentliche Angestellte, Soldaten, die staatliche Gesundheitsvorsorge Medicare etc. addieren würden, kämen wir auf 46 Bio. US$. Ich erinnere mich noch an David Stockman, den früheren Haushaltsdirektor von US-Präsident Ronald Reagan. Dieser stellte kürzlich fest, dass die US-Wirtschaft binnen eines Jahrzehnts unter der Schuldenlast zusammenbrechen werde. Ich glaube nicht, dass dies so lange hinausgezögert werden kann. Hinzu kommt die mittelbare Verschuldung der USA in ihren Bundesstaaten, Kreisen, Städten und Gemeinden. Die Gesamtsumme ist kaum zu errechnen. Inzwischen schlägt die Finanznot voll durch. Die eher Wall-Street-nahe britische *Financial Times* spottete bereits über die „Vereinigten Staaten des Notstands". Infolge Geldmangels werden hunderttausende Mitarbeiter aus dem öffentlichen Dienst entlassen. Einrichtungen schließen, der öffentliche Busverkehr wird eingestellt, Schlaglöcher weiten sich zu Kratern aus, die Großstadt Detroit schloss knapp 50 % aller Schulen. Brücken, Straßen, Gleise, Flughäfen, Deiche, Dämme, Atomkraftwerke, Pipelines verfallen immer mehr. Der dringendste Instandsetzungsbedarf an Infrastruktur wird auf inzwischen rund 2 Bio. US$ geschätzt.

Fazit: Das beeinträchtigt die für das Wirtschaftswachstum unverzichtbare öffentliche Infrastruktur entscheidend und wird künftig verstärkt negative Rückkopplungen auf das Wirtschaftswachstum in Gang setzen.

Unerträgliche politische Selbstblockade

Der Internationale Währungsfonds (IWF) urteilte entgegen seiner sonst gegenüber den USA sehr zurückhaltenden Kritik sehr offen: „Die amerikanischen Absichtserklärungen von Haushaltseinsparungen sind wenig glaubwürdig" (Quellen: *CNBC*, 13.4.2011, *Washington Post*, 18.3.2011). Diese harte, aber realistische Einschätzung hat sich bis heute bewahrheitet. Die politische Blockade jedes zaghaften Ansatzes zu Haushaltskürzungen wurde praktisch im Keim erstickt – eine verheerende Botschaft an die Gläubiger der USA! Der neue Gouverneur von Kalifornien, Jerry Brown, sprach sogar davon, dass die USA in einer Staatskrise stecken, die große Ähnlichkeit mit der Lage vor dem Ausbruch des Bürgerkriegs habe.

Für immer mehr Menschen in aller Welt ist das politische System der USA zerbrochen. Die beiden großen Parteien stehen sich unversöhnlich und kompromisslos gegenüber. Die als rechtspopulistisch eingestufte Tea Party hat die politische Polarisierung noch verschärft. Die Weltmacht USA muss sich schrittweise aus der globalen militärischen Präsenz zurückziehen. Im Dezember 2011 sind die US-Truppen aus dem Irak abgezogen. Das wird auch in Pakistan geschehen und ist für Afghanistan angekündigt. Und in Nordafrika wurden die militärischen Aktionen gegen Ghaddafis Libyen nach außen hin offiziell Briten und Franzosen überlassen.

Das Pentagon und die Rüstungslobbyisten haben die anvisierte Kürzung des US-Verteidigungsbudgets um 5 % monatelang völlig blockiert und erst im Januar 2012 unter höchstem Druck zugestimmt. Sie werden in den nächsten Jahren unter dem Druck fehlender Finanzmittel ein Vielfaches davon akzeptieren müssen. Offen ist, wann und wo der Rückzug aus den weit über hundert Militärstützpunkten vonstatten gehen wird. Vornehmlich in Europa und Asien (besonders für Japan, Südkorea und Taiwan) ist und war die US-Militärpräsenz ein zentraler Pfeiler der Stabilität.

Weltmacht im Abstieg

„Die USA zeigen alle Symptome einer Weltmacht, die ihren Zenit überschritten hat", erklärt der französische Historiker Emmanuel Todd. Ich stimme seinem herben Urteil zu. Die USA stiegen nach dem Zweiten Weltkrieg zur weltweiten Führungsmacht auf. Der große Rivale, die

Sowjetunion, löste sich 1991 auf, zerbrochen an verheerender Misswirtschaft und hohen Rüstungskosten. Die USA schwangen sich damals sogar zur alleinigen Supermacht der Erde auf – doch mit den Anschlägen vom 11. September 2001 begann ihr Zerfall. Ich habe Ihnen das umfassend im geopolitischen Teil dieses Buches beschrieben.

Die USA befinden sich gegenwärtig in einem gravierenden Zustand der Schwäche, wie zuletzt seit dem Bürgerkrieg zwischen den Nord- und Südstaaten. Sie können das deutlich erkennen an dem sukzessiven Verlust der globalen Führungsrolle. Die internationalen Spannungen steigen – und die USA sind fast überall involviert: von Streitigkeiten mit China, Russland, etlichen lateinamerikanischen Ländern bis hin zum Euroraum. Die Armut in den USA nimmt stetig zu. Rund 49 Mio. Amerikaner, damit jeder sechste, bezieht Lebensmittelkarten, und jedes fünfte Kind war bereits einmal obdachlos. Die öffentliche Daseinsvorsorge, besonders Bildung, Soziales, Polizei und Straßen, wird immer mehr eingeschränkt, da sie für die Staaten, Kreise und Gemeinden unbezahlbar wird. Diese Trends werden sich in den kommenden Jahren noch verstärken. Die Wut in der Bevölkerung wird erheblich anwachsen im „Land der begrenzten Möglichkeiten".

2012: Das entscheidende Jahr für die US-Staatsanleihen

2012 werden der Staat USA und seine Finanzinstitutionen etliche Dollarmilliarden auftreiben müssen, um das gigantische US-Defizit finanzieren zu können. Verstehen Sie daher die besonders ab dem Sommer 2011 sich verstärkenden Angriffe auf den Euro und das Euroland. Hier soll einem wichtigen Konkurrenten das Wasser abgegraben werden. 2012 könnte das Jahr der Wende am Markt für US-Staatsanleihen werden. Die gegen den Euro massiv inszenierte Kritik könnte dann auf die USA und ihre wahrlich katastrophale Finanzsituation zurückschlagen. Das ist wohl auch der Grund, warum die Kritik der USA und ihres engen Verbündeten Großbritanniens (in einer ähnlich verzweifelten Lage) immer aggressiver wird. Es geht im Kern darum, einem Wettbewerber zu schaden.

Die Euro-Kritik lenkt hervorragend von der Schwäche des US-Dollar ab

Seit der Diskussion über die Euro-Krise können sich die USA fast entspannt zurücklehnen. Die Kritik an der europäischen Gemeinschaftswährung wird regelmäßig geschickt über die Medien und Politiker in den USA angestoßen – unterstützt von britischer Seite –, anschließend in Europa fast schon in einer Art Selbstzerfleischung fortgeführt und auf die Spitze getrieben. Die Euro-Zone hat Probleme. Davon handelt umfassend das nächste Kapitel. Doch lenkt die Diskussion um den Euro willkommen von einem weitaus größeren Problem ab: der Wirtschaft der USA und der Weltleitwährung, dem US$.

Selten war die Verdrossenheit über das politische Establishment in den USA größer als ab dem Spätsommer 2011. Die Konjunktur befindet sich seit Mitte 2009 weiterhin im Plus. Die wirtschaftliche Erholung verläuft allerdings zäh und ist für zahlreiche Amerikaner eine gefühlte Rezession. Die Hoffnungen auf die politische Lösung durch ein größeres Wirtschaftswachstum und auf Sparmaßnahmen für den Staatshaushalt sind tiefer Resignation gewichen. Denn im US-Kongress werden massive ideologische Grabenkämpfe geführt. Es begann mit einer monatelangen Schlammschlacht im Sommer 2011 um die Anhebung des technischen Schuldenlimits von 14,3 Bio. US$. Das entwürdigende Hick-Hack löste verständlicherweise Fassungslosigkeit und als Folge den Verlust der Bonität des „AAA“ von Standard & Poor’s aus. Auch anschließend wird die gegenseitige Total-Blockade von Demokraten und Republikanern/Tea Party nahtlos fortgeführt. Sie schadet dem gesamten politischen System in den USA. Das Vertrauen sackte im Oktober 2011 auf ein Rekordtief. Laut dem Meinungsforschungsinstitut Gallup sind derzeit nur 13 % aller Amerikaner mit dem US-Kongress zufrieden. Inzwischen werden beide großen politischen US-Parteien abgelehnt. Das bereitet den Boden für eine zunehmende Radikalisierung. Die große Politik ist in den USA unbeeindruckt auf die Präsidentschaftswahlen im November 2012 ausgerichtet.

US-Superausschuss zum Sparen gescheitert

Ende November 2011 scheiterte der zum Sparen speziell eingerichtete Superausschuss des US- Kongresses. Das Anfang August 2011 gegründete Super Committee sollte einen Plan mit Sparvorschlägen für den US-Haushalt in Höhe von 1,2 bis 1,5 Bio. US$ für die nächsten zehn Jahre ausarbeiten. Es gibt keinen Vorschlag dieses Superausschusses. Republikaner und Demokraten blockierten sich vehement gegenseitig. Die zwölf Mitglieder des Superausschusses arbeiten geheim. Die Demokraten des Gremiums forderten Steuererhöhungen, die für Republikaner nicht in Frage kommen, und lehnten die republikanischen Einsparvorschläge im Gesundheitssystem strikt ab. Damit treten zuvor festgelegte, automatische Sparmaßnahmen von 1,2 Bio. US$ nach der „Rasenmäher-Methode" über alle Bereiche in Kraft, allerdings erst sukzessive ab dem Jahr 2013 – und damit nach den Präsidentschafts- und Kongresswahlen in November 2012.

Das alles ist eine Farce! Der dann neu gewählte US-Kongress ist selbstverständlich nicht an die Entscheidungen aus der Vergangenheit gebunden. Die politischen Karten werden nach der Wahl im November 2012 neu gemischt und haben entsprechende haushaltspolitische Konsequenzen.

Inzwischen eskaliert die US-Staatsverschuldung weiter

Jetzt zeichnet sich erst einmal ab, dass die US-Staatsverschuldung weiter eskalieren wird, die Marke von 15 Bio. US$ nach oben überschritten hat und im laufenden Fiskaljahr 2012 keine Ausgaben gestrichen werden. Die Machtüberdehnung der Weltpolizei USA führte inzwischen zu einer Eskalation der Staatsschulden und zur Erosion der Konjunktur. Fundamental sehe ich die USA sogar in einer weitaus schlechteren Verfassung als die Euro-Zone. Die Diskussion konzentriert sich mehr auf den Euro als auf den US$. Am Ende werden beide Währungen und Wirtschaftsblöcke Verlierer sein. Nach den beiden Quantitativen Lockerungen I und II rechnen Sie mit einer dritten Runde ab Anfang 2012. Das Geld wird wiederum nur am Rande in die reale Wirtschaft fließen, sondern vor allem in die Finanzmärkte. Gut für Aktien und Edelmetalle!

Im Folgenden schildere ich Ihnen, wie die USA ihre Währung fundamental bewusst weiter schwächen, ihre Rating-Agenturen gezielt gegen den Hauptkonkurrenten Euro einsetzen und trotzdem den Nimbus des Dollar als Welt-Leitwährung sukzessive verlieren werden.

Problem 1: US-Politik und Fed praktizieren hemmungslos lockere Geldpolitik!

Innenpolitisch ist der Weg zu einer überfälligen Haushaltssanierung durch die beiden großen Parteien, Republikaner und Demokraten, völlig blockiert. Weder einschneidende Ausgabenkürzungen noch Steuererhöhungen sind durchsetzbar. Damit bleibt als Lösung nur die Inflation. Das bedeutet einen sinkenden Außenwert des US$. Diesen Weg beschreiten die USA aus meiner Sicht bereits. Notenbankchef Ben Bernanke hat die Zinsen auf fast null gesenkt und kauft massiv Staatspapiere auf.

Die Inflationslösung ging zu Lasten der beiden Hauptgläubiger der USA: China und Japan. Diese halten US-Staatspapiere in Billionen-Höhe und sind bereits unruhig geworden. Bislang konnten sich die USA darauf verlassen, ausreichend Käufer für ihre Staatspapiere zu finden. Mit einem weiter sinkenden US$ sehe ich die Chancen schwinden. Die privaten Anleger und Bürger hat weltweit tiefes, wachsendes Misstrauen erfasst: gegen Parteien, die Politik generell und gegen Staaten. Die USA weisen seit Jahren eine sich ins Grenzenlose beschleunigende Verschuldung auf. Die politische Führung lässt jede Bereitschaft und Fähigkeit zu Reformen vermissen. Damit steht inzwischen die Glaubwürdigkeit der Noch-Weltmacht auf dem Spiel.

OXFORD CLUB Communiqué 10/2011

US-Notenbank will noch weiter lockern, wartet zunächst aber noch ab!

US-Notenbank-Chef wirbt um Vertrauen

Fed-Chef Ben Bernanke erklärte Ende August 2011 auf den Jahrestreffen der Notenbanker in Jackson Hole/USA seine grundsätzliche Bereitschaft, die US-Wirtschaft weiter zu stützen. Das schwerwiegendste Problem sieht er in der hohen US-Langzeitarbeitslosigkeit. Die Entscheidung der US-Notenbank wurde zunächst verschoben.

Expansive Geldpolitik wird beibehalten: US-Leitzins bleibt bis 2012 bei 0 %

Anfang August 2011 hatte die Fed beschlossen, den US-Leitzins bis mindestens Mitte 2013 bei praktisch null zu lassen. Allerdings hatten drei von zwölf Mitgliedern des Offenmarktausschusses gegen diese Entscheidung gestimmt. Deshalb schilderte Ben Bernanke dieses Mal auch keine der möglichen Optionen. Seit die Fed den Leitzinssatz vor drei Jahren auf die Bandbreite von null bis 0,25 % gesenkt hat, ist dieses Mittel weitgehend erschöpft, um die Konjunktur anzukurbeln. Das jüngste Anleihen-Aufkaufprogramm „Quantitative Easing 2" im Umfang von 600 Mrd. US$ war im Juni 2011 ausgelaufen. Seitdem kauft die Fed Bonds nur noch in dem Ausmaß, in dem Geld aus fälligen Anleihen des eigenen Bestandes frei wird. Das Bruttoinlandsprodukt (BIP) der USA legte im zweiten Quartal 2011 nur um 1 % im Jahresvergleich zu, deutlich weniger als erwartet. Die Fed ist besorgt über mögliche Inflation. So ist die offizielle Inflationsrate auf 3,8 % gestiegen. Zinserhöhungen, um diese zu bremsen, werden allerdings nicht erwogen.

Diese 3 Optionen hat die Fed zur weiteren Lockerung

Spekuliert wird im Hintergrund, welche Schritte die Fed künftig einleiten könnte:

1. Die Bilanz der US-Notenbank bleibt konstant, die Einnahmen aus auslaufenden US-Staatspapieren werden jedoch in lang laufende Bonds umgeschichtet. Das würde die langfristigen Zinsen weiter drücken.

2. Ein „Quantitative Easing 3", also ein drittes Kaufprogramm von US-Staatsanleihen, könnte aufgelegt werden.

3. Die US-Notenbank könnte den Zins, der an Banken für das Parken ihrer liquiden Mittel bei der Fed gezahlt wird, senken, um die Kreditvergabe anzuregen.

Auch Ben Bernanke ermahnt die Politik in Washington

Deutlich kritisierte Bernanke die Politik in Washington. Die lang andauernde Auseinandersetzung zwischen Republikanern und Demokraten um die Anhebung der Verschuldungsobergrenze in den USA habe sich negativ auf die Finanzmärkte und möglicherweise die ganze Wirtschaft ausgewirkt. Solche Wiederholungen könnten die Bereitschaft von Anlegern weltweit schwächen, in den USA zu investieren. Deshalb seien klare Haushaltsziele erforderlich. Jede geldpolitische Lockerungsmaßnahme hat das Geld nicht in die reale Wirtschaft, sondern in die Finanzmärkte gespült. Die Geduld des Abwartens ist gefragt, aber entspricht kaum dem Credo des Zeitgeistes „Alles und sofort“. Wirkt Medizin nicht sofort, liegt es daran, dass zu wenig verabreicht wurde. Damit steigt die Gefahr der Überdosis. Oft ist es besser zu warten, ob die Therapie anschlägt und sich die unerwünschten Nebenwirkungen – wie die Mediziner es ausdrücken – in Grenzen halten.

US-Unternehmen schwimmen im Geld, haben aber kein Vertrauen!

QE 1 und QE 2 haben als Liquiditätsspritzen der Fed für günstige Bedingungen an den Kapitalmärkten gesorgt. Konzerne, insbesondere Finanzinstitute, konnten darüber ihre Bilanzstrukturen verbessern und ihre Finanzierungskosten erheblich senken. In Verbindung mit Kostensenkungen und boomenden Geschäften im Ausland sind die Gewinne zahlreicher US-Konzerne längst wieder über das Niveau vor der Rezession gestiegen, während das Bruttoinlandsprodukt noch immer darunterliegt. Seit dem Ende der Rezession Mitte 2009 bis Ende des ersten Quartals 2011 sind die Gewinne der US-Firmen um 43 % auf rekordhohe 1,45 Bio. US$ angesprungen. Die Cash-Bestände der US-Unternehmen liegen auf einem 55-Jahres-Hoch! Mit Investitionen halten sich die US-Unternehmen allerdings weiterhin stark zurück. Es fehlt nicht an Geld, sondern an Vertrauen.

Schon 2006 warnte ich vor einer solchen Entwicklung und zitierte eine bemerkenswert offene Einschätzung aus berufenem Mund, und zwar des ehemaligen Vorsitzenden der US-Notenbank, Paul Volcker.

OXFORD CLUB Communiqué, 6/2006

Nachdenkliches vom ehemaligen FED-Chef Paul Volcker: Papierwährungen sind Betrugsgeld!

Auf der Frühjahreskonferenz 2006 von „Grant´s Interest Rate Observer" war mit Paul Volcker ein hochinteressanter Referent vertreten, der in seltener Offenheit für einen ehemaligen US-Notenbankchef Einschätzungen abgab, wie Sie diese sonst nur selten erhalten. Hier ist für Sie eine Zusammenfassung seiner wichtigsten Ausführungen:

- Die USA geben mit aktuell mehr als 7 % des BIP pro Jahr mehr aus, als sie produzieren. Damit liegen US-Werte in ausländischen Währungen, die Verbindlichkeiten in US$. Wenn der US$ im Außenwert sinkt, steigen die US-Auslandsanlagen, und die Verbindlichkeiten (in US$) schrumpfen.

- Kleinere Länder werden sich an die beiden großen Währungsblöcke US$ oder Euro anlehnen, um einen stabilisierenden Effekt für ihre Wirtschaft zu erreichen. In Asien fehlt eine solche Reservewährung. Langfristig – falls die Entwicklung Chinas weiterhin fortschreitet – fällt Chinas Renminbi eine solche Funktion zu und wird ihn zur dominierenden Währung Asiens aufsteigen lassen. Werden dann die Länder Asiens immer noch US$ halten?

- Die US-Wirtschaftsprobleme werden auf Dauer einen Vertrauensverlust in den US$ nach sich ziehen. Bestmögliches Szenario: ein sanfter Übergang vom US$ in andere regionale Währungen und ein gradueller Abschwung des US$ über die nächsten zehn Jahre. Schlechtmöglichster Ausgang: Ein plötzlicher Vertrauensverlust führt zur US$-Krise.

- Alle Währungen sind „Betrugsgeld" (wörtlich: „fiat money"). Sie basieren auf Vertrauen. Das Hauptrisiko besteht derzeit im Verlust des Vertrauens in den Wert einer Währung. Dies würde die Preisstabilität zerstören.

- Herausforderungen für das gegenwärtig vom US$ dominierte Weltwährungssystem können werden: Expansion in Europa, Wiederaufstieg Japans, Wachstum in China und Indien. Verbundene Fragen damit: Sind die USA überhaupt noch das Zentrum der Weltwirtschaft? Ist es noch sinnvoll, US$ zu halten. Sollte der US$ überhaupt noch weiterhin praktisch die Weltwährung sein/bleiben?
- Die US-Inflation wird derzeit niedriger angegeben, als es tatsächlich der Fall ist.
- Die Erfahrung lehrt, dass große Trends meist mit einem Schock oder in einer Krise enden (Stichwort: Öl-Krise).

Meine Einschätzung: Die von uns seit Jahren beschriebenen fundamentalen Probleme der USA lassen die westliche Führungsmacht auf eine Krise zutreiben. Wie richtig analysiert, ist sie allerdings nicht kurzfristig zu erwarten. Unser Schwerpunkt Edelmetalle sichert Sie zudem hervorragend gegen die von uns bereits seit 1999 vorausgesagte Vertrauenskrise ab, wie sie jetzt auch Ex-Fed-Chef Paul Volcker sieht.

Problem 2: US-Rating-Agenturen manipulieren gegen den Euro

Nur drei Buchstaben mit Plus- oder Minuszeichen, und doch entscheiden sie über die Zukunft von Staaten und Unternehmen. Ganze Volkswirtschaften können ins Trudeln gebracht werden: von den drei großen US-Rating-Agenturen.

Ganz gleich, ob ein Staat oder ein Unternehmen eine Anleihe auflegt, in aller Regel wird dann die Kreditwürdigkeit durch eine der drei großen Rating-Agenturen beurteilt. Das sind die zum US-Medien-Konzern McGraw-Hill gehörende Standard & Poor's Ratings Services, Moody's Investors Service und die der französischen Holding Fimalac angegliederte Fitch. Die beste Note AAA steht für eine sehr geringe Ausfallwahrscheinlichkeit, C für eine extrem hohe (Moody's hat eine leicht andere Symbolik). Je schlechter die Note ist, desto höhere Zinsen verlangen Investoren für ihr Geld. Ein Rating von schlechter als BBB- bedeutet, dass die Anleihen ihren Investmentgrad verlieren. Sie gelten dann als „Ramsch" (Junk).

Die drei großen Rating-Agenturen sind mit ihren Noten oft maßgebend für das Schicksal von Konzernen und ab dem Jahr 2011 sogar von Ländern. Mit ihren rund 3.500 Rating-Analytikern und etwa 3,8 Mrd. US$ Jahresumsatz ist es eine relativ kleine Branche. Ihr Einfluss ist allerdings enorm: nicht nur auf Anleger, sondern sogar auch auf mächtige Aufsichts- und Regulierungsbehörden im Finanzsektor.

In den vergangenen Jahren sind den Rating-Agenturen schwere Fehler unterlaufen. Eklatante Betrugsfälle wie beim Energie-Konzern Enron und anderen Firmen vor etwa zehn Jahren blieben ebenso unentdeckt wie die Immobilienboom-Blase in den USA. Hier haben sie nicht nur mit ihren Bewertungen der Subprimes (verbriefte Hypothekenpapiere) völlig versagt, sondern sie haben sich auch aktiv daran beteiligt. Sogar die Untersuchungskommission des US-Kongresses stellt in ihrem Abschluss-

Rating-Skalen der großen Rating-Agenturen Fitch, Standard & Poors, Moody's

S&P	Moody's	Fitch	Bedeutung
Investment Grade			
AAA	Aaa	AAA	Beste Qualität, geringste Ausfall-wahrscheinlichkeit
AA+	Aa1	AA+	Hohe Qualität, hohe Fähigkeit den laufenden Zahlungsverpflichtungen nachzukommen
AA	Aa2	AA	
AA-	Aa3	AA-	
A+	A1	A+	Angemessene Deckung von Zins und Tilgung: Veränderungen im wirtschaftlichen Umfeld können sich aber negativ auswirken
A	A2	A	
A-	A3	A-	
BBB+	Baa1	BBB+	Aktuell erscheinen Zins und Tilgung gedeckt aber mangelnder Schutz gegen wirtschaftliche Veränderungen
BBB	Baa2	BBB	
BBB-	Baa3	BBB-	
Spekulative Grade			
BB+	Ba1	BB+	Enthält spekulative Elemente: Bedienung der Anleihe nur gesichert, wenn das wirtschaftliche Umfeld stabil bleibt oder sich verbessert
BB	Ba2	BB	
BB-	Ba3	BB-	
B+	B1	B+	Auf lange Sicht nur geringe Sicherung von Zins und Tilgung; hat nicht die Charakteristika eines dauerhaften Investments
B	B2	B	
B-	B3	B-	
CCC+	Caa1	CCC+	Ein Zahlungsausfall ist während der Laufzeit sehr wahrscheinlich
CCC	Caa2	CCC	
CCC-	Caa3	CCC-	
CC	Ca	CC	Hochgradig spekulativ; akute Gefahr des Zahlungsverzugs; bei Moody's im Zahlungsverzug
C	C	C	
D	-	DDD	Gläubiger befindet sich im Zahlungsverzug
-	-	DD	
-	-	D	

Nur drei Buchstaben, die über das Wohl und Wehe entscheiden!

bericht zur Finanzkrise fest, dass diese ohne die Rating-Agenturen nicht möglich gewesen wäre. Ramschpapieren wurde beispielsweise ein „Investment-Grade“ verliehen. Geschadet hat der Riesenflop den Rating-Agenturen allerdings nicht.

Bedeutend gemacht durch Politik und Behörden: Die Geister, die man rief

Die Regulierungsbehörden selbst haben die Rating-Agenturen praktisch unentbehrlich gemacht. Qualitätsstufen von Anlagen bedingen automatisch eine Nachfrage nach Bonitätsbeurteilungen. Neben den drei großen Anbietern sind noch sieben weitere Agenturen bei der Börsenaufsichtskommission registriert: A. M. Best, DBRS, Japan Credit Rating Agency, Rating & Investment Information, Egan-Jones Rating, Lace Financial und Realpoint. An den insgesamt 2,9 Millionen Beurteilungen halten diese sieben Agenturen mit rund 81.000 Benotungen aber nur knapp 3 % Anteil. Den Löwenanteil von 97 % des Volumens teilen S&P, Fitch und Moody‘s unter sich auf.

Diese Konzentration ist das Ergebnis der Regulierung. Rating-Agenturen müssen sich bei der US-Börsenaufsicht SEC als „Nationally Recognized Statistical Rating Organizations“ (NRSRO) anmelden. Der aufwändige Prozess ist eine hohe Hürde für den Markteintritt neuer Gesellschaften. Die hohe Konzentration und die hohe Bedeutung der Agenturen sind auch darauf zurückzuführen, dass die US-Notenbank (Fed), Behörden wie das Office of the Comptroller of the Currency, die Bank für Internationalen Zahlungsausgleich (BIZ) und die SEC, die Aufsicht über die NRSRO, auf die Urteile nur einiger Agenturen zurückgegriffen haben.

Handeln im Sinne ihrer US-Eigentümer

Unabhängig , wie oft hervorgehoben wird, sind die drei großen Rating-Agenturen keineswegs. Eigentümer sind überwiegend große US-Bank-konzerne und Hedgefonds (Quelle: *Bankster*, 4.11.2011). Ich würde es begrüßen, wenn sie die Anleihen der Eurozonen-Länder gleich um mehrere Grade herabstufen würden. Dann müssten sich Investoren entscheiden, ob sie den Einschätzungen der Rating-Agenturen vertrauen oder lieber ihrem eigenen Urteil. Die verzweifelten Versuche europäischer Regierungen, ihre AAA-Einstufung zu halten – eklatantes Beispiel ist hier Frankreich mit Nicolas Sarkozy –, beweisen nur, dass sie sich der Finanzindustrie immer noch unterwerfen. Das ist unnötig.

Mehr Gelassenheit gegenüber den Noten ist angebracht

Euroland ist der weltweit größte Handelsblock mit dem größten Sparvermögen. Mehr Gelassenheit gegenüber den Noten der Rating-Agenturen wäre daher angebracht. Ich sehe die Entwicklung ab 2012 in diese Richtung gehen. Die Gründung einer eigenen europäischen Rating-Agentur ist seit Jahren überfällig und wird wohl umgesetzt werden. Auch deren Noten werden nicht immer genehm sein, aber ein wenig Konkurrenz wird auf jeden Fall gut tun.

OXFORD CLUB Eildepesche 37/2011 vom 8.8.2011

USA verlieren Bestnote nach mehr als 100 Jahren, Kursrutsch, aber keine neue Baisse!

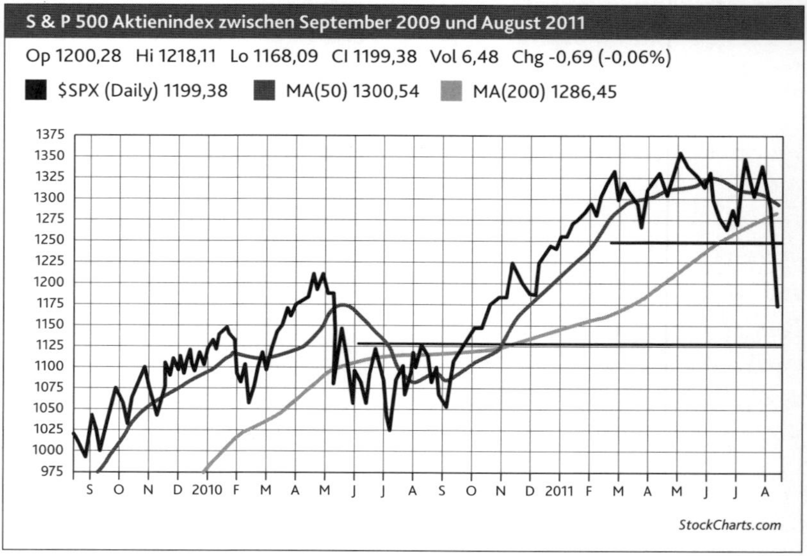

S & P 500 Aktienindex zwischen September 2009 und August 2011

Marktbreiter S&P 500-Aktien-Index zeigt eindrucksvoll den Kursrutsch Anfang August 2011

Die Kurse von US-Staatsanleihen zogen nach dem US-Schuldendeal kräftig an. Konträr dazu setzten an den US-Aktienmärkten und darüber hinaus weltweit massive Verkäufe ein. Diese schlugen in der umsatzschwächeren Ferienzeit 2011 mit etwa der Hälfte der sonst üblichen Umsätze umso stärker durch.

Angst vor einem Rückfall der USA in eine erneute Rezession

In den USA kam die Furcht vor einem „Double Dip", einem erneuten Abrutschen in eine Rezession, auf. Anlass waren einige enttäuschende Konjunkturdaten. So fiel der ISM-Index Industrie für Juli 2011 von 55,3 auf

50,9 Punkte und liegt damit nur noch hauchdünn über der wichtigen Marke von 50 Punkten. Und der ISM-Index Dienstleistungen sank auf das niedrigste Niveau seit Januar 2010. Lediglich die offiziellen US-Arbeitsmarktdaten für Juli 2011 fielen leicht besser als erwartet aus und beruhigten etwas kurz vor dem Wochenende.

Die US-Rating-Agentur Standard & Poor's (S&P) setzte Anfang August 2011 die langfristige Kreditwürdigkeit der weltgrößten Volkswirtschaft um eine Stufe herab. Die USA erhielten damit nach dem AAA nur noch die zweitbeste Note AA+. Die Senkung des Ratings erfolgte am Abend (Ortszeit) nach Handelsschluss der Wall Street. Standard & Poor's hatte den Zeitpunkt bewusst gewählt, um keine erneute Panik an den Börsen zu entfachen. Die Überprüfung des Kreditratings war zuvor ohnehin angekündigt worden. Mit dieser Herabstufung werden US-Staatsanleihen jetzt niedriger bewertet als Anleihen von Ländern wie Deutschland, Großbritannien, Frankreich oder Kanada. S&P begründet die Entscheidung mit „politischen Risiken". Die USA würden nicht die notwendigen Maßnahmen ergreifen, um ihr Haushaltsdefizit in den Griff zu bekommen. Die Kürzungen wären unzureichend. Zweifelhaft bliebe auch, ob sich Demokraten und Republikaner auf zusätzliche Einsparungen einigen könnten.

Möglich: weitere Senkungen

Zudem wurde der Ausblick für die USA mit „negativ" ausgewiesen. Den USA droht damit in den nächsten 12 bis 18 Monaten eine weitere Herabstufung, sofern die von der Regierung genannten Sparziele nicht eingehalten würden. Die US-Regierung kritisierte die Entscheidung von S&P und warf der Agentur einen Rechenfehler von 2 Bio. US$ vor. Die niedrigere Bonitätsnote dürfte Kredite für die Regierung, für Unternehmen und für die Konsumenten in den USA verteuern. Die beiden anderen großen Rating-Agenturen Moody's und Fitch haben nach der Einigung zwischen Demokraten und Republikanern am Dienstag vergangener Woche zunächst an der Spitzennote AAA festgehalten.

Keine neue Baisse

Die Kursverluste fielen an den Börsen in der vergangenen Woche massiv aus. Ich erwarte allerdings keine Wiederholung der Abstürze wie in der Finanzkrise 2008/2009. Dennoch wird die zu hohe Staatsverschuldung die westlichen Volkswirtschaften und die Japans langfristig belasten. Die jüngste Einigung über die Anhebung des Schuldenlimits reicht nicht aus. Die Politik schiebt die Lösung des Problems zeitlich hinaus. In der ersten Augustwoche 2011 verlor der DAX gleich rund 1.000 Punkte oder 13 %, den M-DAX erwischte es mit minus 17 % noch härter. Die Anleger flüchteten in Staatsanleihen, sowohl in die der USA als auch in deutsche Papiere. Als besonders sicher werden offensichtlich Bundesanleihen mit zehn Jahren Laufzeit erachtet. Hier sank die Rendite auf einen Tiefstwert von nur noch 2,2 % (ein 50-Jahres-Tief). Sie sehen, das Vertrauen in unhaltbare Staatsversprechen ist zumindest hierzulande unerschütterlich.

Der jüngste Kursrutsch ist nicht rational. Die Konjunkturlage hat sich nicht grundlegend verändert. Und viele Aktien stellen als Sachwerte einen höheren Schutz dar als die staatlichen Papierversprechen. Wie immer gilt: Abgerechnet wird zum Schluss!

Mix aus hohen Schulden, Rezessionsängsten und unfähigen Politikern – Lösung: Inflation!

Wir sind weiterhin in der Krise. Die Entwicklung begann 2007 mit der US-Immobilien-Krise. Auf diese folgte die Geldmarkt-Krise, dann die Banken-Krise mit der Lehman-Pleite. Und mit dem Eingreifen der Staaten durch die Übernahme eines Teils privater Schulden und durch Konjunkturpakete sind wir mitten in der Staatsschulden-Krise. Ich erwarte – wie Ihnen seit Jahren analysiert -, dass die Schuldenlast letztlich durch einen Anstieg der Inflation (zum Beispiel auf 5 %) abgetragen wird.

Problem 3: Der US-Dollar als Leitwährung wird abgelöst werden!

Im Folgenden gebe ich Ihnen meine Einschätzungen zur aktuellen Finanzlage in den USA, die sich im Jahr 2011 sprunghaft verschärft hat und sich 2012 sogar zu einem Absturz der bisherigen Leit-Währung ausweiten kann. Notenbanken und Staaten ziehen sich aus dem US$ sukzessive zurück. Das Misstrauen beschleunigt sich, da kaum jemand der politischen Führung zutraut, die Probleme zu lösen. Innenpolitisch sind die USA geradezu blockiert: Nichts geht mehr!

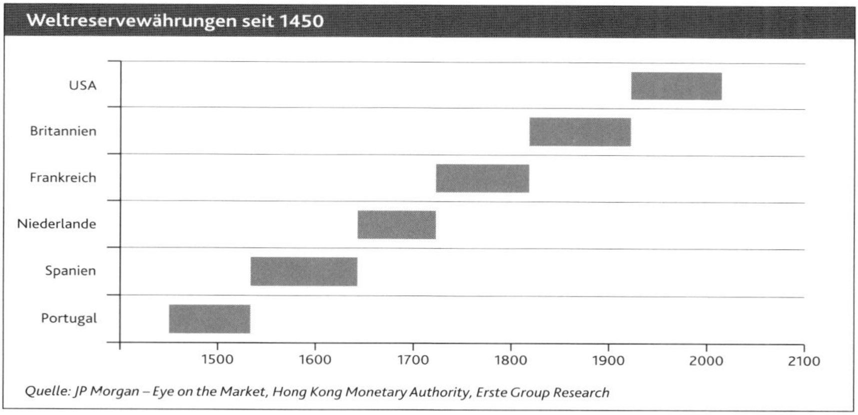

Rückblick auf Welt-Reservewährungen seit 1450 beweist: Nichts währt ewig!

Vertrauen in den US-Dollar bröckelt ab

Die Rating-Agentur Standard & Poor´s hatte den Ausblick für US-Staatsschulden Anfang August 2011 auf „AA+“ mit negativem Ausblick gesetzt. Das war ein Schuss vor den Bug der weltweit größten Wirtschaftsnation. Die USA weisen seit Jahren ein hohes Zwillingsdefizit (Staatsverschuldung und Leistungsbilanz) auf. Trotzdem blieb der Ausblick stabil. Der Bank-Konzern Morgan Stanley sieht darin die dominierende Rolle des US$ als Reservewährung. Die Notenbanken kauften massiv die US-Währung und stützten diese damit zuverlässig. Seit drei Jahren ist hier eine Trendwende eingetreten (wir berichteten mehrfach), und besonders Notenbanken aus Emerging Markets wenden sich vom US$ ab bzw. erhöhen ihre US$-Währungsreserven nur noch unterproportional. Dieser Prozess verläuft langsam, aber nachhaltig und geriet nach Ausbruch der Euro-Schuldenkrise leicht ins Stocken. Zuletzt setzte sich Mexiko vom US$ ab und verzehnfachte seine Goldbestände im ersten Quartal 2011 auf 93,3 Tonnen (t) im Wert von 4,3 Mrd. US$. Damit stecken 4 % der Devisenreserven des Landes im Gold, und Mexiko rückte auf Platz 33 der Staaten mit den höchsten Goldreserven auf. Das Land folgt damit den Beispielen von China, Indien und Russland, die in den vergangenen Jahren massiv Gold gekauft haben.

Unabhängig vom aufgezeigten langfristigen Trend des US$: Rechnen Sie zunächst dank dem Ende von QE 2 aber erst mit einer Erholung der US-Währung. Kein Grundtrend verläuft ohne Korrekturen immer nur in eine Richtung.

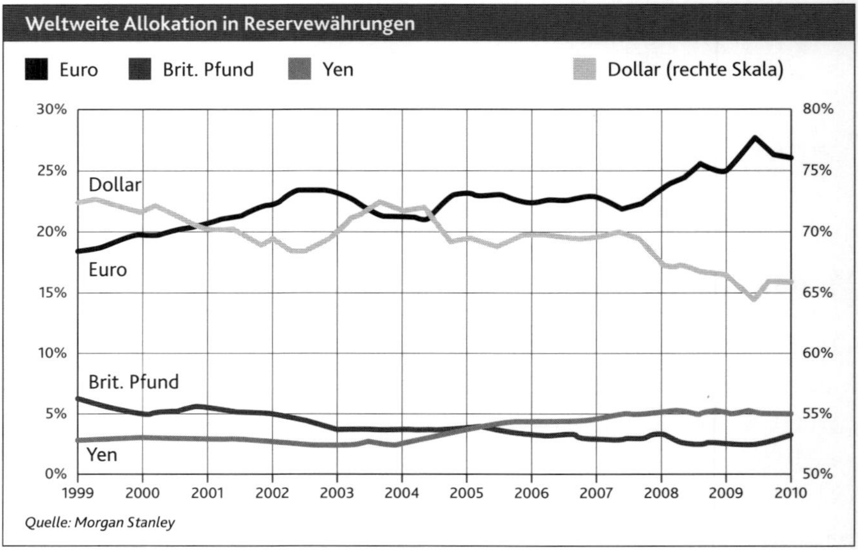

Seit drei Jahren wenden sich Notenbanken sukzessive vom US$ ab!

OXFORD CLUB Communiqué 6/2011

Notenbanken diversifizieren aus dem US-Dollar heraus

China und auch andere große Gläubiger der USA sind unglücklich über den andauernden Wertverfall des US$. Das Missbehagen äußert sich über kritische Stellungnahmen zur US-Währung hinaus in der Absenkung der US-Devisenreserven. Sie können dies gut ablesen an den weltweiten Devisenreserven der Notenbanken in US-Treasuries. Das gegenwärtige Niveau in Höhe von rund 60 % liegt immer noch über dem Stand vom Herbst 2004. Der jüngste Rückgang zeigt aber deutlich den nachlassenden Willen, die Devisenreserven automatisch in US$ anzulegen.

Nicht nur ausländische Anleger scheuen jedoch inzwischen zunehmend US-Treasuries. Selbst Pimco, der größte institutionelle US-Anleger für Bonds, hat im November 2009 26,5 Mrd. US$ an US-Treasuries und hypothekengesicherten Bonds abgestoßen, um Cash aufzubauen. Damit hat Pimcos Flaggschiff, der Total Return Fund, nach 10 Mrd. US$ an hypothekengesicherten Bonds im Oktober 2009 weitere 7 Mrd. US$ im November abgestoßen und den Anteil dieser Papiere von knapp 120 Mrd. US$ im Februar 2009 auf 23,9 Mrd. US$ im November 2009 gesenkt, also um fast 100 Mrd. US$. Aber auch die Position in den US-Schatzanleihen, den sog. Treasuries, wurde gesenkt, und zwar von 121,3 Mrd. US$ auf 101,7 Mrd. US$, mithin um rund 20 Mrd. US$ allein im November. Im Gegenzug wurde die Cash-Position von netto minus 13,5 Mrd. US$ auf ein Plus von 14 Mrd. US$ gedreht.

Die Allianz-Tochter Pimco verwaltet 940 Mrd. US$ an Kundengeldern, den größten Teil in Staatsanleihen. Bonds-König Bill Gross, zugleich Berater der US-Regierung für festverzinsliche Wertpapiere, warnte vor Staatsanleihen aus den USA, Japan und aus Großbritannien. Das US-Haushaltsdefizit von 1,5 Mrd. US$ bzw. 12 % des Bruttoinlandsprodukts sei zum größten Teil durch frisch gedrucktes Geld der Fed finanziert worden. Damit sind mittelfristig höhere US-Zinsen vorprogrammiert.

Meine Einschätzung: Der US$ wird aufgrund des allmählichen Rückzugs ausländischer Großgläubiger aus dieser Leitwährung weiter unter Druck bleiben und sukzessive an Wert verlieren.

Zusammenhang zwischen dem US-Anteil an der Welt-Wirtschaftsleistung und dem Dollar

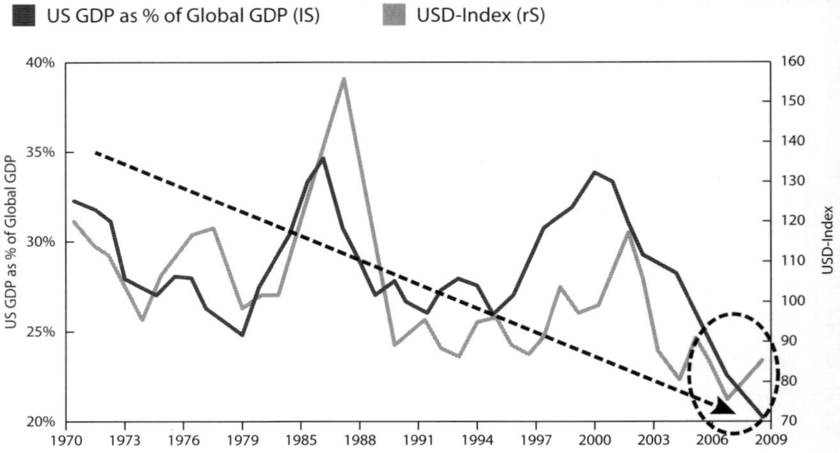

Quelle: Datastream, Bloomberg, IWF, Erste Group Research

US-BIP-Anteil an der Welt-Wirtschaftsleistung fällt – und mit ihm der Außenwert des US$!

Sie sehen im obigen Chart eindrucksvoll die parallele Entwicklung zwischen dem abnehmenden Anteil der USA am weltweiten Handel und dem Bedeutungsverlust der US-Währung. Dieser Trend ist sehr deutlich – und er hat aktuell höchst unangenehme Konsequenzen. Jetzt wenden sich unverzichtbare Handelspartner vom US$ ab und wickeln ihre Transaktionen nicht länger über den US$ – und auch über den Euro nicht mehr – ab. Diese Schock-Botschaft vermittelt Ihnen die folgende Analyse.

Devisen-Pakt zwischen China und Japan: US-Dollar, nein danke!

China und Japan wollen ihre Währungen Renminbi und Yen künftig unmittelbar miteinander handeln. Damit wird der US$ nicht länger gebraucht. Das ist ein herber Schlag gegen den US$ und in zweiter Linie auch gegen den Euro! China und Japan streben künftig an, ihre Währungen Yen und Renminbi miteinander intensiv zu handeln. Darüber hinaus plant Japan künftig den Kauf chinesischer Staatsanleihen. Das war bislang aus regulatorischen Gründen kaum möglich. Diese sensationelle Absichtserklärung gaben am 26.12.2011 der japanische Ministerpräsident Yoshihiko Noda und der chinesische Premierminister Wen Jiabao in Peking bekannt.

Wird dieser neue Devisen-Pakt zwischen der zweit- und der drittgrößten Volkswirtschaft der Welt konsequent umgesetzt, so schwächt er massiv den US$ als Weltleitwährung. Beide Länder haben bislang rund 60 % ihres Handels – im Jahr 2010 etwa 340 Mrd. US$ – über den US$ abgewickelt. Der Grund lag darin, dass die chinesische Währung an den US$ gebunden und nicht frei handelbar ist. Diese sukzessive Liberalisierung der chinesischen Währung – oft und vehement vom Westen gefordert – wird sich negativ auf den US$ und auch auf den Euro auswirken. Beide sind infolge der hohen Schuldenlast dringend auf Länder angewiesen, die bereit sind, für riesige Beträge ihre Staatsanleihen zu kaufen. Große Hoffnungen werden daher sowohl in China als auch in Japan mit ihren insgesamt 4,5 Bio. US$ Devisenreserven gesetzt. Diese werden zum Großteil noch in US$ gehalten, da Yen und Renminbi sich wechselseitig ausschlossen. Mit den wachsenden Exportüberschüssen nahmen die US$-Reserven immer mehr zu. Beide Länder meiden inzwischen zunehmend die Abhängigkeit vom US$ und zeigen sich auch seit Monaten zurückhaltend, stärker in Euro-Bonds zu investieren.

Angesichts des hohen Handelsvolumens ist dies das bislang bedeutendste Devisenabkommens Chinas. Sollte China seinen aufsteigenden Markt für Staatsanleihen für Japan öffnen, wäre dies eine Alternative zum US$ und zum Euro. Der Renminbi gilt aufgrund seines Aufwertungspotenzials zu anderen Devisen als attraktive Anlagewährung. Die Regierung in Peking lässt seit Jahren lediglich eine Aufwertung zwischen 2 bis 4 % pro Jahr zu, um die eigene Wettbewerbsfähigkeit im Export zu schützen. Das ist ein Anreiz für alle Länder mit hohen Devisenreserven, auch in den Renminbi zu investieren. 2011 lag das Emissionsvolumen von Renminbi-Anleihen in Hongkong bei umgerechnet lediglich 18 Mrd. US$. Japan wird nun in 2012 formal beantragen, chinesische Bonds für eine geringe Summe kaufen zu dürfen. Es ist ein Anfang gemacht. Die USA und das Euroland werden dies noch deutlich zu spüren bekommen.

Fazit: Die US-Währung setzt ihren langfristigen Abstieg fort. Das ist zum Vorteil der US-Export-Konzerne, die sich sprudelnder Gewinne erfreuen können. Auf Dauer verteuern sich auch die von den USA dringend benötigten Rohstoffe. Die verblassende Bedeutung als Weltmacht hat den USA im Handel manche Vorteile gebracht, die nunmehr schwinden. Es war jahrzehntelang ein enormer Vorteil, die überall akzeptierte Währung zu haben und selbst drucken zu können. Das Blatt wendet sich. Aus dem Sinkflug der Währung könnte ein plötzlicher Absturz um rund 30 % werden. Dies würde die Inflation nach oben hebeln. Und die gigantischen Gelder zur Finanzierung des Haushaltsdefizits sehe ich nicht länger als selbstverständlich an. Zu deutlich sind die sich allmählich verstärkenden Absetzbewegungen der Hauptgläubiger China und Japan. Eine solche Entwicklung würde deutlich höhere Zinsen für US-Staatsanleihen nach sich ziehen und Politik und Wirtschaft vor eine Zerreißprobe stellen. Die US-Politik muss sich dringend von ihrer „Nach mir die Sintflut"-Haltung abwenden. Die Uhr schlägt bereits 12!

Das Euro-System – Eine Transfer- und Schuldenunion ist unser Schicksal!

Das Schicksal des Euro hält uns inzwischen seit mehr als zwei Jahren in Atem. Begonnen hat die Krise der gemeinsamen europäischen Währung Ende 2009 mit einer Diskussion über Mogeleien Griechenlands bei den Zahlen der Haushaltsdefizite. Der wahre Hintergrund Griechenlands ist katastrophal. Es herrschen tiefe Korruption, Verschwendung und Betrug vor. Im Jahr 2001 gelang der Beitritt in die Euro-Zone durch eine Serie betrügerischer Manipulationen, die konsequent fortgeführt wurden:

- Die Vorarbeiten zum Euro-Beitritt wurden im Jahr 2000 forciert. Das Haushaltsdefizit wurde gesenkt, indem die griechische Regierung die Ausgaben für Renten und Rüstung herausnahm. Die Inflation wurde gedrückt, indem alle staatlichen und Versorgerpreise eingefroren sowie Steuern auf Benzin, Tabak und Alkohol gesenkt wurden. Ferner wurden im Inflationsindex teure Waren durch billigere ersetzt, also zum Beispiel Zitronen und Tomaten heraus- und Orangen hineingenommen.

- Bereits 1998 hatte Miranda Xafa, ehemals bei Salomon Brothers, dem Internationalen Währungsfonds und Wirtschaftsberaterin eines griechischen Premiers, erklärt, dass alle griechischen Haushaltsdefizite der vergangenen 15 Jahre nur die Hälfte der griechischen Schulden ergeben.

- Die staatliche Eisenbahn Griechenlands erwirtschaftete einen Jahresumsatz von rund 100 Mio. €, bei 400 Mio. € Personalkosten und 300 Mio. € sonstigen Kosten. Durchschnittliches Eisenbahnergehalt: rund 65.000 € pro Jahr.

- Das Renteneintrittsalter für rund 600 anstrengende Berufe, wie u. a. Friseure, Kellner, Musiker, lag bei 50 Jahren für Frauen und 55 Jahren für Männer.

Das alles war beim Beitritt des kleinen südeuropäischen Landes in die Euro-Region zwar hinlänglich bekannt. Die antike Wiege der Demokratie Europas sollte aber aufgenommen werden, und so geschah es auch. Für Griechenland war dies ab dem Jahr 2001 bis Ende 2009 positiv. Nach dem Tausch der Drachme in den Euro sank der Zins für langfristige Kredite von 18 auf 5 %. Griechenlands Bedeutung für die Euro-Region ist mit einem Anteil von etwa 2,6 % am Bruttoinlandsprodukt und maximal rund 4,5 % an den Gesamtschulden relativ gering. Trotzdem entwickelte sich ein Teufelskreis. Es war wie bei einem Feuer, das von Anfang an nicht gelöscht wird und sich immer mehr ausbreitet. Die Regierung in Athen versprach einen Sanierungskurs, handelt dann aber nicht einmal ansatzweise konsequent. Die Ministerien sabotierten selbst zaghafte Ansätze zu Reformen. Und die Euroland-Regierungen, die EU-Ministerien, die Europäische Zentralbank (EZB) und der Internationale Währungsfonds (IWF) wiegten sich in einer trügerischen Sicherheit.

Die lange Zeit unterschätzte Euro-Krise eskalierte und griff auf andere Peripherie-Länder über: Es wurde früh aus dem angelsächsischen Raum der Begriff der **PIGS** (Schweine) geprägt. Dieser bezieht sich auf die Anfangsbuchstaben der Länder **P**ortugal, **I**rland, **G**riechenland und **Sp**anien. Eingefügt wurde dann immer wieder mal ein zweites „I“ für **I**talien, was dann die **„PIIGS“** ergibt. Immer wieder, sobald sich die Lage um den Euro zu beruhigen schien, wurde aus den USA und Großbritannien Kritik geäußert, in Europa aufgegriffen und in einer Art Selbstzerfleischung auf die Spitze getrieben. Das ist eine wunderbare Ablenkung von den viel größeren Problemen in den USA und Großbritannien.

Inzwischen konzentrieren sich die Hoffnungen immer mehr auf das Einschreiten der EZB nach dem Vorbild der US-Notenbank Fed. Wenn das Euro-System aufrechterhalten werden soll, wird der EZB auch nichts anderes übrig bleiben. Die beiden leichten Zinsanhebungen der EZB von 1 auf insgesamt 1,5 % von April und Juli 2011 waren Gift für die schwachen Länder der Euro-Region. Der neue EZB-Präsident, Mario Draghi, senkte den Leitzins Anfang November und im Dezember 2011 jeweils um 0,25 % von zuvor 1,5 % auf 1 %. Das waren richtige Schritte. Weitere Zinssenkungen in Richtung 0 % werden folgen müssen. Darüber hinaus wird die EZB umfassend Geld drucken und massiv Anleihen von Euro-Krisenländern aufkaufen müssen. Offiziell lehnt die EZB dies ab, kauft aber inoffiziell und hat gegen Ende 2011 für mehr als 200 Mrd. € Bonds von Euro-Krisenländern gekauft.

Ein wichtiger Schritt war auch, dass die EZB Anfang Dezember 2011 insgesamt 513 Geschäftsbanken rund 489 Mrd. zum Leitzins von nur 1 % auf drei Jahre Laufzeit zur Verfügung stellte. Damit konnten die Banken dann im Januar 2012 Staatsanleihen, zum Beispiel von Italien, zu Zinsen zwischen 3 und 5% kaufen und so für Nachfrage nach Staatsbonds von Euro-Krisenländern sorgen, und deren Renditen nach unten ziehen. Ein genialer Coup der EZB unter der neuen Führung von Mario Draghi.

Direkte Käufe von Staatsanleihen haben in den USA und Großbritannien zu historischen Niedrigstzinsen geführt und die Märkte beruhigt. Das ist letztlich der Weg, den auch die EZB beschreiten wird, um einen Zusammenbruch des Systems zu verhindern. Das zusätzliche Geld wird letztlich Inflation entfachen – allerdings erst mit zeitlicher Verzögerung. Ich rechne mit zunehmender Inflation im Verlauf der zweiten Jahreshälfte 2012.

Die Euro-Zone im Rückblick: Eine wahrhaft griechische Tragödie

Als am 14. März 1973 das Weltwährungssystem fester Wechselkurse von Bretton Woods zusammenbrach, trafen die westlichen Staaten die Entscheidung für ihr jeweiliges Währungssystem.

Gruppe 1: Wirtschaftswachstum mit geringer Inflation. Deutschland, Österreich und die Benelux-Staaten verfolgten seitdem grundsätzlich ein Wirtschaftswachstum mit möglichst geringer Inflation.

Gruppe 2: Wirtschaftswachstum ohne Blick auf die Inflation. Die südeuropäischen Länder einschließlich Portugal und Frankreich schlugen den Gegenkurs ein: Wachstum mit Inflation. Hier dominierte die stärkere Rücksichtnahme auf mächtige Interessengruppen. Diese Politik der zweiten Gruppe von Ländern war langfristig weniger erfolgreich. Zunächst boomte zwar die Konjunktur. Das war jedoch nur ein Strohfeuer. Die internationale Wettbewerbsfähigkeit ließ nach. Die betroffenen Länder mussten ihre Währung regelmäßig abwerten und erzielten dauerhaft ein niedrigeres Wachstum. Besonders Frankreich misst sich traditionell mit Deutschland und fiel im Vergleich immer mehr zurück.

1978 schlug daher der französische Präsident Giscard d'Estaing dem deutschen Bundeskanzler Helmut Schmidt listig vor, doch zugunsten der jeweils schwächeren Währung zu intervenieren. Klartext: Schwache Währungen sollten solange aufgekauft werden, bis die Kurse angeglichen waren. In der Praxis hätte also die Deutsche Bundesbank den französischen Franc und andere schwache Währungen massiv (und unendlich) aufkaufen müssen. Die Bundesbank stellte sich gegen diese Absicht. Also wurde das Europäische Währungssystem (EWS) mit festen Bandbreiten geschaffen. Jedes Land musste diese Bandbreiten einhalten, um nicht in eine Währungskrise zu stürzen. Ergebnis: Die D-Mark dominierte als stabilste Währung das EWS. Also schlug die französische Regierung vor, dass alle EU-Staaten in der Währungspolitik mitbestimmen sollten. Deutschland lehnte den Vorschlag als unzumutbar ab.

Um nicht als Außenseiter dazustehen, schlug Deutschland 1988 eine Europäische Währungsunion (EWU) mit gemeinsamer Notenbank vor. Voraussetzung für eine Mitgliedschaft war das Erfüllen von Konvergenzkriterien beim Haushaltsdefizit und Schuldenstand. 1991 stimmte Bundeskanzler Helmut Kohl dann dem Start der Europäischen Währungsunion zum 1.1.1999 auf der Grundlage des Maastricht-Vertrags zu. Erreicht hatte dies besonders Frankreichs Präsident François Mitterrand. Dieser opponierte im Gegenzug nicht länger gegen die Wiedervereinigung Deutschlands. Hätte er gerne machen können. Diese war damals gerade vollzogen.

Der Termin stand damit fest. Die aufgrund deutschen Drängens notgedrungen zugesagten Konvergenzkriterien spielten als Aufnahmehürde kaum eine Rolle. Italien, Spanien und Portugal wurden aufgenommen, später auch Griechenland.

Paris reduzierte massiv den deutschen Einfluss in der EZB

Frankreich stutzte Deutschland – das immerhin rund 40 % des Kapitals für den Geldumlauf einbrachte – auf lediglich 12 % Stimmrechte im Rat der Europäischen Zentralbank (EZB) zurück – und damit auf den gleichen Einfluss wie die Grande Nation. Ab 2003 wurde dann auch noch durchgesetzt, dass die Rolle des EZB-Präsidenten den Franzosen zufällt. Damit wurde mit Blick auf die Folgejahre der ungeliebte deutsche Einfluss im französischen Sinne begrenzt.

Am 9. Mai 2010 ließ sich EZB-Präsident Jean-Claude Trichet vom EZB-Rat den Kauf von Staatsanleihen finanziell kriselnder Euroländer genehmigen. Damit wurde der EU-Vertrag in einem zentralen Punkt außer Kraft gesetzt. Die als Hardliner geltenden deutschen Spitzenvertreter in der EZB wurden angesichts der Mehrheitsverhältnisse in eine Randrolle gedrängt. Als wahrscheinlicher Nachfolger von Trichet fiel Axel Weber in Paris in Ungnade. Bundeskanzlerin Angela Merkel ließ ihn fallen. Weber gab auf und trat auch als Präsident der Deutschen Bundesbank im Frühjahr 2011 zurück. Rund ein halbes Jahr später folgte der EZB-Chef-Volkswirt Jürgen Stark, der Ende 2011 seine Position vorzeitig aufgab.

Todsünde 1: Der Euro-Rettungsschirm erst befristet, dann auf Dauer

Die Euro-Gruppe hatte nach der Bankenkrise von 2008 ausdrücklich hervorgehoben, dass auch zukünftig jedes Euro-Land für seine Banken selbst verantwortlich bleiben sollte. Der Schwur hielt bis zum 5./6. Mai 2010, dem Brüsseler Gipfel. Die Kurse der Staatsanleihen der Peripherieländer waren zuvor abgesackt, die der französischen Bonds gleich mit.

Nicolas Sarkozy lehnte jede Selbstverantwortung ab. Der französische Präsident drohte Bundeskanzlerin Angela Merkel theatralisch in der Nachtsitzung mit dem Ende der deutsch-französischen Freundschaft und dem Austritt Frankreichs aus dem Euro. Angela Merkel knickte ein und bot den Rettungsschirm von 750 Mrd. € bis 2013 an, mit einem deutschen Anteil von 147 Mrd. €. Diese Entscheidung war falsch. Jedes Land hätte seine Verantwortung tragen müssen. Bundesfinanzminister Wolfgang Schäuble baute den befristeten auch noch zu einem permanenten Rettungsschirm um. Das war der Blankoscheck für alle Nehmer-Länder: Seitdem kann jede Regierung unter Hinweis auf die drohende Pleite Geld verlangen.

Todsünde 2: Wer will, kann Sicherheiten verlangen oder sich auch nachträglich aus dem Rettungsschirm zurückziehen

Der zweite Rettungsschirm für Griechenland – die Europäische Finanzstabilisierungsfazilität (EFSF) – ist eine Fehlkonstruktion, da nicht alle das Risiko tragen. Hier ist der eingebaute Fehler: Finnland sollte den

EFSF-Rettungsschirm mittragen. Um dessen Forderung nach einer Sicherheit (Pfand) zu entsprechen, wurde in der Schlusserklärung des Brüsseler Gipfels vom 21. Juli 2011 den Teilnehmern zugesichert, dass sie ihr Risiko durch Vereinbarungen mit Griechenland absichern könnten (Risiko-Sicherheitsklausel): „Erforderlichenfalls wird eine Besicherungs-Vereinbarung getroffen, damit das den Mitgliedstaaten des Euro-Währungsgebiets aus ihren Garantien für die EFSF erwachsende Risiko abgedeckt wird.“ Erschreckend ist, dass es Euro-Ländern ermöglicht wird, sich am Rettungsschirm zu beteiligen, aber das Risiko auszuschließen. Dieses übernehmen dann diejenigen Euro-Länder zusätzlich anteilig mit, die keine Sicherheit beanspruchen.

Nutzt künftig Finnland die Sicherungsklausel, werden noch andere Euroländer dem Beispiel folgen. Öffentlich haben das bereits Österreich, die Niederlande und die Slowakei erwogen. Auch weitere Länder könnten folgen. Je mehr Länder eine Sicherung beanspruchen würden, desto untragbarer würde die Lage für die übrigen Länder, die darauf verzichten würden. Diesen drohte dann auch noch eine Abstufung im Rating. Jedes Land könnte sich auch noch nachträglich aus der Finanzierung des EFSF-Rettungsschirms zurückziehen. Rechtsgrundlage ist geltendes europäisches Recht mit der offiziellen Nicht-Haftung (no bailout) und der Eigenverantwortlichkeit der Mitgliedstaaten der Euro-Union.

Die Euroland-Krise hat sich nicht verändert: Hilfssummen werden immer größer

Immer gigantischer werden die benötigten Geldsummen. Vor der Krise des Euro bestand folgende Situation: Alle Euro-Staaten setzten dieselbe Geldeinheit (Euro) ein, wirtschafteten allerdings in jeweils eigener Verantwortung und hafteten ausschließlich für die eigenen Staatsschulden. Es galt das No-Bailout-Prinzip, d. h., andere Staaten sollten nicht vor der Pleite gerettet werden. Damit hatte jeder Staat ein ureigenes Interesse an geordneten Finanzen, um Zugang zum Kapitalmarkt zu behalten.

Der Praxistest scheiterte dann im Frühjahr 2010, als Griechenland unmittelbar vor der Pleite stand. Die EU-Kommission verhinderte, dass das Land den üblichen Weg ging, sich außerhalb der EU mit seinen Gläubigern und dem Internationalen Währungsfonds (IWF) auf eine Sanierung zu einigen. Griechenland wurde von der EU-Kommission gedrängt, einen Antrag auf Hilfe an die Eurostaaten zu richten. Der wurde am 23. April 2010 gestellt – und am 12. Mai 2010 floss das erste Geld nach Athen. Damit hatten EU-Kommission und Euro-Rat den Lissabon-Vertrag gebrochen.

Frankreichs Haltung ging noch weiter. Infolge massiver Engagements französischer Banken in Staatsanleihen der kriselnden Euro-Mittelmeerländer wollte Paris den Beschluss der EU-Finanzminister vom 7. Oktober 2008 kippen. Danach hatte im Krisenfall jeder Staat für seine Banken selbst aufzukommen. Präsident Sarkozy wollte aber das Überleben der französischen Banken von der Euro-Gemeinschaft finanzieren lassen, um Frankreich zu entlasten. Dieser unglaubliche Coup gelang ihm.

Auf dem oben beschriebenem Gipfel vom 7. auf den 8. Mai 2010 wurde der Euro-Rettungsschirm beschlossen. Sarkozy prahlte anschließend, er habe gerade den Euro gerettet. Damit war die Selbstverantwortung der Euro-Länder beendet und die Transferunion geschaffen.

Trend von Medien und Politik: „Mehr Europa“ Seitdem hörten und lasen Sie in den Medien und von der Politik nur noch den Konsens, dass der Euro als Einheitswährung mit einheitlicher Geldpolitik, aber 17 eigenständigen Finanzpolitiken (Staaten) nicht funktionieren konnte. Das sei doch immer schon klar gewesen. Seitdem wird nach „mehr Europa“ gerufen.

Da die Euro-Zone ihre Probleme mit den Staatsschulden offensichtlich nicht lösen kann, wird „noch mehr Europa“ gebraucht, ein Einheitsstaat. Ganz auf dieser Linie forderte der ehemalige EZB-Präsident, Jean-Claude Trichet, dann auch ein europäisches Finanzministerium. Ich finde dieses anvisierte Ziel bedenklich. Europa wird bislang aus einer Vielzahl unterschiedlicher Kulturen und autonomer Staaten gebildet, nicht aus einem Einheitsstaat.

Zeitfenster für die Rückkehr zu solider Finanzpolitik hat sich geschlossen

Die internationalen Finanzmärkte gehen offensichtlich davon aus, dass sich weltweit die Probleme für die Konjunktur und die Staatsverschuldung dermaßen verschärfen, dass den beiden großen Notenbanken EZB und Fed nur noch eine Lösung bleibt: Geld drucken.

Entscheidender Fehler: Gerettet wird immer!

Allerdings gehen sowohl EZB als auch Fed zögerlich vor. Das sich schnell ausbreitende Feuer scheint erheblich unterschätzt zu werden. Fed-Chef Ben Bernanke will im Rahmen der Aktion „TWIST II" zwar langfristige Bonds aufkaufen, die Gegenfinanzierung aber über kurzfristige Anleihen mit einer Laufzeit von bis zu drei Jahren vornehmen. Und die EZB nahm die Aufkäufe südeuropäischer Staatsanleihen bis Ende 2011 eher moderat vor. In der jetzigen Situation geht es meiner Einschätzung nach nicht mehr um Stabilitätspolitik. Der Zeitpunkt für eine Rückkehr zu einer soliden Finanzpolitik liegt Jahre zurück. Jetzt verhindert nur noch Gelddrucken den Absturz in die Deflation.

EZB handelt unsicher und zögernd

Die psychologische Wirkung ist verheerend. Die EZB geht zu Recht davon aus, dass 10-Jahres-Bonds-Renditen oberhalb von 6,5 % für Italien untragbar sind, reduziert aber das Kaufprogramm und ließ damit nach wenigen Wochen im Spätherbst 2011 die nächste Panikwelle zu. Anleihen Südeuropas wurden fluchtartig abgestoßen und das Kapital umgeschichtet in vermeintlich als sicher eingeschätzte Bonds – hier in deutsche und in US-Anleihen.

Die Schweizerische Notenbank (SNB) hat mit ihrer Entscheidung eines Mindestkurses von 1,20 Schweizer Franken je Euro klare Grenzen aufgezeigt. Die Marke wurde auf anfängliche Tests des Marktes klar verteidigt. Jetzt herrscht erst einmal Ruhe. Niemand möchte sich sprichwörtlich die Finger verbrennen. Allein die glaubwürdige Drohung der SNB reicht. Mittel sind aktuell kaum nötig. Im Vergleich dazu agierte die EZB bis Ende Oktober 2011 kurzfristig, hektisch und vermittelte den Eindruck tiefer Verunsicherung. Es kommt mir so vor, als ob der Dachstuhl eines großen Hauses zu brennen beginnt. Die Feuerwehr löscht ein wenig und zaghaft, um sich dann aufs Zuschauen zurückzuziehen. Das Feuer hört nicht von selbst auf zu brennen. Anfänglich relativ klein und überschaubar, wird es nach und nach auf das gesamte Gebäude übergreifen.

Der IWF mahnt, entschieden zu handeln

Der IWF sieht Krisen im Vergleich zur EZB realistischer. Offen wurden alle Notenbanken aufgefordert, massiv Staatsanleihen mit frisch gedrucktem Geld aufzukaufen, und an die Politiker wird appelliert, über Konjunkturprogramme erneute Rezessionen zu verhindern.

Der Zwang zum Gelddrucken nimmt stetig zu. Wer die Inflation nicht will, entscheidet sich für den deflationären Kollaps des westlichen Finanzsystems durch Banken- und Staatspleiten in Serie. Sobald das Drucken von Geld massiv einsetzt, um das bestehende westliche Finanzsystem zu retten, werden die Aktien- und auch die Edelmetallkurse wieder steigen können. Das steht dann nicht in Verbindung mit einer Erholung der Konjunktur, sondern mit der dann beginnenden Flucht aus Anleihen und Geldwerten in Sachwerte. Gelddrucken, Bondsaufkäufe im großen Stil und staatliche Konjunkturprogramme sind dann ab dem Jahr 2012 der Auslöser für eine kommende große Inflation. Diese wird gebraucht, um die aktuell über den Kopf wachsenden Verschuldungsprobleme wieder schrumpfen zu lassen. Als Anleger sind Sie gefordert: Investieren Sie in Sachwerte! Edelmetalle, werthaltige Aktien und – eingeschränkt – Immobilien schützen Sie in den nächsten Jahren!

Target 2, die Verschuldung im Dunkeln

Im Januar 2010 begann in Griechenland eine Kapitalflucht, die unzweifelhaft in die Staatspleite geführt hätte. Davor wurde Griechenland durch die Hilfskredite der übrigen Euro-Staaten bewahrt. Mit dem Staat wären zugleich alle griechischen Banken, Versicherungen und Pensionsfonds pleite- gegangen. Jeder Hilfskredit an Griechenland – und inzwischen auch an Irland und Portugal – wird intensiv in den Medien verfolgt und kommentiert. Hinter den Kulissen fließen Zentralbank-Gelder allerdings in größerem Umfang, aber weitgehend diskret in die Euro-Krisenländer. Für die EZB ist das, technokratisch ausgedrückt, eine asymmetrische Verteilung der Zentralbank-Geldmenge.

Im Klartext: Zentralbanken der angeschlagenen Euro-Staaten häufen gigantische Schulden auf, um ihre nationalen Banken über Wasser zu halten. Der Gegenpart besteht darin, dass auf der anderen Seite der Bilanz einige starke Zentralbanken – in erster Linie die Deutsche Bundesbank – riesige Guthaben/Forderungen ansammeln, deren Werthaltigkeit ich stark bezweifle. Diese Beträge haben es in sich.

So hatte die Deutsche Bundesbank bis Ende Juni 2011 an die Notenbanken der wackeligen Euro-Staaten etwa 330 Mrd. € vergeben. Ein Drittel davon an Griechenland im Laufe der vergangenen zwei Jahre. Im Zeitraffer eskaliert inzwischen die Entwicklung für Italien. Allein in den beiden Monaten August und September 2011 flossen aus Italien knapp 90 Mrd. € nach Deutschland ab.

Griechisches Drama, nächster Akt – 16-Monats-Tief des Euro zum US-Dollar

Die fortschreitenden Verhandlungen im Dezember 2011 über die Details des Fiskalpakts für Griechenland haben dem Euro zu Beginn des Jahres 2012 nicht geholfen. Der neue zwischenstaatliche Vertrag soll das Vertrauen der Finanzmärkte wiedergewinnen, da er die Euroländer an strenge Haushaltkriterien bindet.

Der neue griechische Ministerpräsident, Luças Papademos, sorgte in seiner Jahresansprache 2012 mit dramatischen Aufrufen für wieder größere Unsicherheit um den Euro. Er mahnte weitere Lohnkürzungen im privaten und öffentlichen Sektor an. Nur damit könnte eine Vereinbarung mit der Troika aus Internationalem Währungsfonds (IWF), Europäischer Zentralbank (EZB) und Europäischer Union getroffen werden. Ansonsten schlittere Griechenland im März 2012 in die Pleite, da dann die Rückzahlung einer Anleihe von 14 Mrd. € ausfalle. Die griechischen Gewerkschaften lehnen Gehaltskürzungen ab.

Die Reaktion war auch an den Finanzmärkten heftig. Der Euro geriet kurzfristig unter Druck und fiel zum US$ auf ein 16-Monats-Tief von 1,2743, wie zuletzt seit dem Herbst 2010. Im historischen Vergleich ist auch das nicht dramatisch. Im Herbst des Jahres 2000 war der Euro lediglich 0,84 US$ wert.

Wie bereits zu Beginn der Krise geschildert, wird die Sanierung Griechenlands nicht gelingen. Dieser Staat geht seine tiefen strukturellen Probleme nicht grundlegend an und ist zutiefst korrupt. Eine kleine politische und wirtschaftliche Clique regiert das Land wie seit jeher. Reines Sparen bringt hier keine nachhaltige Lösung. Die griechischen Superreichen sind dem entzogen. Das System wird nicht grundlegend reformiert. Von der Bevölkerung gibt es die Quittung bei den kommenden Wahlen.

Die Euro-Gewinner der vergangenen 10 Jahre sind heute die Verlierer

Griechenland, Spanien, Portugal, Italien und auch Frankreich waren fast ein Jahrzehnt lang die großen Nutznießer der Währungsunion. Die Nettoeinkommen der privaten Haushalte und die Staatsverschuldung stiegen weit schneller als die volkswirtschaftliche Leistung an, die rasch anziehenden Lohnstückkosten führten zum Verlust an internationaler Konkurrenzfähigkeit.

Das tatsächliche Ausmaß der Verschuldung wird erst deutlich, wenn die Bilanzen der nationalen Zentralbanken im Euro-Raum, einbezogen werden. Seit Ende 2007 entwickeln sich große Ungleichgewichte zwischen den Euro-Staaten. Darauf hat der Chef des Ifo-Instituts, Werner Sinn, immer wieder mit Nachdruck hinweisen. Im so genannten „Target-2-System" sind über die bereits eingegangenen Verpflichtungen durch die verschiedenen Rettungspakete inzwischen über 600 Mrd. € an weiteren Verpflichtungen in den Bilanzen. Davon entfällt der Löwenanteil von rund 500 Mrd. € auf die Deutsche Bundesbank. Allein Italien nahm im November 2011 täglich rund 4 Mrd. € aus dem Target-2-System in Anspruch. Elf Euro-Staaten haben auf dieser Plattform zusätzliche Schulden aufgebaut. Auch Frankreich wies im November 2011 mehr als 70 Mrd. € auf. Geber-Notenbanken sind inzwischen nur noch Deutschland, Luxemburg, die Niederlande und Finnland.

Das Risiko aus der Verschuldung in Target 2, einem ursprünglich reinen System zur Zahlungsabwicklung, ist damit erheblich gestiegen. Ein aus dem Euro-System ausscheidendes Mitglied würde einen Abschreibungsbedarf verursachen, der das Eigenkapital auch der Deutschen Bundesbank weit übertreffen dürfte. Daran wird auch kein EFSF-Rettungsschirm mehr etwas ändern. Allein die EZB kann mittels Notenpresse einen 2012er-Staatsbankrott Italiens noch aufhalten.

Target-2-System: Kredite, über die niemand reden will

Die Deutsche Bundesbank hat schwachen Euro-Ländern etwa das Doppelte an Geld geliehen, als die Regierung in Berlin über den Euro-Rettungsschirm bereitstellt. Das ist eine riesige Kreditvergabe Deutschlands an die schwachen Euro-Staaten. Target-Forderungen der Bundesbank sind offizielle Kapitalexporte und somit letztlich die Kreditvergabe durch das EZB-System.

Target-Salden sind Kredite im EZB-System. Sie entstehen aus der grenzüberschreitenden Verlagerung der Geldschöpfung in der Euro-Region.

Die Notenbanken der Krisenländer Griechenland, Irland, Portugal, Spanien und Italien drucken massiv Geld, geben es an ihre Bürger, die damit Vermögen und Güter in anderen Euro-Staaten erwerben. Die Deutsche Bundesbank handelt konträr. Sie zieht Refinanzierungskredite sowie von ihr geschöpftes Geld wieder ein und verlagert es in die Euro-Krisenländer.

Deutsche Bundesbank, die größte Bad Bank?

Die Entwicklung hat seit Herbst 2007 bis zum Herbst 2011 dazu geführt, dass die Deutsche Bundesbank durch die Kreditverlagerung in die Euro-Krisenländer von einem Netto-Gläubiger zu einem Netto-Schuldner des deutschen Bankensystems geworden ist. Sie erhält als Gegenleistung für ihre Kredite einfache Forderungen gegen das EZB-System zu Mini-Zinsen von nur 1,00 % (Leitzins). Deren Wert ist zumindest zweifelhaft.

Der IWF mahnt, entschieden zu handeln

Der IWF sieht im Vergleich zur EZB die Krise realistischer. Offen wurden alle Notenbanken aufgefordert, massiv Staatsanleihen mit frisch gedrucktem Geld aufzukaufen, und an die Politiker wird appelliert, über Konjunkturprogramme erneute Rezessionen zu verhindern. Der Zwang zum Gelddrucken nimmt stetig zu. Wer die Inflation nicht will, entscheidet sich für den deflationären Kollaps des westlichen Finanzsystems durch Banken- und Staatspleiten in Serie.

Inflation ist die Lösung – gut für Sachwerte!

Sobald das Drucken von Geld noch massiver einsetzt, um das bestehende westliche Finanzsystem zu retten, werden die Aktien- und auch die Edelmetallkurse schnell wieder steigen können. Dies steht dann nicht in Verbindung mit einer Erholung der Konjunktur, sondern mit der gleichzeitig beginnenden Flucht aus Anleihen und Geldwerten in Sachwerte.

Gelddrucken, Bondsaufkäufe im großen Stil und staatliche Konjunkturprogramme sind dann ab dem Jahr 2012 der Auslöser für eine kommende große Inflation. Die wird gebraucht, um die aktuell über den Kopf wachsenden Verschuldungsprobleme wieder schrumpfen zu lassen.

Als Anleger sind Sie gefordert. Investieren Sie in Sachwerte: Edelmetalle, werthaltige Aktien und – eingeschränkt – Immobilien schützen Sie in den nächsten Jahren!

Das ist die Vorgeschichte der entscheidenden Weichenstellungen für den Euro, die bis in die aktuelle Entwicklung hin wirken und diese bestimmen. Nur wer die Vergangenheit kennt, kann die Gegenwart verstehen und daraus Schlüsse für die Zukunft ziehen. Die europäische Gemeinschaftswährung ist für uns wichtig, denn wir leben mit ihr. Und die gezielte, höchst eigennützige und weit überzogene Kritik der Politiker und Medien aus den USA und Großbritannien am Euro muss so relativiert werden. Dazu liefere ich Ihnen noch hochbrisante Hintergründe im folgenden Kapitel zum US-Dollar.

Im Folgenden habe ich Ihnen auch eine Reihe von Analysen aus meinen jüngsten *OXFORD CLUB Communiqués* und *OXFORD CLUB Eildepeschen* zusammengestellt, die Ihnen weitere Facetten zum Euro erläutern und vertiefen. Die zum Redaktionsschluss aktuellsten Entwicklungen der Eurokrise führe ich für Sie näher aus: mit weiteren Hintergründen der Schuldenproblematik, der wahren Lage Griechenlands, dem Dilemma von Euro-Politikern, EZB und IWF – und Ihren Perspektiven.

Aktuelle Entwicklungen in der Eurokrise

OXFORD CLUB Eildepesche 56/2011 vom 1.12.2011

Konzertierte Aktion der Notenbanken sorgt für Atempause!

Task-Force der Zentralbanken greift ein!

Sechs weltweit wichtige Zentralbanken haben am 30.11.2011 angekündigt, Kreditinstitute günstiger mit US$ zu versorgen. Beteiligt sind die US-Notenbank Fed, die Europäische Zentralbank (EZB), die Schweizerische Nationalbank (SNB), die Bank of England, die Bank of Japan und die kanadische Zentralbank.

Und auch die Zentralbank von China flankiert die Aktion, indem sie zum ersten Mal seit drei Jahren ihre Geldpolitik lockert und den Mindestreservesatz für Banken senkt. Hier herrscht die Furcht vor, dass sich eine europäische Wirtschaftskrise negativ auf chinesische Exporte auswirken würde. Seit dem 5. Dezember 2011 konnten sich Banken günstiger US$ ausleihen. Der Zins für US-Kredite wurde gesenkt, und die Notenbanken haben darüber hinaus vereinbart, sich gegenseitig ausreichend Liquidität bereitzustellen, um die Nachfrage decken zu können.

Angst vor einem Austrocknen der Banken-US$-Liquidität

Es dreht sich alles um den US$. Ursache ist allerdings die Euro-Krise. In der Euro-Zone haben sich angeblich risikolose Staatsanleihen in den Bankbilanzen zu inzwischen hochgefährlichen („toxischen“) Wertpapieren entwickelt. Daher gewähren US-Banken den europäischen Banken inzwischen kaum noch US$-Kredite. Verschärft hat sich die Situation noch für Finanzinstitutionen, die stark in den peripheren Euro-Staaten investiert sind. Hier ist der Kreditzufluss in US$ praktisch versiegt. Zugespitzt wurde die Versorgung mit US$ noch durch den Rückzug der US-Geldmarktfonds aus Europa.

Zum Hintergrund: US-Geldmarktfonds legen ihr Kapital in Kurzläufern an. Solche Geldmarktpapiere sind oft 3-Monats-Gelder. Hier konnten Anfang 2007 – als die Finanzwelt noch in Ordnung schien – bis zu 5 % Jahresrendite erzielt werden. Die Finanzkrise führte dann allerdings im Jahr 2008 zur so genannten Null-Zins-Politik der US-Notenbank Fed. Folge war: Die Renditen der 3-Monats-Gelder sanken Ende 2008 auf eine hauchdünne Marge von lediglich 0,0 bis 0,25% und verharren seitdem auf diesem Niveau. Da Geldmarktfonds auch noch (geringe) Verwaltungskosten haben, ergab sich bei etlichen dieser Fonds netto eine Rendite bei 0 %. Daher verwundert es nicht, dass sich in diesem Jahr infolge nach Verwaltungskosten netto sogar negativer Renditen Hunderte von US-Geldmarktfonds auflösten.

Seit März 2009, mit dem beginnenden Anziehen der Kurse an den Aktienmärkten, wurde zudem Kapital aus den Geldmarktfonds an die Aktienbörsen umgeschichtet. Ich hatte Ihnen diese Entwicklung damals rechtzeitig als meine Erwartung beschrieben. Die Bestände der US-Geldmarktfonds sanken von rund 3,9 Bio. US$ vom März 2009 bis Ende 2011 auf 2,6 Bio. US$. Amerikanische Geldmarktfonds kauften zuvor auch europäische Geldmarkttitel und trugen damit dazu bei, das europäische Bankensystem mit US$-Liquidität zu versorgen. Kapitalabflüsse in diesen Geldmarktfonds führten schließlich auch zu Verkäufen von Euro-Titeln. Hinzu kam in der sich ausweitenden Vertrauenskrise um die Euro-Zone die Entscheidung etlicher US-Geldmarktfonds, den Euro-Markt ganz zu meiden. Dies trocknete die US$-Liquidität in Europa zusätzlich aus.

Auch ein Signal der Notenbanken an US-Geldmarktfonds

Die konzertierte Aktion der weltweit wichtigsten Notenbanken hat das Ziel, die Margen des US$-Swap um 0,5 Punkte zu senken, um so die Versorgung des Euro-Systems mit US$ zu verbessern. Es ist zugleich ein Signal an die US-Geldmarktfonds, wieder Vertrauen in Euro-Geldmarkttitel zu fassen und zu investieren. Letzteres wird schwierig werden, da US-Geldmarktfonds fortlaufend auf Kapitalabflüsse mit Verkäufen reagieren müssen und verlorenes Vertrauen erst wieder aufgebaut werden muss.

Die Zentralbanken der USA, Großbritanniens, Kanadas und, der Schweiz sowie die EZB wollen ab Montag, dem 5.12.2011, gegen Sicherheiten kurzfristige US$-Kredite um 50 Basispunkte (0,5 %) niedriger als bislang anbieten. Bisher werden diese Kredite mit einer Laufzeit zwischen einer Woche und drei Monaten zu einem Zins von 1,08 % angeboten. Das ist der aktuelle Fed-Fund-Satz plus 100 Basispunkte (1 %). Neu soll der Aufschlag lediglich 50 Basispunkte (0,5 %) betragen. Damit müssen Banken bei gleich bleibendem Fed-Fund-Satz somit nur noch 0,58 % Zins für US$-Liquidität zahlen. Und damit nähern sich die Zentralbanken dem marktbestimmten Zins, nämlich dem 3-Monats-US$-Libor-Satz, an. Das ist der durchschnittliche Zins, zu dem ausgewählte Banken in London bereit sind, einander US$-Kredite mit einer Laufzeit von drei Monaten zu gewähren. Dieser Zinssatz zog seit Ende Juli 2011 von 0,25 % auf 0,53 % an. Libor-Zinssätze sind der Basiszins von Banken zur Festlegung ihrer Spar-, Hypotheken- und Kreditzinsen.

Gefahr: Banken leihen sich untereinander kaum noch Geld

Der jüngste Anstieg des Zinssatzes war zwar nicht gravierend. Gefahr ging vielmehr vom gesunkenen Volumen der Interbankengeschäfte aus. Mit ihrer gemeinsamen Aktion signalisieren die Zentralbanken deutlich, dass sie im Interbankenmarkt keine Engpässe an US$-Liquidität zulassen werden. Damit wird meiner Einschätzung nach besonders französischen und italienischen Banken geholfen. Die wichtigsten Notenbanken sehen die Entwicklung auf dem Interbankenmarkt zu Recht als besorgniserregend an. Als so genannte Kreditgeber der letzten Instanz haben sie ein klares Zeichen gesetzt, um zu verhindern, dass sich die Vertrauenskrise in Europa zu einer neuen Weltwirtschaftskrise ausweitet. Üblicherweise finanzieren sich Banken über Einlagen von Privaten und Unternehmen sowie Kredite anderer Banken. Um unmittelbar Geld von der Zentralbank zu erhalten, haben sie dort Sicherheiten in Form marktfähiger Wertpapiere zu hinterlegen und müssen für längere Laufzeiten einen „Zusatz-Zins" zahlen. Jetzt haben die Notenbanken beschlossen, diesen Zinsaufschlag für US$-Kredite praktisch aufzuheben. Ferner wurde zugesichert, bis mindestens Februar 2013 Kredite mit Laufzeiten von drei Monaten anzubieten, und zwar je nach Wunsch in US$, Euro, Pfund, Yen oder in Schweizer Franken.

Die sich zuletzt zuspitzende Euro-Krise hat ihre Ursachen in den starken Zweifeln privater Gläubiger, ob einzelne Euro-Staaten letztlich in der Lage sein werden, ihre Haushalte nachhaltig zu konsolidieren. Und unter Banken grassiert die Angst, einander Geld zu leihen, weil das andere Institut durch Abschreibungen auf seinem Bonds-Bestand in Zahlungsprobleme geraten könnte.

Das zeigen die Übernachteinlagen vom 6.1.2012, die mit 455,3 Mrd. € einen neuen Rekord aufgestellt haben. Damit wird der hohe Druck, unter dem der Finanzmarkt steht, unter Beweis gestellt. Die Banken hinterlegen lieber das Geld bei der EZB, als es untereinander zu verleihen. In normalen Zeiten meiden Banken diese Art des Parkens von Geld bei der EZB, weil die Konditionen schlecht sind. Aber in dieser Phase – wie zu Beginn des Jahres 2012 – steht Sicherheit absolut vor Rendite.

Notenbanken verschaffen den Finanzmärkten eine Atempause

Die Notenbanken beruhigen die Finanzmärkte und gewähren eine wichtige Atempause. Sie können allerdings die Ursache der Krise nicht beseitigen. Es geht im Kern um Vertrauen! Das Vertrauen muss zurückkehren. Wer Geld verleiht, möchte es nicht verlieren. Geld für Kredite ist in Mengen vorhanden, aber das Vertrauen fehlt. Ein untrügliches Zeichen der hohen Spannungen im Bankensystem ist, dass die eintägigen Einlagen der Geschäftsbanken bei der EZB am Mittwoch dieser Woche auf den hohen Wert von 297,1 Mrd. € gestiegen sind. Das zeigt, dass sich die Finanzinstitute untereinander zutiefst misstrauen. Auch die europäischen Geldmarktfonds haben ihre Investmentstrategien weiter angepasst. Während 2009 und 2010 griechische, irische und portugiesische Emittenten von den Fonds abgestoßen worden sind, folgten jüngst spanische und italienische Titel.

Ziel ist eine Entspannung der Situation in der Euro-Zone. Hier hatte sich die Krise in den vergangenen Wochen derart zugespitzt, dass Banken in den USA und in Großbritannien bereits Studien über das Ende des Euro erstellten. Und auf den Titelblättern internationaler Publikationen wurde der Euro schon beerdigt.

Der Euro – eine ungeliebte Konkurrenz für den Dollar

Der Euro wird aus den Blickwinkeln der USA und Großbritanniens – diplomatisch ausgedrückt – nicht positiv gesehen. Die USA betrachten den Euro als unerwünschte Konkurrenz zur eigenen Währung. Sie befürchten bei einem attraktiv wirkenden Euro asiatische Umschichtungen aus dem US$ – und damit letztlich höhere Zinsen. Großbritannien ist überhaupt nicht Mitglied im Euro-Verbund, möchte diesen nicht stärken und verfolgt eigene Interessen. Aber sowohl die USA als auch Großbritannien haben infolge der engen internationalen Handels- und Finanzverflechtungen derzeit kein Interesse an einem Kollaps des Euro.

US-Banken: Kein Interesse, die Versicherungsprämien auf CDS zu zahlen

In den USA haben Finanzinstitutionen massiv Versicherungen auf europäische Staatsanleihen, die so genannten CDS, geschrieben. Wenn auch genaue Zahlen über deren Ausmaß fehlen, so gehen Schätzungen weltweit von einem Gebirge von rund 2,9 Bio. € (*Handelsblatt* vom 1.12.2011) aus.

Zum Vergleich: Die Gesamtsumme der immer wieder heftig diskutierten ausstehenden Staatsanleihen der Euro-Zone liegt nach aktuellem Stand komplett bei etwa 6,3 Bio. €. Das bedeutet, dass in erster Linie US-Banken im negativen Fall immense Summen als „Versicherungsentschädigung" auf das Fälligwerden der von ihnen ausgegebenen CDS zahlen müssten. Das US-Bankensystem und auch einige britische Banken würden damit ausgerechnet in einer Schwäche-Phase bis in die Grundfesten erschüttert. Dann ist es auch aus Sicht der USA angebrachter, dem europäischen und internationalen Finanzsystem durch eine Ausdehnung der Liquidität zu helfen.

Damit wird sich allerdings die Inflationsrate nicht sofort erhöhen. Diese Ängste bzw. Hoffnungen werden sich als verfrüht erweisen. Diese Phase sehe ich erst ab Ende des Jahres 2012 kommen. Die Zentralbanken wollen mit der konzertierten Aktion beweisen, dass sie Engpässe am Interbankenmarkt schnell und entschieden bekämpfen. Die Ausweitung der Liquidität kauft Zeit, beseitigt allerdings nicht die strukturellen Ursachen der Krise. Meine Einschätzung bleibt, dass letztlich die EZB bald im großen Umfang Euro-Staatsanleihen erwerben muss.

Die EZB wird zunehmend als „Retter der letzten Instanz" für die Eurozone angesehen. Das Zögern unter ihrem Präsidenten Jean-Claude Trichet ist konsequentem Eingreifen unter seinem Nachfolger Mario Draghi gewichen. Bis Ende November 2011 hatte die EZB zwar 217 Mrd. € an Staatsanleihen kriselnder Eurostatten erworben, aber dann Anfang Dezember 2011 489 Mrd. € den Geschäftsbanken auf 3 Jahre zum Jahreszins von 1 % fast geschenkt (Wie hoch ist Ihr Zins auf Kredite?) und diese animiert, Staatsanleihen der Eurostaaten zum Mehrfachen dieses Zinses zu kaufen. Allein die spanischen Banken haben 119 Mrd. € abgerufen. Dies sorgt ab Mitte Januar 2012 für deutliche Entspannung an den Finanzmärkten. Die EZB kauft mit den hunderten von Mrd. Euro wichtige Zeit. Mit dieser Taktik ließe sich selbst eine offizielle Staatspleite Griechenlands überstehen. Die EZB würde die Banken Spaniens und Italiens glaubwürdig garantieren und mit weiteren Liquiditätsspritzen einer Kapitalflucht entgegenwirken.

OXFORD CLUB Eildepesche 54/2011 vom 21.11.2011

Euro-Zone: Der Patient lebt noch, aber wann kommt der Arzt?

Auf der Edelmetall- und Rohstoff-Messe in München Anfang November 2011 äußerten sich mir gegenüber einige langjährige Mitglieder kopfschüttelnd, dass das zögerliche Verhalten der Regierungen die Lösung der Euro-Krise immer teurer werden lasse. Mit viel geringerem Aufwand als heute oder zukünftig hätte ein beherztes Handeln das Feuer schon in Anfangsstadium gelöscht. Nunmehr werde es immer schlimmer, also kostspieliger. Kompliment! Dieser Erkenntnis kann ich nur zustimmen: Spanien, die Niederlande, Finnland, die Slowakei, Slowenien, Estland, Luxemburg, Österreich, Malta und Zypern stehen bei der Staatsverschuldung viel besser da als Deutschland. Lesen Sie diesen Satz ruhig noch mal. Die Aussage trifft zu. Auf diese Tatsache hat in Deutschland Ende November 2011 Luxemburgs Premier Jean-Claude Juncker hingewiesen: Die deutschen Gesamtschulden sind relativ zur jährlichen Wirtschaftsleistung höher als bei jedem der genannten Länder.

Aber Deutschland spielt international gerne den Oberlehrer und gibt den anderen Ländern Lektionen in Sachen Haushaltsdisziplin. Anstatt mit erhobenem Zeigefinger andere Länder von oben herab zu belehren, sollte Deutschland erst einmal bei sich selbst Ordnung schaffen.

Deutschland profitiert durch Mini-Zinsen von der Euro-Krise

Deutschland erfreut sich Rekordeinnahmen an Steuern und extremer Niedrigzinsen für die eigene Staatsverschuldung. Die deutsche Finanzpolitik wird von den anderen europäischen Ländern inzwischen auch unter die Lupe genommen. Die Zinsen für zehnjährige deutsche Staatsanleihen waren zwischenzeitlich auf lediglich 1,8 % gesunken und sind Ende 2011 wieder auf 2,2 % angezogen. Immer mehr Anleger fliehen geradezu in den angeblich sicheren Hafen deutscher Staatsanleihen, was deren Zinsniveau senkt und den staatlichen Schuldendienst enorm erleichtert. Er gaukelt eine Tragfähigkeit vor, die jederzeit wie eine Seifenblase zerplatzen kann. Die Sondersituation ungewöhnlich niedriger deutscher Zinsen wird durch die Kapitalflucht aus Griechenland (Kreditaufnahmen von Vermögenden und Verlagerung des Kapitals nach Deutschland) und seit einigen Monaten auch aus Italien verstärkt.

Und wie stets im Leben gilt: Wer kritisiert, muss auch selbst Kritik vertragen. Sozialleistungen, die sich Deutschland leistet, würden in anderen Ländern zu heftiger Kritik wegen angeblicher Verschwendung führen – allen voran aus Deutschland. Vorerst profitiert die deutsche Bundesregierung also von der gegenwärtigen Krise. Das böse Erwachen kommt später.

Forderungsausfälle betreffen zahlreiche Anleger, auch Sie!

In der aktuellen Diskussion, derzeit über Griechenland, vermitteln Ihnen Politik und Medien oberflächlich den Eindruck, als könnten Regierungen so einfach beschließen, mit welchen Anteilen sich Private (wer sonst?) an einer Entschuldung beteiligen. Dass für Griechenland ein Schuldenschnitt von mindestens 50 bis 70% kommen wird, hatte ich Ihnen vor mehr als 1 ½ Jahren prognostiziert, als in deutschen Medien – so in einer namhaften deutschen Wirtschaftszeitung und einer großen Sonntagszeitung – sogar zum Kauf griechischer Anleihen aufgerufen wurde. Um solche Eulenspiegeleien ist es jetzt ganz ruhig geworden. Realität ist, dass Forderungsausfälle nicht auf das in der Diskussion stehende Land, also zuerst Griechenland, beschränkt bleiben. Betroffen werden Rentenfonds sowie Versicherungen und damit Anleger in anderen europäischen Ländern, auch deren Altersversorgung bis hin zur deutschen Riester-Rente.

Gesamtschulden zum BIP sind in zahlreichen Staaten weitaus größer, als Sie meinen

Der folgende Chart zeigt Ihnen die Relation der Gesamtschulden zum Bruttoinlandsprodukt (BIP) auf. Gesamtschulden ist dabei die Summe der

Schulden von Regierungen, Unternehmen und der privaten Haushalte. Spitzenreiter bei den Gesamtschulden ist danach als weitweite Nummer 1 Großbritannien mit fast 500% noch knapp vor Japan. Es folgen mit Werten von 366 % bzw. 341 % Spanien und Frankreich. Knapp unter 300 % liegen dann die USA – und Deutschland. Sie erkennen dabei auch die Struktur der jeweiligen Verschuldung eines Staates nach den jeweiligen Schuldnergruppen.

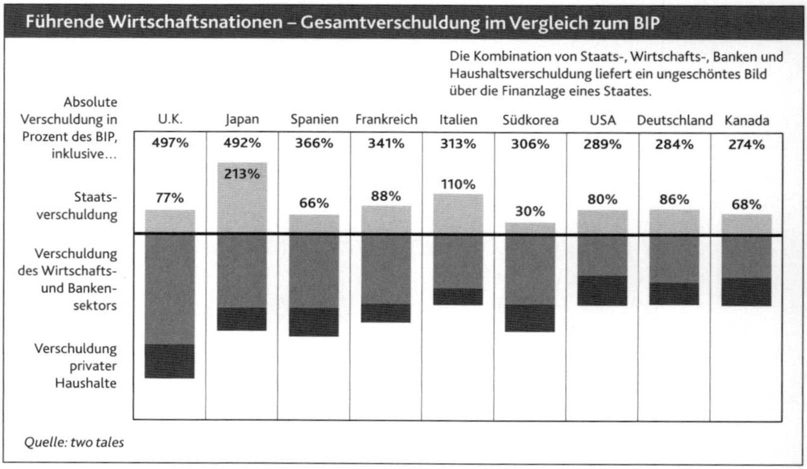

Gesamtverschuldung zum BIP: Traurige Spitzenplätze für Großbritannien und Japan

Bonität Frankreichs abgewertet ... versehentlich!

Chaos an den internationalen Finanzmärkten erleben wir derzeit auf hohen Niveau und scheinbar auch nicht enden wollend. Damit nicht genug. Am 10.11.2011 versandte die Rating-Agentur Standard & Poor's eine Meldung über die Herabstufung Frankreichs. Frankreichs Zinsen zogen sofort an, die Börsen begannen zu beben. Kein Wunder, Frankreich garantiert nach Deutschland mit rund 27 % und vor Italien mit 19 % an zweiter Stelle die Mittel des europäischen Rettungsfonds EFSF. Eine Herabstufung würde über das Land hinaus auch die Anleihen des Rettungsfonds selbst betreffen. Und die Last Deutschlands würde über die eigene Tragfähigkeit hinaus weiter steigen.

Erst nach zwei Stunden gab es dann die Korrektur: ein Versehen. Der Falschmeldung wurde offensichtlich zunächst geglaubt, weil die Rating-Agentur Moody's vor einigen Wochen Frankreich gewarnt hatte, dass ohne Sparmaßnahmen die Höchstwertung des Landes bedroht sei.

Frankreich wird seine Höchstnote demnächst ohnehin verlieren

Es war ein kleiner Vorgeschmack auf meine bekannte Erwartung, dass letztlich die Höchstnote Frankreichs vom derzeitigen „AAA" herabgestuft wird. Frankreich ist beim Anteil staatlicher Ausgaben mit 56 % des BIP die Nummer 1 Europas. Das Haushaltsdefizit 2012 soll von 5,7 % auf 4,5 % des BIP bei einer optimistischen Wachstumsprognose von 1,75 % gesenkt werden. So weit die politische Debatte für das anstehende Wahljahr. Die Wachstumshoffnung gründet auf 11 Mrd. € an Mehreinahmen, davon 10 Mrd. € aus Steuereinnahmen und nur 1 Mrd. € aus Einsparungen.

Zum Vergleich: Spanien und Italien streben Sparmaßnahmen in Höhe von 50 bzw. 80 Mrd. € an. In Frankreich gab es den letzten ausgeglichenen Haushalt im Jahr 1975. Die französische Verschuldung erreicht derzeit 85 % des BIP, 70 % davon halten ausländische Investoren. Die französische Handelsbilanz weist rote Zahlen von 75 Mrd. € auf. Für mich – ich wiederhole es – ist damit die Herabstufung Frankreichs absolut klar. Das wird zu einer Schockwelle führen. Sparmaßnahmen in der Grande Nation bedeuten geringeres Wachstum und werden besonders den wichtigsten Handelspartner des Landes treffen: Deutschland.

Europäische Rating-Agentur: Käme zu spät und wäre auch unerwünscht

Immer wieder wird in Europa nach einer europäischen Rating-Agentur gerufen. Da frage ich die Politik, warum der Vorschlag seit Jahren nicht umgesetzt wird. Jetzt käme sie relativ spät. Ich habe die US-Rating-Agenturen seit Jahren wiederholt kritisiert. Politik und Behörden haben diese allerdings erst groß und mächtig gemacht und sich an ihre Urteile angeknüpft. Nach einigen herben Fehlschlägen wird der Finger zu Recht auf die Wunde gelegt. Und wer glaubt, dass mit einer europäischen Rating-Agentur die Euro-Probleme gelöst wären? Auch eine europäische Rating-Agentur wäre zur Kritik herausgefordert. Das wäre allein der Glaubwürdigkeit geschuldet. Wie würden dann Kritik und Druck durch EU-Politiker und Behörden ausfallen? Ich betrachte sowohl den Ruf nach einer europäischen Rating-Agentur als auch die Überlegungen nach dem Verbot von Länderratings als reine Ablenkungsmanöver der Politik. Der richtige Weg wäre, Länderratings zu relativieren, sie also nicht gleich immer für absolut zu nehmen.

Kein Kreditereignis: US-Banken müssen nicht zahlen ...

Der Schuldenschnitt Griechenlands wird nicht als Kreditereignis eingestuft. Denn dies würde zur Auszahlung der Credit Default Swaps(CDS-)-Versicherungen führen müssen. Darüber entscheiden nicht die Rating-Agenturen, sondern der Derivate-Händlerverband ISDA in London. Der hat auch sofort angekündigt, dass der „freiwillige" Schuldenschnitt kein Kreditereignis wäre und die CDS-Kontrakte folglich nicht ausgezahlt würden. Alle Anleger, in erster Linie Institutionelle, darunter auch gerade griechische Banken und Pensionsfonds, die sich mit CDS abgesichert haben, gehen damit leer aus. Gewinner sind die Verkäufer der CDS, die trotz hoher vereinnahmter Prämien nicht auszahlen müssen. Alle, die an ihre Versicherungsprämien glaubten, gehen somit leer aus, während diejenigen, die CDS geschrieben, also verkauft haben, begünstigt werden. Das sind in erster Linie Investmentbank-Konzerne in den USA und einige in Europa. Diese haben wiederum die Mehrheit im Derivate-Verband ISDA-Komitee, das ein Kreditereignis ausschließt.

Eine offizielle Pleite Griechenlands würde die USA hart treffen. Etliche Investoren – wie zuvor beschrieben – haben griechische Anleihen mit CDS gegen den Kreditausfall versichert. Der größte Teil der CDS wird von US-Finanzinstitute rausgegeben. Dies erklärt die Nervosität des US-Präsidenten Barack Obama auf dem jüngsten G 20-Gipfel Anfang November 2011 in Cannes und seine Forderung, dass die Euroländer die Griechenlandkrise rasch lösen sollen. Das Risiko für US-Kreditversicherer soll allein für Griechenland bei bis zu 300 Mrd. US$ liegen. Offen ist, in welchem Umfang US-Anleger griechische Anleihen und CDS halten. Eine Entschädigungspflicht der CDS-Emittenten wird ausgelöst, falls Griechenland finanziell zusammenbricht. Ein Vergleich, dem die Gläubiger mehrheitlich zustimmen, löst hingegen keinen Entschädigungsanspruch aus. Und die US-Kreditversicherer haben wieder einmal ein großes Rad gedreht und weitaus mehr CDS verkauft, als griechische Anleihen ausstehen. Was ist mit dem „Überhang“? Ist Griechenland offiziell pleite, müssten die US-Versicherer für den Schaden aufkommen und die CDS auszahlen. Dann gäbe es in dieser Branche eine schwere Krise.

Rendite für italienische 10-Jahres-Bonds untragbar hoch

In der ersten Novemberhälfte 2011 sind die Zinsen für italienische 10-Jahres-Staatsanleihen bis auf knapp 7,5 % gestiegen und haben damit eine neue Rekordmarke seit der Einführung des Euro erreicht. Ich sehe ein Zinsniveau ab der Marke von 6,5 % als kritisch und letztlich untragbar für europäische Staaten an. Ab dann kann sich kein Land mehr dauerhaft refinanzieren. Mit dem Erreichen der Marke von 6,5 % für 10-Jahres-Staatsanleihen flüchteten zuvor auch schon Griechenland, Irland und Portugal unter den Euro-Rettungsschirm. Jetzt soll Rom sofort das angekündigte Sparpaket beschließen. Regierungschef Silvio Berlusconi hat seinen Rücktritt angekündigt. Nachfolger soll der angesehene Wirtschaftsexperte und ehemalige EU-Kommissar Mario Monti werden. Wenn Italien rasch und entschlossen handelt, wird auch hier etwas Zeit gewonnen. Ich sehe hier auch umfassende Eingriffe von EZB und ESFS als notwendig an. Die Politik des Euro-Rettungsschirms wird massiv ausgeweitet werden.

Zinsen haben enorme Auswirkungen auf die Schuldenlast. Die Financial Times hatte errechnet, dass bereits ein Anstieg um 0,01 Prozentpunkte den Staat auf lange Sicht mehr als 1 Mrd. € zusätzlich pro Jahr kostet. Das ist auch für die nach Deutschland und Frankreich drittgrößte Volkswirtschaft der Eurozone zu viel.

Lösung: Noch mehr Staatsanleihen kaufen

Damit die Zinsen Italiens niedriger ausfallen, muss die EZB oder der Rettungsfonds EFSF neben griechischen, portugiesischen und irischen weiterhin auch italienische Staatsanleihen kaufen. Mit solchen Käufen wurde bereits begonnen.

Diese Käufe sind umstritten, wie Sie wissen. Sie werden von deutschen Mitgliedern der EZB und der Bundesbank heftig kritisiert. Jürgen Stark, Chef-Volkswirt der EZB, und Bundesbank-Präsident Axel Weber traten deshalb sogar zurück, weil sie die Unabhängigkeit der EZB und die Stabilität des Euro gefährdet sahen.

Italiens Niedergang würde Frankreich mitziehen – und den Rettungsfonds

Jetzt wird auf den aufgestockten Rettungsfonds EFSF gehofft. Dessen Mittel reichen allerdings nicht aus, um auch Italien mit aufzufangen. Ein Niedergang Italiens würde die dort stark engagierten französischen Banken mitziehen und damit Frankreich. Mit den Volkswirtschaften Nummer 2 und 3 in der Euro-Zone würde dies das Aus für den Rettungsfonds EFSF bedeuten. Dann müsste die EZB die Schulden erst recht durch massives Drucken von Geld finanzieren. Folge wäre mittelfristig eine Inflationswelle. Diesen Weg hat die EZB erst zaghaft eingeschlagen. Sie wird ihn noch massiv gehen. Die Regierungen und Medien schwenken allmählich auf den Kurs um und bezeichnen die EZB als Retterin in letzter Instanz. Das Motto lautet inzwischen ganz offen: Vergessen wir alle Regeln!

Ich bin weiterhin der Auffassung, dass nur massive Anleihekäufe der EZB den Zusammenbruch einzelner Euro-Länder verhindern können. Gerüchten zufolge soll die EZB im Spätherbst 2011 Pfandbriefe, also so genannte covered bonds, gekauft haben – im Wert von weiteren 40 Mrd. €. Das sehe ich als weiteres, ernstes Warnsignal. Bislang ging es um Staatsanleihen Griechenlands, Portugals, Irlands und Italiens, die kaum noch Käufer fanden. Jetzt werden bereits Pfandbriefe (abgesichert sind Hypothekenpfandbriefe über Grundpfandrechte auf Grundstücke und bei öffentlichen Pfandbriefen mit Forderungen gegen Staaten) nicht mehr von Investoren gekauft.

Politik, EZB und IWF – im Sog der Schulden

OXFORD CLUB Eildepesche 52/2011 vom 14.11.2011

Die EZB als „Retter der letzten Instanz": Wann greift sie stärker ein?

Der Euro-Rettungsschirm EFSF kann derzeit nicht nachhaltig in die Euro-Krise eingreifen, weil die deutsche Bundesregierung ihm nicht den notwendigen finanziellen Spielraum gibt. Die EZB darf rechtlich nicht tätig werden, so Berlin, denn der Aufkauf von Staatsanleihen sei nicht der geldpolitische Auftrag. So wird die Rettung größerer Euro-Länder, wie jetzt Italien, verhindert – und die Krise vergrößert sich.

Zentrale Frage: Wann greift die EZB endlich ein!

Es spitzt sich alles auf die zentrale Frage zu: Rettet die EZB den Euro oder geht das Euro-System unter? Die Angst vor einem Übergreifen der Schuldenkrise auf ein Euroland nach dem anderen beherrscht derzeit die Märkte, treibt die Zinsen von einem Land nach dem anderen nach oben und lässt die Angst vor einem finanziellen Zusammenbruch stetig zunehmen.

Meiner Einschätzung nach sind wir über den Einsatz der Mittel des Euro-Rettungsschirms EFSF längst hinaus. Jetzt dreht sich alles um den „lender of the last resort", den Retter der letzten Instanz: die EZB. Der europäische Rettungsfonds EFSF wird an den internationalen Finanzmärkten mit großer Skepsis betrachtet, zu kompliziert und schwammig ist er ausgestaltet. Darüber hinaus zu klein, um größeren Ländern wie Italien, Spanien oder Frankreich helfen zu können. Die EZB bleibt damit nicht nur die letzte, sondern auch die einzige Instanz mit genügend Macht und Feuerkraft, um eine Wende einzuleiten.

Die Angst steckt immer mehr Euro-Länder an

Der Vertrauensschwund in die Eurozone hatte in der ersten Novemberhälfte 2011 voll den Bondsmarkt der Euro-Zone erfasst. Die Risikoaufschläge auf Anleihen auch bislang als stärker eingeschätzter Euroländer, wie Frankreich oder Österreich, zogen stark an.

In Griechenland und in Italien gibt es inzwischen neue Regierungen, die grundlegende Reformen angekündigt haben. Die Finanzmärkte hat das offensichtlich nicht beruhigt. Zwischenzeitlich wurde zu viel Vertrauen verspielt. Alle schauen auf die EZB. Diese muss massiv Anleihen der Peripherieländer kaufen, um auf diese Weise der Staatsschuldenkrise entgegenzutreten. Dabei geht es nicht um langfristige Folgen.

EZB-Chef Trichet: Gut, dass er weg ist!

Blicken wir kurz zurück auf die Amtszeit von Jean-Claude Trichet. In den Medien und von der Politik wurde der EZB-Chef zum Schluss nochmals hoch gelobt. Ich bin froh über seinen Ruhestand. Denn er hat den Volkswirtschaften der Euro-Zone stark geschadet. Sie kennen meine Kritik seit Jahren.

Trichets Geldpolitik war kontraproduktiv für die Euro-Rettung

Trichet hat die Auswirkungen der Krise noch verschärft und den Euro-Leitzins im Jahr 2008 sogar dann noch angehoben, als die USA verzweifelt gegen die Krise ankämpften. Er und etliche Politiker, darunter auch die deutsche Bundeskanzlerin, haben damals großspurig erklärt, dass Europa nicht gefährdet sei und die US-Probleme nur dort interne, isolierte Bedeutung hätten. Dabei hatten insbesondere europäische Institute, gerade auch deutsche, Subprime-Kredite und anderen Derivate-Müll in horrenden Mengen in ihren Büchern. Ich habe damals meine Fassungslosigkeit über eine solche Inkompetenz zum Ausdruck gebracht.

Und auch in 2011 waren die beiden Leitzins-Erhöhungen der EZB für die Peripherie-Länder reines Gift. Anstatt von Anfang an beherzt zu handeln, wurden die Auswirkungen der Krise seit 2008 immer weiter verschärft, da ihr Ausmaß völlig unterschätzt wurde. Die Lage der ohnehin geschwächten europäischen Länder wurde damit weiter destabilisiert, anstatt von Anfang an wirksam zu helfen und das Feuer zu löschen.

EZB folgt jetzt dem Fed-Kurs ...

Der neue EZB-Chef, Mario Draghi, setzt jetzt auf Inflation und machte dies gleich in der ersten Sitzung der Notenbank unter seiner Führung deutlich, als er die Leitzinsen von 1,50 % um 0,25 % auf 1,25 % (und kurz danach auf 1%) senkte. Das kann erst der Anfang sein und wird weitere Senkungen des Leitzinses nach sich ziehen sowie massive Käufe von Bonds aus Euro-Krisenstaaten.

Die EZB hatte unter Jean-Claude Trichet für mehr als 170 Mrd. € Staatsanleihen von Griechenland, Italien, Spanien und Portugal gekauft. Das entspricht in der Praxis dem Drucken von neuem Geld, wenn auch bislang noch zaghaft im Vergleich zu den anderen Notenbanken. Seit Draghis Amtsantritt Anfang November 2011 hat die EZB ihre Staatsanleihen-Käufe noch einmal verstärkt. Damit folgt die EZB jetzt voll dem Kurs der US-Notenbank. Die Chefs beider Notenbanken, Ben Bernanke und Mario Draghi, haben ähnliche Vorstellungen von der Geldpolitik und in den USA auch beim selben Doktorvater promoviert.

Niedrigere Rohstoffpreise wirken derzeit beruhigend, aber nur kurzfristig

Derzeit sorgen die korrigierenden Rohstoffpreise noch für einen die Inflation dämpfenden Effekt. Aber im Verlauf der zweiten Jahreshälfte 2012 wird der die Inflation absenkende Basiseffekt entfallen, und ab dann wird sowohl von der Fed als auch von der EZB massenhaft das gedruckte Papiergeld wie Brandbeschleuniger die Inflation zünden. Und das ist ganz im Sinne der Notenbanken und der Politik. Auf diese Weise sinken die Staatsschulden real im Wert.

Riesige Probleme: Bank of England kauft massiv Bonds – und erreichte Mini-Zinsen

Großbritanniens Notenbank hat bislang für fast 15 % seiner Wirtschaftskraft Bonds erworben. Die Rendite eines 10-Jahres-Bonds liegt bei lächerlich niedrigen rund 2,3 % – angesichts einer offiziellen Inflationsrate von

5,2 %. Großbritanniens staatliche Neuverschuldung soll 2012 bei 7,8 % der Wirtschaftskraft liegen – im Vergleich zu 2,2 % im Fall von Italien. Ironisch angemerkt: Wie gut für Großbritannien, dass es die Bank von England gibt. Damit wird der Druck auf die EZB enorm steigen, die Käufe von Staatsanleihen gleichfalls massiv auszudehnen.

Anleger flüchten in die trügerische Sicherheit der Papiergeldwerte

Die deutschen Anleger sind in Anleihen und andere Papiergeldwerte geflüchtet. Diese Sicherheit ist nur scheinbar. Sie werden auf Dauer ihr Geld im großen Umfang verlieren.

Der erste Weg – für den Fall, dass die EZB sich weiterhin zurückhält – ist eine Deflation mit Pleiten von Staaten und Banken (Unternehmen ohnehin). Der zweite Weg – die EZB greift massiv ein – führt in die Inflation. Hier wird Ihre Kaufkraft erst langsam und dann immer schneller zersetzt.

Ich gehe von der zweiten Lösung aus. Davor schützen Sie Sachwerte – und hier im besonderen Maße Edelmetalle.

Eines der drängensten europäischen Finanzprobleme ist die in der folgenden Analyse geschilderte geringe Eigenkapitalausstattung der Banken. Nun soll Eigenkapitalquote der Euroland-Banken von 6 auf 9 % angehoben werden. Da schließt sich gleich die Frage an: Sind denn 9 % wirklich ausreichend – warum nicht mehr? Andererseits wird die Anpassung an die höhere Marke dazu führen, dass Banken durch schrumpfende Umsätze diese Marke erreichen, also weniger Kredite an die Unternehmen vergeben und diese damit im dringend für die Volkswirtschaften benötigten Wachstum einschränken. Europas Politiker stehen zusehends vor einem Dilemma.

OXFORD CLUB Eildepesche 41/2011 vom 5.9.2011

IWF kritisiert unzureichende Eigenkapitalausstattung von Euroland-Banken: Willkommen in der Realität!

Der Internationale Währungsfonds (IWF) scheint seine Politik zu ändern. Der Startschuss dazu ist die jüngste Forderung der neuen geschäftsführenden Direktorin, Christine Lagarde, das bankrotte europäische Bankensystem müsse notfalls zwangsweise rekapitalisiert werden. Bislang hat sich der IWF völlig europafixiert verhalten und ohne Zögern jede neue europäische Initiative zur Rettung der überschuldeten Euro-Länder massiv unterstützt. Aus IWF-Mitteln haben Griechenland, Portugal und Irland bislang mehr als 100 Mrd. € erhalten. Top-Vertreter des IWF haben noch vor einem Jahr (2010) vor Hysterie gegen die Staatsverschuldung der Euro-Staaten gewarnt. Eine Zahlungsunfähigkeit in den modernen, fortschrittlichen Volkswirtschaften Europas sei „unnötig, unerwünscht, unwahrscheinlich". Selbst Griechenland sei durch die Verschuldungsdynamik nicht ernsthaft bedroht – so die Linie des IWF.

Noch im April 2011 erklärte ein Top-Vertreter des IWF, das kriselnde Spanien sei als Kernland der Eurozone vergleichbar mit Deutschland. Welch eine Falscheinschätzung der Euro-Zone. Und ihre Spitzen-Vertreter sind offensichtlich befangen. Europa und die USA haben (noch) viel zu große Macht im IWF und dominieren dort einseitig mit ihren Ansichten. Die europäischen Staats- und Regierungschefs erwarten in erster Linie leichte Kredite und starke rhetorische Rückendeckung. Europa und die USA brauchen eine nüchterne, ehrliche Einschätzung und Bewertung, so wie sie auch die anderen Kunden des IWF erhalten.

Die Analyse wurde in Europa schlecht aufgenommen. Der Chef der Europäischen Zentralbank (EZB), Jean-Claude Trichet, verteidigte Europas Bankensystem sofort. Der Bankensektor als Ganzes verfüge über einen enormen Umfang an Wertpapieren, die EZB und nationale Notenbanken als Sicherheiten für Refinanzierungen akzeptierten. Deshalb gebe es keinen Liquiditätsengpass für das europäische Bankensystem. EU-Kommissionspräsident José Manuel Barroso und EU-Wirtschaftskommissar Olli Rehn wiesen auf die bessere Kapitalausstattung der Euroland-Banken im Vergleich zum Vorjahr und auf den Stresstest der Europäischen Bankenaufsicht hin, der die Banken insgesamt in einem positiven Licht sieht.

200 Mrd. € sollen den Banken infolge lascher Abschreibungen kritischer Kredite fehlen

Die britische *Financial Times* ließ die Wogen gegen die IWF-Analyse noch höher schlagen. Sie berichtete über einen Entwurf des IWF-Finanzstabilitätsberichts, der die lasche Abschreibungspolitik europäischer Banken beanstandet. Das Kernkapital der Banken würde sich um rund 200 Mrd. € verringern, sofern Kredite von Euro-Problemländern richtig abgeschrieben würden. Beispiel Griechenland: Banken und Versicherer haben im Rahmen des zweiten Rettungspakets für Griechenland auf die vollständige Rückzahlung der Anleihen verzichtet. Das zieht Abschreibungen nach sich. Allerdings differieren die Verbuchungsmethoden extrem. Dies rief jetzt selbst das Buchhaltungsgremium IASB, das den IFRS-Rechnungslegungsstandard setzt, auf den Plan. Die Behörde kritisiert, dass einige Banken griechische Bonds zu rechnerischen Preisen statt zu Marktpreisen bewerten. Gemeint sind damit insbesondere die französische Bank BNP Paribas und die französische Versicherung CNP. Diese argumentieren, dass es in griechischen Bonds keinen Markt mehr gäbe. Die Behörde wird zwar prüfen, erklärte aber zugleich, dass verschiedene Bewertungsmethoden zulässig seien.

Der Kapitalverzicht zugunsten Griechenlands wurde tatsächlich völlig unterschiedlich verbucht. Einige Banken schreiben nur die konkret betroffenen Anleihen ab, andere Institute lediglich die im Handelsbuch geführten Bonds. Die meisten Banken schreiben das Minimum von 21 % ab, während die Marktpreise bei 50 % liegen. Bankbilanzen sind vor dieser undurchsichtigen Praxis nicht vergleichbar.

Euroland-Banken fehlen dringend Kapitalerhöhungen

US-Banken haben in der Finanzkrise 2008 Kapitalerhöhungen durchgeführt und damit ihre Abhängigkeit vom Kapitalmarkt verringert. Anders die Euroland-Banken: Hier ist das Anleihen-Einlagen-Verhältnis sogar unter den Stand des Jahres 2006 gefallen. Fremdkapital, das in geringerem Umfang verfügbar und teurer ist, lässt die Bilanzen der Banken schrumpfen. Bei einer erneuten Rezession würden den kleineren und mittleren Unternehmen Kredite fehlen. Zugleich sinken die dringend benötigten Gewinne der Banken. Diese werden vor allem deshalb dringend benötigt, um die Eigenkapitalquote zu stärken. Die lange Wartezeit verstärkt die Unsicherheit. Richtig ist daher der Vorschlag des IWF, den Banken notfalls Kapitalerhöhungen aufzuzwingen.

Der Warnhinweis des IWF auf die unzureichende Eigenkapitalausstattung der europäischen Banken kommt Politikern und Kreditinstituten höchst ungelegen. Die rund 200 Mrd. €, die den Banken an Eigenkapital fehlen, wenn die von ihnen gehaltenen Staatsanleihen der Länder Irland, Griechenland, Portugal, Italien, Spanien und Belgien zu Marktpreisen bewertet würden, entsprechen zwischen 10 % und 12 % des Eigenkapitals.

Das sorgt für große Unruhe. Denn es ist der Hinweis darauf, dass neue Stützungsaktionen für die Banken nötig werden. Die Aktienkurse zahlreicher europäischer Banken sind in den vergangenen Wochen massiv gesunken. Derzeit gibt es viele Schätzungen zum Kapitalbedarf europäischer Banken. Die des IWF über fehlende 200 Mrd. € ist eine davon. Allerdings hat diese Institution Gewicht. Die gestiegenen Unsicherheiten sind das Resultat des viel zu seichten europäischen Stresstests. Dieser wird an den Finanzmärkten nicht ernst genommen. Die offiziellen Kennzahlen von Politik und Banken in Europa verschleiern die Tatsachen und rechnen die Realität schön. Da ist mir der Alarm des IWF realistischer und seriöser. Der Markt gibt dem IWF Recht.

Fazit: Die Turbulenzen an den internationalen Finanzmärkten lassen nicht nach. Die begonnene Korrektur am Goldmarkt sollte sich – mit den üblichen Zickzack-Verläufen fortsetzen. Bleiben Sie den Edelmetall-Investments treu. Ich werde diese in Korrekturphasen wieder aufstocken!

Mit dem Rücktritt des zweiten deutschen Spitzenmanns in der EZB ist klar, dass der Einfluss der Politik der Deutschen Bundesbank – stellvertretend für eine straffe Geldpolitik – dort endgültig geschwunden ist. Die überwältigende Mehrheit in der Führung der EZB will eine solche straffe Geldpolitik ist. Dies machte der neue EZB-Chef Mario Draghi gleich zu Beginn seiner Amtsführung klar, indem er zwei Leitzinssenkungen um insgesamt 0,5 auf 1,0% vornahm und verstärkt Staatsanleihen kriselnder Euroländer aufkaufen ließ. Und Anfang Dezember 2011 startete die EZB eine aggressive Expansionspolitik und gewährte 513 Banken insgesamt 489 Mrd. auf drei Jahre zu 1% Jahreszins. Raffiniert! Die EZB leiht so den Banken eine riesige Summe zu Mini-Zinsen, damit diese hochverzinsliche Staatsanleihen aufkaufen und damit deren Zinsen nach unten ziehen. Beispiel: Eine italienische Bank leiht sich Geld zu 1% und legt dieses in den einheimischen Staatsbonds zwischen 3 und 6% wieder an. Welche Margen erhalten Sie bei Ihren Krediten?

OXFORD CLUB Eildepesche 8/2011 vom 14.2.2011

Führungskrise einer Währung: Der deutsche EZB-Chef-Kandidat wirft hin

Bundesbank-Präsident Axel Weber hat überraschend für eine aufsehenerregende Nachricht Mitte Februar 2011 gesorgt. Er unterrichtete seine Vorstandskollegen davon, dass er nicht für eine zweite Amtszeit zur Verfügung stehe und auch kein anderes öffentliches Amt anstrebe. Anschließend legte er gegenüber Bundeskanzlerin Angela Merkel seinen Rücktritt auf Ende April 2011 fest. Damit ist er nicht länger möglicher Kandidat Deutschlands für die Nachfolge Jean-Claude Trichets als Vorsitzender der Europäischen Zentralbank (EZB).

Italiens Regierung hatte seit zwei Jahren jede Gelegenheit genutzt, um für den Vorsitzenden der Banca d'Italia, Mario Draghi, ehemals für Goldman Sachs tätig, als neuen EZB-Präsidenten zu werben. Im Unterschied dazu hat Bundesbank-Chef Axel Weber von Angela Merkel niemals solche offizielle Unterstützung erhalten.

Axel Weber hat einen Sitz seit Mai 2004 im EZB-Rat. Dieser umfasst die 17 nationalen Notenbankchefs und auch das sechsköpfige EZB-Direktorium. Hier wird die einheitliche Geldpolitik aller Euro-Mitgliedstaaten beschlossen. Hier trat Axel Weber als Falke auf, also als Vertreter einer dem stabilen Geldwert verpflichteten Richtung. Sein Ziel galt in erster Linie der Verhinderung von Inflation. Zuvor war er als Professor für monetäre und internationale Ökonomie an der Universität Frankfurt tätig und bis zu seiner Ernennung zum Präsidenten der Deutschen Bundesbank Mitglied im Sachverständigenrat. Dort wurde die Schweizer Ökonomin Beatrice Weder di Mauro seine Nachfolgerin.

Axel Weber setzte sich für den internationalen fachlichen Disput ein und institutionalisierte diesen zwischen der EZB sowie ihren Kritikern in Fachtagungen. Übrigens: Das Konzept übernahm später die US-Notenbank.

Als Gegner monetärer Todsünden geriet er immer mehr ins Abseits

Als Vertreter einer klaren Linie, der auch die offene fachliche Auseinandersetzung suchte, machte er unter anderem kein Hehl aus seiner tiefen Abneigung gegen Aufkäufe von Staatsanleihen. Diese hatten die Regierungschefs der Eurozone im vergangenen Jahr bei der EZB durchgesetzt (ich berichtete). Als offener Kritiker der EZB-Politik wurde er dort zum Vertreter einer Minderheit. Diese Position wurde geschickt von den politischen Widersachern genutzt. Denn Finanzminister und Regierungschefs schlagen den EZB-Präsidenten letztlich vor und ernennen ihn durch Mehrheitsbeschluss. Jetzt sucht die deutsche Bundeskanzlerin einen Konsenskandidaten mit deutschem Hintergrund.

Deutschland verliert immer mehr zentrale Europa-Positionen

Deutschland hat in der Eurozone damit erst einmal alle wichtigen Positionen aufgegeben. Der Stabilitätspakt ist faktisch vom Tisch und auch die No-Bailout-Klausel, die es Euroländern verbietet, für Schulden anderer einzustehen, ist gebrochen worden. Der Rückzug von Axel Weber als deutscher Kandidat für den Chefposten der EZB ist konsequent. Für die Politik, auch für die deutsche Bundesregierung, war er ohnehin unbequem und unbeliebt geworden. Jetzt ist der Ihnen beschriebene Weg frei für Eurobonds, einen europäischen Finanzausgleich und die von den Franzosen als Gegengewicht zur EZB angestrebte Wirtschaftsregierung.

Auch die Deutsche Bundesbank ist nicht unfehlbar

„Nicht alle Deutschen glauben an Gott, aber alle (glauben) an die Bundesbank", so Jacques Delors, Präsident der Europäischen Kommission, im Jahr 1992.

Ich gieße ein wenig Wasser in den Wein des Mythos der Deutschen Bundesbank. Auch sie ist nicht unfehlbar. Andere Länder haben brillante Top-Leute in die EZB geschickt, so besonders den kürzlich verstorbenen Tommaso Padoa-Schioppa, italienischer Investmentbanker und spanische Wirtschaftsprofessoren. Und wie hielt es die deutsche Bundesregierung denn wirklich mit der legendären Unabhängigkeit? Anders als die Franzosen (und andere) durften wir Deutschen niemals über die Einführung des Euro oder die Notenbank abstimmen.

Fehlerfrei waren auch die deutschen Bundesbankpräsidenten nicht. So erhöhte Helmut Schlesinger 1992 trotz beginnender Rezession die Zinsen, brachte das Europäische Währungssystem ins Trudeln und musste anschließend den Franc massiv verteidigen. Falsch handelte auch Axel Weber, als er im Juli 2008 darauf drängte, die Zinsen in der Euro-Zone anzuheben. Damals kippte die Konjunktur bereits erkennbar in die Rezession ab – ich kritisierte damals in diesem Brief diesen Schritt heftig als verhängnisvoll und inkompetent. Durch die damals dumme Geldpolitik wurde die Rezession unnötig verschärft.

Schwache EU-Führungskräfte ausdrücklich erwünscht

Die Bestellung von – diplomatisch ausgedrückt – blassen und schwachen Personen an die Spitze der EU (durch die Staats- und Regierungschefs der EU) ist höchst bedenklich. Das zeigte die Wahl des Belgiers Herman van Rompuy zum EU-Ratspräsidenten und die des Portugiesen José Manuel Barroso zum EU-Kommissionspräsidenten – immerhin in die beiden höchsten politischen Ämter der EU. Die Bestellung von Herman van Rompuy in das wichtigste Amt der EU kommentierte der Grüne Daniel Cohn-Bendit mit den Worten: „ein blasser Ratspräsident" und „Europa ist auf einem Tiefpunkt angelangt". Diese Einschätzung bestätigt der EU-Ratspräsident – von Insidern als ein wandelnder Kompromiss charakterisiert (… „ihn kannte keiner als Ministerpräsident in Belgien und jetzt keiner auf der EU-Ebene") – mit der Selbstpositionierung: „Meine persönliche Meinung ist der des Rates völlig untergeordnet. Sie tut nichts zur Sache." In seiner Freizeit schreibt er Gedichte in japanischen Versen. Eines heißt „Fliege" und lautet: „Eine Fliege brummt und summt/springt und turnt im Zimmer rund/sie tut niemand weh." Beschreibt er sich vielleicht damit selbst, fragte *BILD* am 1.1.2011. Diese Realsatire brauche ich nicht zu kommentieren.

Mit der beim EU-Rat vorgesehenen Wirtschaftsregierung schwächen Deutschland und Frankreich das Zentrum der EU noch weiter und bauen noch mehr Blockadepotenzial auf. Das wird den Euro auf Dauer noch stärker schwächen.

Der Weg führt in die Transferunion: Gut für Ihre Investments!

Sie kennen meine Analysen seit mehr als einem Jahr zu diesem absehbaren Trend in die Transferunion. Zunächst wird jeder Schritt dorthin abgelehnt, dann doch gemacht. Rechnen Sie fest damit, dass sich auch die deutsche Bundesregierung für gemeinsame Anleihen und die Gemeinschaftshaftung für die Schulden der Euroländer einsetzen wird. Es wird als gemeinschaftliche Kraftanstrengung zum Wohle aller herausgestellt werden. Jede erwartete Gegenleistung wird sich als Illusion herausstellen. Ärgern Sie sich nicht! Bauen Sie Ihre Investments in Edelmetallen auf und weiter aus!

Ex-Bundesbank-Chef Karl-Otto Pöhl: Die Politik hat den Angriff der Spekulanten auf den Euro nur erfunden!

Der *Spiegel* brachte in seiner Ausgabe 20/2010 unter dem Titel „Jetzt haben wir den Salat" ein Interview mit dem ehemaligen Chef der Deutschen Bundesbank, Karl-Otto Pöhl, über Rettungspakete für den Euro und dessen Zukunft. Hier sind einige seiner Kernaussagen für Sie:

- Die Geschäftsgrundlage für den Euro hat sich fundamental verändert. Grund ist die Entscheidung der Regierungen der Euro-Zone zu einem gegenseitigen Haftungsverbund. Damit wendet sich die Gemeinschaft ab vom Verbot des Maastricht-Vertrags, dass kein Land für die Schulden eines anderen Landes einstehen darf. Darüber hinaus ist die EZB gegen das Verbot in ihrer Satzung auch noch in die Staatsfinanzierung eingestiegen.

- Der Euro kann im Trend weiter an Wert verlieren, da eine Garantie abgegeben wurde für eine Reihe von Schwachwährungen, die niemals in den Euro-Verbund hätten aufgenommen werden dürfen.

- Griechenland kann die 350 Mrd. € an Staatsschulden kaum abbauen. Ohne einen „haircut", also einen teilweisen Forderungsverzicht von etwa einem Drittel, wird keine Restrukturierung gelingen.

- Beim Rettungspaket ging es nicht um die Verhinderung eines Dominoeffekts, sondern darum, die französischen und die deutschen Banken vor Abschreibungen zu bewahren.
- Plausibel ist, dass die Politik den Angriff der Spekulanten auf den Euro nur erfunden hat, um eine Legitimation zum Bruch des Lissabon-Vertrags und der EZB-Satzung zu haben.
- Jetzt wird sich der gesamte Mechanismus der EU ändern. Die EU-Kommission wird viel mehr Befugnisse und Macht erhalten – letztlich geht die Entwicklung zu Lasten Deutschlands.

Meine Einschätzung: Das Problem der Überschuldung ist letztlich nur mit Hilfe der Notenpresse wegzuinflationieren. Die andauernd eingeräumten Ausnahmetatbestände für die Erfüllung der Stabilitätskriterien waren klare Beweise für den politischen Einfluss. Übrigens: Maastricht-Vertrag und EZB-Satzung sind politische Werke und können selbstverständlich politisch jederzeit geändert werden. Stellen Sie sich auf mehr Inflation ein.

Ist Griechenland gerettet? Und wer rettet die Retter?

OXFORD CLUB Eildepesche 32 vom 4.7.2011

Euro-Währungsunion: Die No-Bailout-Klausel nicht anzuwenden, war ein historischer Fehler!

Griechenland: Zu spät und zu halbherzig gehandelt

Ich habe früh – vor den Schlagzeilen in den Massen-Medien und bereits vor Jahren – kritisch über Griechenland berichtet. Auch die Rettungsversuche habe ich von Anfang kopfschüttelnd begleitet. Meine Ihnen bekannten Schlussfolgerungen waren und sind:

- Die Rettungsaktionen kommen zu spät und sind nur halbherzig.
- Die Regierung in Athen zeigte von Beginn der Krise an zu wenig Schlagkraft für echte Lösungen. Viel wurde versprochen, wenig gehalten. Bis hinauf zur Ministerial-Ebene wurden sinnvolle Ansätze sabotiert.
- Die Mentalität der Bevölkerung stand einer echten Sanierung entgegen. Inzwischen ist die Stimmung völlig gekippt. Eine große Mehrheit der Menschen dieses Landes lehnt weitere Sparpakete ab, ebenso wie die politischen Parteien.
- Von Anfang an hielt ich die Rettungsversuche für verfehlt. Richtig wäre gewesen, auf Änderungen der Strukturen zu setzen, um über Wirtschaftswachstum aus den Problemen herauszuwachsen.

Relativieren Sie Griechenland!

Ich habe Ihnen auch die Dimension der wirtschaftlichen Bedeutung Griechenlands mit seinem Anteil von 2,6 % am Bruttoinlandsprodukt (BIP) der Eurozone herausgestellt. Erweitern wir diesen Blick auf das Ganze noch um einige Fakten:

1. Bezogen auf die gesamte Europäische Union, hat Griechenland einen Anteil von knapp 2,6 % am BIP.
2. Griechenland ist überschuldet, keine Frage. Gemessen am BIP, liegt die Staatsverschuldung 2011 bei über 150 %. Bezogen auf die gesamten Euro-Staatsschulden, sind es knapp 3,5 %, bei weitester Auslegung rund 4,5 %.

Diese Relationen zeigen Ihnen, dass das Problem Griechenland für sich allein nicht die Existenz der Eurozone insgesamt in Frage stellen kann. Auf den Punkt gebracht: Der Euro ist nicht Griechenland!

Finanzmärkte trauten Athen seit Ende 2009 nicht mehr

Die wahrhaft griechische Tragödie trat Ende des Jahres 2009 offen zutage. Damals nahmen die internationalen Finanzmärkte das Haushaltsdefizit Athens ernst. Neu war es nicht. Der letzte Haushaltsüberschuss wurde 1972 erwirtschaftet. Haushaltsdisziplin war stets ein Problem für griechische Regierungen, und die neu gewählte gestand die Fälschungen ihrer Vorgängerin offen ein. Die Finanzmärkte sahen ab diesem Zeitpunkt in den griechischen Schuldtiteln immer größere Risiken mit der Folge rasch anziehender Aufschläge (Spreads). Somit entstand nach zehn Jahren Euro-Währungsunion deren erste Krise.

Bewerten Sie den Abstimmungserfolg der Regierung im Athener Parlament Ende Juni 2011 nicht über. Die Mehrheit der regierenden Pasok-Partei ist auf vier Stimmen geschrumpft. Nationale Einheit gibt es nicht einmal in Ansätzen. Die Opposition blockt total ab. Die Interessengruppen demonstrieren massiv auf den Straßen. Deutsche und europäische Flaggen werden verbrannt. Die Bereitschaft der Bevölkerung, auf Steuerhinterziehung oder Schmiergelder zu verzichten, nimmt nicht ab. Damit besteht das Kernproblem des Landes, die Verschwendung öffentlicher Gelder, unverändert fort.

Ich bezweifle auch weiterhin, dass sowohl die Sanierung des Staatshaushalts als auch die Privatisierungspläne der Regierung in Zukunft richtig umgesetzt werden. Unabhängig davon sind Märkte kurzfristig orientiert.

Mit der Verabschiedung des Sparpakets atmen alle Beteiligten erst einmal auf. Damit ist die Bedingung des Europäischen Rates vorläufig erfüllt, um die internationale Hilfe fortsetzen zu können. Jetzt kann im Juli 2011 die nächste Tranche von 12 Mrd. € des vor einem Jahr bewilligten Notkredits von insgesamt 110 Mrd. € ausbezahlt werden. Und es wurde ein neues Hilfsprogramm der Eurostaaten und des Internationalen Währungsfonds versprochen.

Griechenland wird am Sparpaket scheitern

Nach Einschätzung des Hamburger Nachrichtenmagazins *Der Spiegel* müsste Deutschland im Vergleich zur aktuellen Auflage an Griechenland 17 % des Bruttoinlandsprodukts einsparen. Diese riesige Summe von 425 Mrd. € würde beispielsweise der Schließung aller Kindergärten, Universitäten und Schulen entsprechen. Alternative wäre die Streichung aller Zuschüsse an Pensionen und Arbeitslosen.

Die *Salzburger Nachrichten* rechneten in ihrer Ausgabe vom 2. Juli 2011 vor, dass Österreich in fünf Jahren 50 Mrd. € einsparen müsste. Das entspräche der Abschaffung von Polizei, Bundesheer und Justiz. Dies zeigt, wie ruinös die aktuellen Auflagen zum Sparen an Griechenland sind.

Ohne Zweifel muss sich Griechenland ändern. Der Staatseinfluss muss radikal beschnitten werden, ebenso wie die allgegenwärtige Korruption und das Kartell der beiden großen Parteien, die sich das

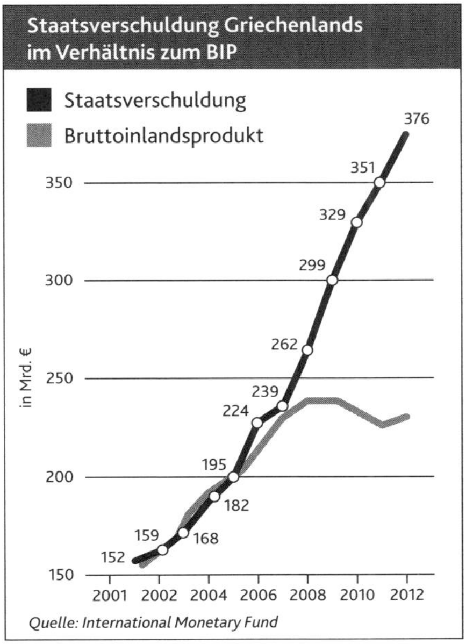

Staatsverschuldung Griechenlands eskaliert – verschärft durch das sinkende BIP!

Land durch Familienclans quasi aufgeteilt haben, zu zerschlagen sind. Unverzichtbar ist Wirtschaftswachstum. Ohne dieses kann das Land nicht aus den gigantischen Problemen herauswachsen.

Kardinalfrage: Helfen oder Selbstverantwortung?

Damit stand die Bewährungsprobe für die Politiker an.

1. Die griechische Haushaltskrise könnte als eine die gesamte Eurozone betreffende Angelegenheit eingestuft werden. Also würde dann die Eurozone insgesamt auch aus Solidarität zu Hilfe eilen.

2. Griechenland hätte auch als in Fiskalfragen souveräner Staat betrachtet werden können. Dieser hätte dann die Folgen der langjährigen haushaltspolitischen Fehler zu verantworten und auch die Konsequenzen allein zu tragen.

Ziel der Finanzhilfe: EU-Großbanken

Wir alle haben inzwischen wiederholt erfahren – ich sagte es Ihnen von Anfang an: Griechenland wurde und wird geholfen. Die Karte der Solidarität stach. Diese Lösung erscheint zunächst als die einfache, also ist sie im Sinne der Politiker. Aus meiner Sicht wird sie leider erfolglos bleiben. Die Hilfen stehen im Gegensatz zur No-Bailout-Klausel der Europäischen Verträge. Danach ist die finanzielle Rettung einer Regierung durch andere Staaten oder die EZB ausdrücklich ausgeschlossen. Nur für Naturkatastrophen ist der Ausnahmefall vorgesehen. Mit dem Eintritt in solch umfassende Hilfen wurden unbegrenzte Verpflichtungen eingegangen. Und der Brand greift über. Andere Staaten beanspruchen die gleiche Solidarität. Irland und Portugal folgten als nächste Krisenfälle – Spanien und Italien werden noch kommen.

Tatsächlich verfolgte die EZB-Politik das wirkliche Ziel, die europäischen Großbanken zu schützen. Diese waren erst kurz zuvor mit großen Rettungsaktionen der Politik über Wasser gehalten worden. Als den Politikern das gesamte Ausmaß dämmerte, wurde mit Blick auf verärgerte Wähler gefordert, Banken einen freiwilligen Beitrag an die Rettungskosten leisten zu lassen.

Der Wachstums- und Stabilitätspakt kann nicht funktionieren

Nach Außerkraftsetzung der No-Bailout-Klausel konzentriert sich die politische Debatte auf die Wiederherstellung von Haushaltsdisziplin. An Griechenland stellen insbesondere Deutschland und die Europäische Kommission immer schärfere Forderungen. Das ist unglaubwürdig. Der Wachstums- und Stabilitätspakt hat noch nie funktioniert. Er kann es überhaupt nicht. Damit er wirkt, müsste es möglich sein, dass einer souveränen Regierung Weisungen erteilt werden. An diesem Widerspruch wird jede Regierung scheitern. Denn sie wird vor die Wahl zwischen der Zufriedenheit anderer Staaten und die der eigenen Wähler gestellt.

Demokratie: Jede unliebsame Regierung wird abgewählt

In einer Demokratie wird es schwer bzw. unmöglich sein, sich längere Zeit gegen die eigenen Wähler zu entscheiden. Das ist undemokratisch, hat die Abwahl zur Folge und wird Demagogen aufkommen lassen. Zudem wird die Europa-Idee diskreditiert.

Sie sehen das immer stärker an aktuellen Beispielen in Griechenland. Die Bevölkerung in Griechenland wehrt sich gegen den harten Sparkurs. Für die Folgen der jahrzehntelang falschen eigenen Politik will niemand einstehen.

Es brodelt auch in den Geberländern

In den Geberländern, hier immer mehr in Deutschland, aber auch in Österreich, Finnland und den Niederlanden, wächst der Widerstand, für diese falsche Politik zahlen zu müssen.

Die Akteure an den internationalen Finanzmärkten glaubten von Anfang an nicht, dass Problemländer im Stich gelassen würden. Anleihen von undisziplinierten Regierungen waren begehrt. Ich erinnere mich gut an populäre Wirtschaftsmagazine, die solche Anleihen wegen ihrer damals leicht höheren Renditen jahrelang propagierten. Anleger, die sie kaufen würden, wären klug, denn dahinter stünden Staaten. Die könnten ja nicht pleitegehen. Heute vergießen die gleichen Publikationen Krokodilstränen. Über unseriöse Regierungen wird um die Wette gejammert. So rasch dreht sich der Wind. Das kennen wir ja bereits zuvor aus den Zeiten des Neuen Marktes und der Seifenblase der New Economy. Als die Krise ausbrach, forderten die wichtigen Akteure an den Finanzmärkten sofort den Bailout. Schließlich profitierten sie davon am stärksten. Die Bürger in den Problemstaaten sehen die Staatsverschuldung mit den Rettungspaketen anziehen und lehnen die harten Stabilisierungsmaßnahmen ab.

Risiko verlagert: Auf die Steuerzahler der Geberländer

Die Bürger der Geberländer tragen das Risiko des Misserfolgs des Bailout. Sie, die Steuerzahler, schützen die Finanzmarktakteure vor dem Risiko, das nun einmal Kredite bergen. Meiner Einschätzung nach handelt es sich beim Verzicht auf den No-Bailout um einen historischen Fehler. Nicht der Wachstums- und Stabilitätspakt (60 % Gesamtverschuldung zum Bruttoinlandsprodukt – BIP – und 3 % des jährlichen Haushaltsdefizits als willkürlich gewählte Grenzen sollen nicht überschritten werden) ist entscheidend, sondern der Bailout, die Rettung vor der Pleite.

Griechenland hätte dann allein mit seinem Schuldenberg klarkommen müssen. Der Euro wäre zu Beginn 2010 in keine Währungskrise geraten. Griechenland hätte damals den Internationalen Währungsfonds um die übliche Hilfe gebeten. Dessen Rettungsprogramm hätte weniger harte Auflagen enthalten brauchen. Eine Umschuldung wäre vorbereitet worden. Die Konjunktur hätte sich sukzessive erholen können. Die Wut auf die harten Sparmaßnahmen hätte dann den IWF getroffen, nicht die Euroländer. Die innenpolitischen Spannungen in den anderen Euro-Staaten wären nicht entstanden. Das war die ursprüngliche Grundkonzeption der Währungsunion. Daraus wurde nichts.

Die Euro-Währungsunion wird in letzter Konsequenz scheitern – nicht jetzt, sondern erst in einigen Jahren. Ursache sind dafür die in Serie getroffenen falschen politischen Entscheidungen. Mangels Selbstkritik und dem Ziehen von Konsequenzen daraus wird der falsche Weg weiter fortgesetzt.

OXFORD CLUB Communiqué 12/2011

50 % sind nicht die Hälfte: Die Euro-Krise geht weiter!

Hier sind kurz die Ergebnisse des europäischen Gipfeltreffens vom 26./27.10.2011:

- Griechenland werden ein Schuldenschnitt von 50 % und ein neuer Kredit eingeräumt.

- Die privaten Gläubiger sollen auf die Hälfte ihrer Forderungen an Athen verzichten. Die Mogelpackung wird nach außen als „Schuldenschnitt" verkauft. Das „freiwillige" Umtauschangebot an die privaten Gläubiger umfasst rund 200 Mrd. € der insgesamt mehr als 350 Mrd. € an griechischen Staatsanleihen. Der Betrag wird in 100 Mrd. € an neuen Anleihen getauscht. Diese werden dann vom Rettungsfonds ESFS mit 30 Mrd. € garantiert. Nicht darin einbezogen werden die griechischen Anleihen bei der Europäischen Zentralbank (EZB) und bei den so genannten Bad Banks sowie Milliarden an Kontokorrentkrediten, die die EZB Griechenland eingeräumt hat. Am stärksten werden die griechischen Banken getroffen. Diese sind dem internationalen Investment-Banking ferngeblieben, haben konservativ Kredite im eigenen Land vergeben und brav Staatsanleihen Griechenlands gekauft. Offen bleibt, wie die Regierung in Athen den einheimischen Bankensektor reformieren will.

- Der Euro-Rettungsfonds EFSF soll dazu 30 Mrd. € als Beitrag des öffentlichen Sektors für die private Beteiligung der Banken, Fonds und Versicherungen leisten.

- Ziel des Maßnahmenbündels ist es, den Schuldenstand Griechenlands auf 120 % des Bruttoinlandprodukts (BIP) zu drücken, den aktuellen Stand von Italien. Im Vergleich dazu hat Italien eine wettbewerbsfähige Industrie. Ich bin der Auffassung, dass die griechische Staatsverschuldung nach der Absenkung wieder ansteigen wird, da sich nichts Wesentliches ändern wird.

- Auf der Basis der Vereinbarung mit den privaten Gläubigern erhält Griechenland weitere Hilfen: Bis zum Jahr 2014 werden nochmals 100 Mrd. € gegeben. Das neue Programm soll bis Ende 2011 im Detail vereinbart und dann der Anleihetausch Anfang 2012 abgewickelt werden. Der IWF soll sich beteiligen.
- Rekapitalisierung der Banken: Die 70 als systemrelevant festgelegten europäischen Banken sollen ihre Risiko-Rücklagen vergrößern und bis Mitte 2012 eine Kernkapitalquote von 9 % erreichen. Die Europäische Bankenaufsicht (EBA) schätzt die erforderliche Summe auf etwa 106 Mrd. €. Zur Finanzierung der erforderlichen Kapitalerhöhungen sollen zuerst private Kapitalquellen (Umwandlung von Anleihen in Eigenkapital) genutzt sowie Dividenden und Boni eingeschränkt werden, bis die vorgegebene Eigenkapitalquote erreicht ist. Sofern die privaten Kapitalquellen nicht ausreichen, sollen die Regierungen oder danach der EFSF unterstützend einspringen. Das Banken-System ist dringend zu stärken. Ein Teil der Banken wird allerdings Griechenlands Schuldenschnitt nicht verkraften können. Was geschieht dann: Werden diese Institute verstaatlicht?
- Der Rettungsschirm EFSF soll auf 1 Bio. € gehebelt werden. Die Fazilität soll als Versicherung für die Staatsanleihen bestimmter Euro-Staaten eingesetzt werden können. Hinzu kommt ein zweites Modell mit Sondertöpfen (Spezialinstrumenten) zum Aufkauf von Staatsanleihen, in die auch Staatsfonds investieren können. Die Varianten der noch zu entwickelnden Instrumente sollen zu einer Wirkung von einem vier- bis fünffachen Hebel führen. Selbst diese Summe wäre beim Absturz eines mittleren oder größeren Euro-Landes schnell Makulatur und weg. Die Haftungssumme Deutschlands soll auf 211 Mrd. € beschränkt bleiben. Wer´s glaubt.
- Darüber hinaus haben sich Italien und Spanien zu zusätzlichen Reformen verpflichten müssen.

Eins ist sicher: Die griechischen Staatsschulden werden nicht halbiert! Betroffen werden nur von Privaten gehaltene Staatsanleihen mit der Herabsetzung um 50 % des Wertes sein. Das sind etwa rund 200 Mrd. € von insgesamt rund 350 Mrd. Gesamtsumme griechischer Staatsschulden. Diese sinken somit durchschnittlich um 28 %. In diese Rechnung habe ich die 85 Mrd. € an Staatsanleihen, die von griechischen Banken gehalten werden, mit einbezogen. Ansonsten wären es nur 17 %.

Die genannte Halbierung der Forderungen von Privaten scheint zu wenig zu sein. Denn selbst die griechischen Medien fordern zu Beginn des Jahres 2012 bereits 70 %! Sie sehen, es wird immer mehr!

Gerettet wird immer!

Diese Gipfelbeschlüsse erstaunen mich nicht. Sie liegen auf der bisherigen Linie, die Sie seit Jahren aus meinen Analysen kennen. Politische Richtschnur bleibt: Den Euro wird es weiterhin geben. Alle wichtigen Parteien Europas sind bereit, den Euro durch hohe finanzielle Unterstützung zu sichern. Faktisch ist der Staat Griechenland pleite! Recht wird weiterhin gebrochen. Alle zuvor gegebenen verbindlichen Zusagen zum Investieren sind nichts mehr wert. Der öffentliche Haushalt muss endlich saniert und die staatlichen und wirtschaftlichen Strukturen tiefgreifend reformiert und modernisiert werden. Die Folgen werden hart sein und lange andauern. Ich rechne mit etwa zehn Jahren. Die Arbeitslosigkeit wird weiter steigen. Der Lebensstandard wird sinken. Um wirklich wettbewerbsfähig zu werden, müssten griechische Löhne nach Einschätzung selbst der EU-Kommission um durchschnittlich bis zu 40 % sinken. Diese Medizin ist sehr bitter. Die Wut darüber wird sich in Massenprotesten gegen die Regierungen entladen. Ich glaube nicht, dass in Griechenland tief greifende Reformen tatsächlich durchgesetzt werden.

Bislang bestehen die Hilfspakete aus Garantien und Versprechen der anderen Euro-Staaten. Was ist, wenn sich daraus tatsächliche Zahlungen ergeben? Offene Flanke ist auch die mögliche Ansteckungsgefahr größerer Euro-Staaten, wie beispielsweise Spanien oder Italien mit hohen, dreistelligen Milliardenverlusten. Diese würden auch die größten Geber-Länder überfordern. Konkret: Die Staatsschuldenkrise würde weiter eskalieren und als Reaktion darauf die Zinsen anziehen. Die Bevölkerung der Euro-Länder wird ohnehin zunehmend besorgter und kritischer bzw. feindseliger gegen die Euro-Zone.

OXFORD CLUB Communiqué 6/2010

Es geht um Ihr Geld: Der Euro ist eine Geschichte gebrochener Versprechen!

Sie wissen, dass ich dem Euro von vornherein nicht vertraut habe. Als er dann doch da war, haben wir uns daran angepasst. Schließlich leben wir in dieser Währung. Die Ära des Erfolgs-Stars, der D-Mark, war schlichtweg vorbei. Was folgte, war absehbar. Griechenland betrog auch weiterhin (und steht damit nicht allein). Die EU-Kommission schaute weg, zahlreiche Euro-Länder gleichfalls, und die EZB griff auch nicht ein.

Systemfehler: Konträre Politik unter einem Dach

Für die deutsche Industrie war dies immerhin zehn Jahre ein Erfolg. Die Gemeinschaftswährung öffnete die Märkte, minimierte die Risiken von Wechselkursschwankungen und die Umtauschkosten. Die früheren Schwachwährungsländer, insbesondere Griechenland, Italien, Spanien und Portugal, konnten sich deutschen Exporten nicht mehr – wie zuvor üblich – durch Abwertungen ihrer Währungen entziehen. Nebenbei: Deutschland ist der größte Zahler in die EU-Kassen. Der entscheidende Konstruktionsfehler des Euro besteht allerdings darin, dass völlig unterschiedliche Wirtschaftsstrukturen und Kulturen zusammengefügt wurden.

Transferunion ist Realität

Ich sehe den Ihnen geschilderten Transferausgleich als unabwendbar an. Denn die Krise der Eurozone hat strukturelle Ursachen und kann letztlich auch mit üppigen Rettungspakten nicht abgefangen werden. Hier wirken sich geradezu kontraproduktive Gegenkräfte aus. Die südeuropäischen Länder sind praktisch bereits bankrott. Im Falle Griechenlands wird sprichwörtlich gutes Geld schlechtem nachgeworfen. Damit wird allerdings die Stunde der Wahrheit, der Zahltag, lediglich verschoben.

Da das Bailout-Verbot des EU-Vertrags für die Eurozone nicht ernst genommen wurde, konnten chronische Defizitländer wie Griechenland, Portugal und Spanien bis Anfang 2010 Anleihen zu tiefen Zinsen fast wie bei deutschen Papieren ausgeben. Vor der Euro-Einführung lagen die Zinsen beim Dreifachen. Die preiswerten Kredite befeuerten den Konsum, führten in Spanien zusätzlich zu einer gigantischen Immobilienblase, die die der USA noch in den Schatten stellt, und griechische wie portugiesische Regierung finanzierten damit einen aufgeblähten öffentlichen Sektor mit einer unglaublichen Verschwendung. Zudem kletterten die Löhne massiv nach oben. Vergessen Sie die immer wieder angeführte No-Bailout-Klausel, also den Haftungsausschluss eines Mitgliedstaates für einen anderen: Berlin ist in keiner Weise am Auseinanderbrechen der Euro-Union interessiert und wird sich dem Trend massiv entgegenstemmen.

In Griechenland verfestigt sich in der Bevölkerung ein immer größerer Zorn auf die politische Elite, die sich jahrzehntelang in einem von Korruption und Steuerhinterziehung genährten System bewegt hat. Das Beispiel Griechenland zeigt uns deutlich, wie schnell und tief ein Land abstürzen kann. Ich glaube nicht, dass diese Herkulesaufgabe gelöst wird. Sie würde darüber hinaus in eine tiefe Depression münden. Zum Haushaltsdefizit kommt ein hohes Leistungsbilanzdefizit (Saldo im Austausch von Waren und Dienstleistungen mit dem Ausland). Auch die IWF-Defizit-Prognose von minus 4 % in diesem und minus 2,6 % in 2011 halte ich für blauäugig. Der Konjunkturrückgang wird zweistellig werden, ich schätze ihn auf insgesamt minus 20 % und höher. Darin bestärken mich meine Erfahrungen in Lettland, wo ich mich eine Woche im Januar 2010 aufhielt. Anhaltende Massenproteste könnten den Absturz in Griechenland noch vertiefen. Das

Grundproblem liegt in der weit verbreiteten Korruption und den verheerenden Folgen der Verschwendungssucht früherer Regierungen.

Wechseln Sie nicht von der Lusitania auf die Titanic!

Vorsicht vor Anleihen aller Art! Das gilt auch für deutsche Bonds. Hierzu Ex-Bundesfinanzminister Peer Steinbrück: „Ich würde keine deutschen Regierungsanleihen mehr kaufen!" Mit dieser Äußerung wird Klaus Kaldenmorgen, Chef der DWS, also der Investmentfondstochter der Deutschen Bank, in einem Interview mit dem *Handelsblatt* in der Ausgabe vom 26.4.2010 wiedergegeben. Das sagt derjenige, der noch kürzlich für die Finanzen dieses Landes verantwortlich war. Die gesamte Kette immer wieder neuer und auf Dauer eskalierender Krisen sorgt im Trend für weiter steigende Edelmetallpreise. Nach außen wird Sparen proklamiert, tatsächlich sind die Probleme längst über den „Point of no return" hinaus. Rettungspaket wird auf Rettungspaket folgen, und Griechenland ist nur der Beginn. Damit wird das Fundament des Euro unterspült, wobei ich den US$ und das britische Pfund gleichfalls als kranke Währungen sehe. Wechseln Sie nicht von der Lusitania (Euro) auf die Titanic (US$, britisches Pfund). Beide Schiffe sind untergegangen. Gold ist Geld!

Gefährlich ist die Dimension, die die Rettungspakete allmählich erreichen. Die Lage wird sich im Trend weiter zuspitzen. Bleiben wir nur in der Eurozone. Die EZB unterstützte bereits 2009 durch ein traumhaftes Kreditangebot die Banken (440 Mrd. €, 1 Jahr Laufzeit, geringe Sicherheiten, 1% Jahreszins), setzte im Dezember 2011 mit 489 Mrd. € nochmals nach. Hinzu kommen EU-Hilfen und Garantien in schwindelerregender Höhe, heimliche Kredite im Target 2-System etc. Inzwischen dämmert es selbst harmlosen Bürgern, dass sich die Retter längst übernehmen: Wer rettet die Retter? Hiermit befasste ich mich im folgenden Artikel:

OXFORD CLUB Communiqué 5/2010

Und wer rettet die Welt?

Die Nachrichten der vergangenen Monate haben nur bestätigt, was ich Ihnen seit einigen Jahren schon schildere: Wir stehen inmitten einer dramatischen Neuverschuldung der Staaten. Kurz zu den zuletzt viel diskutierten PIIGS, gebildet aus den Anfangsbuchstaben der Euroland-Wackelkandidaten:

- Portugal: Haushaltsdefizit 2010 8,0 %. Rating-Agentur Moody´s warnt vor einem „langsamen Tod“.
- Italien: Haushaltsdefizit 2010 5,3 %. Hatte 2009 die mit 115 % des BIP höchste EU-Staatsverschuldung nach Griechenland.
- Irland: Haushaltsdefizit 2010 14,7 %. Aufgeblähter Finanzsektor.
- Griechenland: Haushaltsdefizit 2010 12,2 %. Misswirtschaft und Korruption.
- Spanien: Haushaltsdefizit 2010 10,1 %. Extreme Blase im Immobiliensektor.

Haushaltsdisziplin allein reicht nicht aus

Die geforderte Haushaltsdisziplin – jetzt gegenüber Griechenland – wird nicht ausreichen, um die Sanierung des Staates erfolgreich abzuschließen. Bisher gelang dies in allen Fällen stets nur durch eine wachstumsorientierte Wirtschaftspolitik. Jedem Staat mit fiskalischem Crash-Kurs droht das Beispiel Lettlands. Ich war für Sie dort eine Woche lang im Januar 2010. Der IWF setzte 2009 ein Notprogramm durch. Die Gehälter der Staatsbediensteten wurden um 40 % gekürzt, um die künftige Mitgliedschaft in der Euroregion nicht zu gefährden. Das BIP stürzte um schätzungsweise mehr als 30 % ab! Vergleichbares gab es in den USA in den 1930er Jahren. Das war die Große Depression.

Was, glauben Sie, wären heute die politischen Folgen in einem Euroland? Im kleinen Lettland mit 2,5 Mio. Einwohnern ist der Drang auszuwandern in allen Gesprächen offensichtlich. In den südeuropäischen Ländern hätten Sie – vorsichtig ausgedrückt – soziale Unruhen. Kein Euroland würde das durchhalten!

Ein Zins für alle Länder ist ein Konstruktionsfehler

Das Grundproblem besteht weiterhin darin, dass das Zinsniveau innerhalb der Eurozone für alle Länder gleich ist. Folge ist, dass insbesondere die südeuropäischen Länder nicht mehr wettbewerbsfähig sind. Diese Länder werden es nicht schaffen, ihre hohen Haushaltsdefizite auf 3 % des Bruttoinlandsprodukts zu drücken, wie der Maastricht-Vertrag es vorgibt. Dies würde auch als Folge einen Rückgang gleichen Ausmaßes in der Wirtschaftsleistung nach sich ziehen. Ich gehe nicht davon aus, dass die Bevölkerung insbesondere der südeuropäischen Länder der Euroregion das mitmachen würde. Hier würden mit hoher Wahrscheinlichkeit soziale Unruhen drohen.

Selbst wenn die südeuropäischen Regierungen der Euroregion ihre Haushaltsdefizite kürzen würden, würde der Mangel an Wettbewerbsfähigkeit eine jahrelange Deflation nach sich ziehen. Hilfen verzögern lediglich das Scheitern dieser Länder.

Der Austritt aus Euroland ist nicht gestattet, aber der Austritt aus der EU durch § 50 Lissabon-Vertrag. Ein Austritt würde darüber hinaus dazu führen, dass sich die Finanzmärkte ein schwaches Land nach dem anderen vornehmen und kippen würden. Dabei verhalten sich die Finanzmärkte nicht logisch. Erst verlangen sie drastische Maßnahmen zum Abbau des Haushaltsdefizits. Sobald das geschieht, trudelt die betreffende Wirtschaft in die Rezession – was den Märkten auch nicht passt.

IWF denkt den neuen Trend bereits vor: Mehr Inflation!

Kenneth Rogoff, ehemaliger Chefökonom des Internationalen Währungsfonds (IWF), riet der US-Notenbank Fed, das Inflationsziel für gewisse Zeit auf 4 bis 6 % anzuheben. Und der gegenwärtige IWF-Chefökonom Olivier Blanchard fragte in seinem Strategiepapier „Rethinking Macroeconomic Policy" (www.imf.org), ob „die Kosten einer Inflationsrate von 4 % wirklich höher sind als die für 2 %".

Das klingt nicht bedrohlich, lagen doch die Inflationsraten in den USA jahrelang sogar über 6 %. Das Tückische an Inflationsraten ist, dass sie schwer zu begrenzen sind, wenn sie erst einmal angefacht werden. Das Vordenken des IWF fordert eine Abkehr von dem seit 30 Jahren gebildeten Konsens, dass Notenbanken in erster Linie Inflationsraten niedrig halten müssen. Grundidee ist jetzt, dass ein höheres Inflationsniveau der Geldpolitik bei Schocks größeren Spielraum für niedrigere Realzinsen gibt. Hinter dem neuen Papier steht mit Sicherheit IWF-Direktor Dominique Strauss-Kahn. Der IWF arbeitet damit offensichtlich auf einen Paradigmenwechsel hin. Seit Anfang der 1980er Jahre haben wir in einer Welt der Disinflation gelebt. Viele meinen daher, Inflation sei ein Phänomen der Vergangenheit.

Olivier Blanchard sieht die einstigen Auffassungen über die richtige Politik als falsch entlarvt. Man habe sich durch die Phase der „großen Mäßigung" einlullen lassen. Wegen der Wirtschaftskrise haben die Staaten mit Milliardensummen eingegriffen, um die Konjunktur zu stimulieren. Die Notenbanken betreiben stark expansive Geldpolitik, senken Zinsen auf Rekordtiefstände und fluten weltweit die Finanzmärkte mit Liquidität. Blanchard bedauert, dass die Geldpolitik nicht noch expansiver gefahren werden kann. Denn unter null könne der Leitzins faktisch nicht gesenkt werden. Bei höherer Inflation – eben 4 % – könnten die realen Leitzinsen (nominaler Zins minus Inflationsrate) tiefer gedrückt werden.

Fazit: Für mich öffnen die Vordenker des IWF die Büchse der Pandora: Warum eine Inflationsrate von 4 % oder, noch besser, 5 oder 6 %? Der Weg ist damit vorgezeichnet.

Wir werden auf einen neuen Trend der Inflationierung zusteuern. Dabei sind niedrige Inflationsraten keine Zeichen für Normalität. Das Problem sind vielmehr entstehende Ungleichgewichte auf den internationalen Finanzmärkten, die immer öfter geradezu elementare Erdbeben nach sich ziehen. Deshalb sehe ich eine Inflationierung als wahrscheinliche Lösung. Regierungen werden Geld drucken und sich langfristig überhöhere Inflationsraten zu retten versuchen.

Die aktuelle Diskussion über Griechenland und die Euroregion verdeckt die immensen Defizitprobleme der USA und Großbritanniens. Daher stellt sich die generelle Frage: Wer rettet die Welt? Ich bin der festen Auffassung, dass weltweit praktisch alle Regierungen pleite sind. Es kommt überhaupt nicht mehr darauf an, ob eine Regierung einen harten Fiskalkurs steuert oder nicht. Dafür sind die staatlichen Defizite längst viel zu groß geworden. Ich halte damit auch Staatsanleihen für kein geeignetes Investment, langfristig sollten sie sich als Katastrophe herausstellen. Gegen einen klaren Inflationstrend schützen Sie am besten Sachwerte. Behalten Sie den Schwerpunkt auf Edelmetallaktien bei! Das Thema „Inflation" betrifft uns alle hautnah. Wie elementar diese Gefahren sind, darüber lesen Sie weitere Hintergründen im folgenden Kapitel „Inflation – der Preis der Demokratien".

Inflation – der Preis der Demokratien

Seit 2008, in der zweitgrößten Baisse an den Aktienmärkten der vergangenen 80 Jahre, lautet die mir am häufigsten gestellte Frage: „Bekommen wir eine Deflation oder eine Inflation?“ Diese Frage zahlreicher Mitglieder ist elementar. Bevor ich in diesem Kapitel auf den Ursprung, die Chancen und Gefahren der Inflation, eingehe, möchte ich zunächst einmal den Unterschied zwischen Inflation und Deflation erläutern.

Inflation = steigende Preise: Dieser Begriff steht für einen steten, signifikanten Anstieg des Preisniveaus. In der Regel wird dies an einem festgelegten Warenkorb festgemacht. Inflation ergibt sich aus der Verschiebung der Geldmenge zur Gütermenge, d. h., pro Gütereinheit ergeben sich mehr Geldeinheiten. Oft wird auch eine Kerninflation angegeben. Diese wird gemessen, in dem die Preisentwicklung bei Lebensmitteln und im Energiesektor nicht berücksichtigt wird.

Gewinner: Gold, Silber, Rohstoffe, antizyklische Aktien.

Deflation = sinkende Preise: Deflation steht für eine Zeit mit sinkenden Preisniveaus über eine breite Palette von Angeboten an Gütern und Dienstleistungen. Geld wird aufgewertet. Sinkende Preise und rückläufige Einkommen führen zu einer Kaufzurückhaltung der Konsumenten, die mit einer Fortsetzung der Spirale nach unten rechnen und sich immer mehr zurückhalten. Produktionskapazitäten werden immer geringer ausgelastet, was zu Insolvenzen führt – und zu weiter sinkenden Preisen und Einkommen. Banken schränken ihre Kreditvergabe ein, um sich vor wackelnden Gläubigern zu schützen. Sachwerte (Immobilien, Aktien) verlieren.

Gewinner: Geld (Cash/Liquidität), Anleihen, Gold als Mittel der Werterhaltung

Heutiger Trend: Ab in die Inflation!

In einer Phase der Inflation greifen die Staaten ein und stützen über Steuersenkungen, Konjunkturpakete sowie Hilfen ihre Banken, Unternehmen und Privathaushalte. Dies geschieht über die Ausgabe von Anleihen und zieht eine eskalierende Staatsverschuldung nach sich. Durch massive Interventionen der Staaten und Notenbanken wird massenhaft neues Geld geschaffen und kommt in Umlauf. Zugleich wird versucht, die Zinsen niedrig zu halten. Die Inflationserwartung wird schöngeredet und zu tief angegeben, um eine Panik zu verhindern. Diese würde zu einer Flucht aus den Papier-/Geldwerten in die Sachwerte führen. In diesem Kapitel habe ich die aktuellen Inflationsentwicklungen der westlichen Welt für Sie analysiert.

Inflation – das Trauma der Deutschen

Schreckgespenst Inflation: In den vergangenen 200 Jahren erlitten die Deutschen siebenmal einen Staatsbankrott. Aber ins kollektive Gedächtnis der Deutschen hat sich die Hyperinflation des Jahres 1923 eingegraben. Damals gab es Preissteigerungsraten von teilweise mehr als 30.000 % im Monat. Und das ist bis heute eine der größten Ängste der Deutschen geblieben. Wie kam es damals dazu? Deutschland finanzierte die riesigen Kosten des Ersten Weltkriegs durch Anleihen, die zum größten Teil von den Bürgern gezeichnet wurden. Die Staatsschuld explodierte von 5 Mrd. auf 156 Mrd. Reichsmark. Hinzu kamen nach 1918 gigantische Reparationszahlungen, die aus dem Versailler Vertrag hervorgingen, zudem besetzten die Franzosen im Januar 1923 das Rheinland, was zum Einbruch der Steuereinnahmen führte. Auf dem Höhepunkt der Hyperinflation kostete 1 US$ 4,2 Billionen Reichsmark. Löhne wurden wöchentlich ausbezahlt. Eingekauft wurde mit Eimern voller Geld. Innerhalb von Stunden verdoppelten sich die Preise für Lebensmittel. Besonders hart traf es öffentlich Bedienstete, Rentner und Pensionäre.

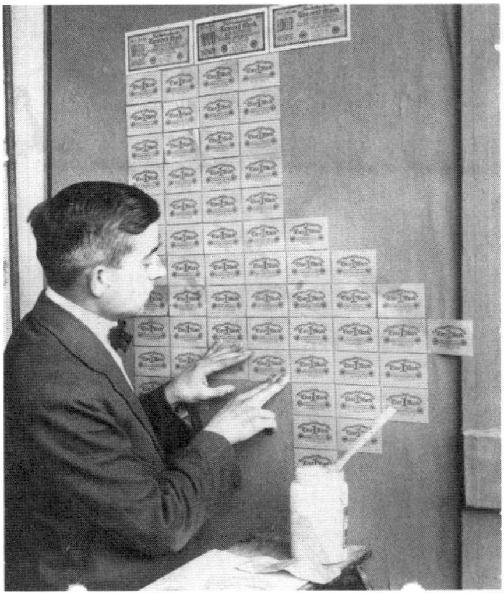

Inflation im Jahr 1923. Geld war so wertlos, dass Geldscheine sogar zum Tapezieren genutzt wurden.

Deutschland war faktisch bankrott. Im November 1923 kam der Währungsschnitt mit der neuen Rentenmark im Verhältnis 1:1.000.000.000.000 Reichsmark. Der deutsche Staat war schuldenfrei. Geldvermögen, Bank-/Versicherungsguthaben und Staatsanleihen waren praktisch wertlos. Aktionäre hatten Kursverluste von bis zu 90 % (in US$ umgerechnet) erlitten. Gewinner waren die Eigentümer von Immobilien und von Gold. Aber ab 1924 wurde eine Hauszinssteuer (je nach Land) zum Ausgleich erhoben.

Es folgte am 25. Oktober 1929 der „Schwarze Freitag" mit dem Crash an der Wall Street. In der „Großen Depression" der USA holten die US-Banken ihre Kredite aus Europa zurück. Eine Katastrophe für Deutschland, dessen Aufschwung auf US-Krediten aufgebaut war. Deutsche Aktien verloren bis 1932 bis zu 70 % des Kurswertes.

Dann führte die drastische Sparpolitik von Reichskanzler Heinrich Brüning direkt in die Deflation. Folgen: Unternehmen gingen reihenweise pleite, die Zahl der Arbeitslosen stieg auf 6 Millionen. Besonders Rentner verarmten völlig. Diese Wirren brachten Hitler an die Macht und führten zum Zweiten Weltkrieg. Die zweite Währungsreform im Juni 1948 ergab eine Umstellung von Bargeld und Sparkonten im Verhältnis von 10 Reichsmark zu 0,65 DM. 1957 wurde dann nachgebessert für vor 1940 bestehende Sparguthaben auf 5:1. Staatsanleihen waren nichts wert. Bausparguthaben und Prämienreserven der Versicherungen verloren 90 % ihres Wertes. Für gesetzliche Renten, Löhne, Pensionen und Mieten galt das Umtauschverhältnis von 1:1.

Das Lastenausgleichsgesetz von 1952 ergab eine gigantische Umverteilung. Vermögende, primär Immobilieneigentümer, hatten auf der Basis des Wertes von 1948 die Hälfte davon über 30 Jahre lang in einen Ausgleichsfonds zu zahlen. Daraus bekamen hauptsächlich Heimatvertriebene und Spätheimkehrer finanzielle Entschädigungen oder zinsgünstige Darlehen. Deutsche Aktien waren im Kurs um 88 % gesunken, legten dann aber um knapp 4.100 % zu.

Als die Bundesrepublik Deutschland die Kosten der Wiedervereinigung übernahm, mussten zahlreiche Grundbesitzer und Alteigentümer aus der DDR auf ihre Ansprüche verzichten.

Fazit: Sie sehen anhand des kurzen Rückblicks: Der Staat kennt keine Skrupel. Er holt sich letztlich, was er will. Die Erfahrungen der beiden

Währungsreformen zeigen deutlich, dass Gold, Immobilien und – mit zeitlicher Verzögerung nach jeweils einem Kollaps – auch Aktien die Gewinner waren. Es gilt das Motto: Sachwert schlägt Geldwert!

Inflation kommt – sowohl in den USA als auch in Europa

Wie die Geschichte zeigt, sehe ich die Inflationierung als den letzten Ausweg aus den Schuldenproblemen der westlichen Industriestaaten. Regierungen werden verzweifelt versuchen, durch eine expansive Geldpolitik wieder eine anziehende Konjunktur zu erhalten und damit zugleich die gigantischen Schulden und unhaltbaren Zahlungsversprechen für die Zukunft wegzuinflationieren. Ich bin fest davon überzeugt, dass sowohl die USA als auch Europa diesen Weg noch weitaus massiver als derzeit beschreiten werden. Für Europa kommt noch eine ungünstige demographische Entwicklung (Alterung) hinzu.

Seit etlichen Jahren weiten die Notenbanken international die Geldmengen erheblich aus, und zwar prozentual zweistellig pro Jahr. Diese Politik gilt allerdings nicht als inflationär. Die offiziellen Inflationsraten blieben auf niedrigem Niveau und signalisierten keine Gefahren für Anleger wie Konsumenten. Ich warne Sie seit Jahren, dass diese Ruhe nur scheinbar ist und die Basis bildet für das Comeback der Inflation. Genau diese Entwicklung setzt sich zunehmend durch.

Selbst unterdrückte offizielle Inflationsraten steigen

Und seit Kurzem lesen Sie selbst in den Massenmedien nach mehr als 25 Jahren wieder Schlagzeilen über Inflation. Anlass sind insbesondere schnell steigende Ölpreise mit ihren Auswirkungen auf Treibstoffe und Energie sowie rasch zulegende Preise für Lebensmittel. Die Schübe sind derart massiv, dass sie nicht länger zu beschwichtigen sind. Und nunmehr zeigen sich selbst Notenbanker beunruhigt über die – trotz permanenter Manipulation (stärker steigende Faktoren werden einfach aus der Inflationsrate rausgerechnet oder zumindest tiefer gewichtet) – anziehenden offiziellen Inflationsraten. Die Auswirkungen steigender Preise sind jetzt doch zu offensichtlich. So hat sich der US-Index für Konsumentenpreise allein im Mai 2011 um 0,6 % erhöht, angetrieben durch Energiepreise und deutlich höhere Flugtarife. Der Kernindex erhöhte sich mit 0,2 % nur mäßig.

Glauben Sie diese Schönrechnerei? Energie- und Lebensmittelpreise jagen nach oben, und die Inflationsrate fällt? Falsch! Ursache steigender Inflationsraten sind eben nicht die anziehenden Preise für Energie und Lebensmittel. Sie sind vielmehr deren Folgen. Hier werden Ursache und Wirkung vertauscht. Diese Verwirrung wird von den Massenmedien beharrlich verbreitet und hat sich demzufolge in vielen Köpfen verankert. Eine gelungene Ablenkung von den schuldigen Notenbanken. Denn diese, und hier insbesondere die US-Zentralbank, lassen die Geldmengen zweistellig prozentual wachsen, um die Bankensysteme mit Liquidität zu fluten. Die steigenden Inflationsraten sind die Folge des hohen Wachstums der Geldmengen!

Und Großbritannien belässt den Leitzins auch Ende 2011 weiterhin bei 0,5 %, obwohl die Inflationsrate inzwischen bei 5,2 % liegt. Darüber hinaus wurden Staatsanleihen in Höhe von rund 14 % des Bruttoinlandsprodukts (BIP) aufgekauft. Das stellt die USA noch in den Schatten – zum Vergleich: Die Europäische Zentralbank (EZB) hat für weniger als 2 % des BIP Staatsbonds erworben. Die Gesamtverschuldung aller Wirtschaftssubjekte liegt in Großbritannien bei 500 % des BIP (Immobilien-Blase!), in Deutschland und den USA bei rund 300 %. Londons Regierungschef David Cameron sollte sich mit diesem Top-Stand unter den Industriestaaten und angesichts der katastrophalen Wirtschafts- und Finanzdaten besser nicht so lauthals zum Euro äußern.

Statistiken zur Inflation sind verfälscht: Glauben Sie keiner!

„Lüge, Notlüge, Statistik." Diesen Satz hörte ich vor 40 Jahren von einem Lehrer im Fach „Organisationswissenschaften". Der Spruch ist mir bis heute tief im Gedächtnis haften geblieben. Mit Statistiken wird gelogen und betrogen. Und Winston Churchill spitzte dies auf die markante Aussage zu: „Ich glaube keiner Statistik, die ich nicht selbst gefälscht habe!" So sind die Statistiken zur Inflation auf verschiedenste Weise stark geschönt. Was für Sie wahrscheinlich auf den ersten Blick unglaublich klingt, ist leider bittere Realität. Nehmen wir die schöngerechnete US-Inflationsrate, die gleich das Ergebnis von vier methodischen Eingriffen ist:

- **Hedonische Preismessung.** Technischer Fortschritt wird einbezogen. Beispiel: Ein PC wird 50 % leistungsfähiger (Prozessor, Datenspeicher etc.) und der Preis um 10 % teurer, so fließt er mit einer Preissenkung von 40 % anteilig in die Inflationsrate ein.

- **Interventionsbereinigung.** Halten Statistiker Preisanstiege nicht für dauerhaft, werden diese ausgeklammert.

- **Geometrische Gewichtung.** Stark im Preis gestiegene Güter werden weniger stark im Warenkorb gewichtet.

- **Surrogatansatz.** Ein Produkt des Warenkorbs wird durch ein anderes ersetzt. So wird beispielsweise preislich stark gestiegenes Rindfleisch durch Schweine- oder Hühnerfleisch ersetzt.

Für die USA gibt es seit dem Jahr 1980 zur Regierungsmethode eine alternative Berechnungsmethode durch John Williams. Seit dem Jahr 1983 weichen die Ergebnisse beider Methoden immer mehr voneinander ab. Sie sehen das anhand des aktuellen Charts sehr deutlich. Die offizielle Inflationsrate der US-Regierung liegt bei 4 %, die alternative Berechnung geht bereits in Richtung 12 %. Was ich Ihnen hier anhand der Inflationsrate aufzeige, gilt ähnlich für die Erfassung des Wachstums der Konjunktur, das reale Ausmaß der Schulden, die Arbeitslosenquote und mehr – und zwar für fast alle Staaten. Jeder mogelt: mehr oder weniger. Auf einen Leitsatz gebracht: Verlassen Sie sich nicht auf offizielle Daten, denn die sind verfälscht!

Schöngerechnete und echte Inflation klaffen seit den 1980ern immer stärker auseinander.

Populäre Inflationsmärchen – einfach, aber falsch!

Sie hören von Notenbanken oft, so von der Europäischen Zentralbank und früher von der Deutschen Bundesbank unter ihrem Ex-Präsidenten Schlesinger (1992), dass die Bekämpfung von Inflation einfach sei: „Weniger Wachstum zieht weniger Inflation nach sich!" Umgekehrt würde folglich gelten: „Mehr Wachstum bedingt mehr Inflation." Die Praxis hat diesen Zusammenhang nie bestätigt. Der Fehlschlag dieser Denk- und Handlungskonzepte à la Keynes zeigte sich hier in Deutschland in den 1970er Jahren der Stagflation, also bei stagnierenden Wachstums- und zugleich hohen Inflationsraten. Erinnern Sie sich noch an den bekannten Spruch von Alt-Bundeskanzler Helmut Schmidt: „Lieber 5 % Inflation mehr als 5 % Arbeitslose!" Er bekam beides! Lateinamerika wiederholte die Fehlentwicklung ein Jahrzehnt später.

Als Konsumenten in den Industriestaaten ist uns völlig konträr zu den offiziellen Beschwichtigungen dagegen längst klar, dass die Inflation enthemmt ist. Die Ihnen immer wieder von Notenbankern und beschwichtigenden Banken vorgehaltenen Thesen, es handele sich lediglich um temporäre Abweichungen nach oben, sind falsch. Seit nunmehr fünf Jahren steigen selbst die offiziellen, geschönten Inflationsraten. Nach der jüngsten Hochrechnung der US-Universität Michigan liegen die Inflationserwartungen der US-Verbraucher im Herbst 2011 für die kommenden zwölf Monate bei 5,2 %. Das ist seit 1982 – damals lag die US-Konsumenteninflation bei über 7 % – das bislang höchste Niveau. Auch in der Euro-Region ist selbst die offizielle Inflationsrate mit 4 % klar im Aufwärtstrend. Und die Emerging Markets liefern noch deutlichere Höhenflüge. Von „niedrig“ in China mit mehr als 9 % bis „haushoch“ in Venezuela mit 29 %.

Wir befinden uns in einer neuen Inflationsära

Wir befinden uns nach mehr als 25 Jahren Gegentrend nunmehr wieder in einer großen Bewegung in Richtung Inflation, und zwar jetzt noch in der ersten Phase des inflationären Prozesses. Die Preise vieler Güter und Dienstleistungen sind den veränderten Geldmengenverhältnissen noch nicht angepasst.

Zahlreiche Menschen haben den Trend zu höheren Teuerungsraten noch nicht verinnerlicht. Es herrscht noch die Erwartung vor, dass Preisanstiege nur vorübergehender Art sind, praktisch Ausreißer nach oben. Die Preise – so die allgemeine Auffassung – werden schon wieder fallen. Zum Teil werden Käufe zunächst zurückgehalten und gestreckt. Beispiel ist das derzeitige Tanken des Pkw für 20 € (Spruch: „Ich tanke immer nur für 20 !“). Dieses Verhalten – zusammen mit einem Herunterfahren von Vorräten, z. B. in Heizöltanks – ist zunächst sinnvoll. Es dämpft in der ersten Phase den Preisanstieg. Die Menschen beginnen sich danach allmählich an das höhere Preisniveau zu gewöhnen und werden von einem gewissen Zeitpunkt an ihre Kaufzurückhaltung aufgeben. Dann wird wieder verstärkt gekauft, Vorräte werden sogar aufgestockt, da ja doch alles immer nur noch teurer wird. Das Papiergeld – ohnehin auf Vertrauen beruhend – verliert dann seine Funktion als Tauschmittel.

Inflation ist der Preis für die vordergründige Beruhigung

Die Wiederbelebungsversuche der Konjunktur in den USA durch gleich ein Bündel von Maßnahmen, wie insbesondere Zinssenkungen, Angebote zum Tausch verbriefter Hypotheken gegen Staatsanleihen, Spezialfinanzierungen, reduzierte Kapitalanforderungen für Immobilien-Finanzierer etc., leisten Beiträge zur Stabilisierung des Finanzsystems. Der Preis dafür wird in Form steigender Inflationsraten zu zahlen sein. Die tatsächlichen Inflationsraten liegen bereits seit Jahren weit über den offiziell berichteten Raten. Jahrelang waren die westlichen Industrieländer die Nutznießer der Globalisierung. Insbesondere China hielt durch niedrige Produktpreise die in vielen Ländern vorhandene und wachsende Inflationstendenz zurück. Seit dem vergangenen Jahr steigen allerdings erstmals auch die Importpreise aus China in die westlichen Industrieländer beträchtlich an. China ist gezwungen, seine Inflation über höhere Preise (Rohstoffe, Löhne, Energie) zu exportieren. Das lässt die Inflationsraten in zahlreichen Ländern sprunghaft anziehen. Hinzu kommt noch die zunehmende Aufwertung der chinesischen Währung – allein in 2011 um geschätzte 10 % – und damit weiterer Preisdruck nach oben.

Zu einem Hauptfaktor der weltweiten Inflation werden besonders die Nahrungsmittelpreise. Erstmals seit 40 Jahren beginnen sie geradezu zu explodieren. Die Lagerbestände bilden auch keinen Puffer. Vielmehr befinden sie sich auf extrem niedrigem Niveau, wie seit 30 bis 50 Jahren nicht mehr gesehen. Damit ist die Inflationstendenz auch in den Industrieländern inzwischen klar steigend. Sie wird sich mit anziehender Konjunktur noch beschleunigen.

OXFORD CLUB Communiqué 2/2012

Finanzielle Repression- Frösche werden langsam gekocht!

Mark Twains interessantes Gedankenexperiment erläuterte ich bereits in der Einleitung: Wirft man einen Frosch zum Kochen in heißes Wasser, macht er in Todesangst einen Riesensprung aus dem Topf heraus. Wird der Frosch aber in Wasser mit Zimmertemperatur ausgesetzt und dieses langsam erwärmt, passt sich der Frosch an die veränderte Umweltbedingung der steigenden Wärme an, bis es für den rettenden Sprung zu spät ist.

Negative Realzinsen = dosiertes Gift

Ähnlich wie der Frosch werden Anleger behandelt. Wir sollen uns nach und nach an die schrittweise veränderte Umwelt mit niedrigen oder sogar negativen realen Zinsen gewöhnen. Das ist weitaus weniger spürbar, als es höhere Steuern oder gekappte öffentliche Leistungen wären, und ist damit politisch eher akzeptabel. Diese Ihnen vor Jahren prognostizierte Entwicklung in Form realer Kapitalverluste läuft bereits.

Hintergrund: Seit etwa zwei Jahren werden die steigenden Staatsschulden in immer mehr Ländern zum Problem. Auch in den Medien beherrscht das Thema immer öfter die Schlagzeilen. Allerdings werden Staatsschulden in den Euro-Ländern geschickt in den angelsächsischen Medien dramatisiert und dann in Europa fast in einer Art von Selbstzerfleischung auf die Spitze getrieben. Die Lage im Euro-Land ist sicher nicht rosig. Doch die Schieflagen der USA und von Großbritannien sind erheblich größer. Ich habe Ihnen dies in meinen Analysen schonungslos dargestellt. Wie kommen Staaten aus ihrer Überschuldung heraus? Die Lösung läuft auf die „finanzielle Repression" hinaus (übersetzt: „finanzielle Unterdrückung"). Ein unschöner Begriff mit ebensolchen Folgen für uns Anleger.

Finanzielle Repression: So nimmt Ihnen der Staat die Kaufkraft stückweise weg

Das Konzept der finanziellen Repression ist nicht neu. Praktiziert wird es seit jeher. Geprägt wurde es theoretisch erstmals 1973 durch die Stanford-Ökonomen Edward Shaw und Ronald McKinnon. Neu diskutiert wurde das Konzept dann aufgrund eines im März 2011 publizierten Papiers des National Bureau of Economic Research (NBER) der USA. Die beiden Ökonominnen Carmen Reinhart und Belen Sbrancia analysieren darin die Möglichkeiten von Staaten, auf hohe Schulden zu reagieren:

- Stopp des Schuldendienstes mit anschließender Restrukturierung, um die Kredite wieder bedienen zu können
- Erhöhung der Steuern
- „Weginflationieren".

3 Pfeiler an Maßnahmen werden eingesetzt

- Beschränkung der Zinshöhe
- Einschränkung des Anlagespektrums durch Kapitalverkehrsbeschränkungen oder Anlagevorschriften für institutionelle Investoren
- direkte oder indirekte Eingriffe des Staates in das Finanzsystem

Das Konzept der regressiven Inflation praktizierten die USA durch die Regulation Q ab 1933 mit einem Höchstzins für Bankguthaben und einem Verbot von Zinsen auf Sichtguthaben. Erst ab 1980 wurden die Limits für Höchstzinsen sukzessive gesenkt und liefen erst am 31.3.1986 aus. Darüber hinaus wurden die Renditen langlaufender US-T-Bonds bei 2,5% Jahreszins von 1942 bis 1951 gedeckelt. Die US-Notenbank brauchte in dieser Zeitspanne sogar nur moderat T-Bonds aufzukaufen und hielt 1951 rund 9,5% aller ausstehenden US-Staatsanleihen. Durch ein Verbot von Geldtransfers ins Ausland wurde verhindert, dort zu investieren. Banken und Pensionsfonds erhielten Vorgaben, „sichere" Staatsanleihen zu halten.

1947 mit einer Inflationsspitze von mehr als 20% lag die T-Bonds-Rendite bei nur 2,5%! Auch Großbritannien praktizierte regressive Inflation von 1945 bis 1980 – ähnlich wie die USA. Beide Länder ersparten auf diese Weise jährliche Zinszahlungen in geschätzter Höhe von 3 bis 4% des Bruttoinlandsprodukts (BIP) und damit bis zu 25% der gesamten Steuereinnahmen. Die durch den Zweiten Weltkrieg aufgetürmte Staatsverschuldung konnte auf diese Weise – relativ betrachtet – halbiert werden. In Italien und Australien erreichten die ersparten Zinszahlungen bis zu 5% des BIP, auch Deutschland hatte von 1937 bis 1967 Obergrenzen für Zinsen auf Bankeinlagen.

Staatsanleihen = Risiko ohne Rendite!

Das Prinzip ist einfach: Die Inflationsrate übersteigt die Zinssätze. Der Staat entzieht Ihnen die Rendite, um seine Schulden bedienen zu können. Sie erinnern sich noch an die 1970er Jahre: Die Preise stiegen – und auch die Zinsen. Inzwischen gibt es diese parallele Entwicklung nicht mehr. Die Inflation zieht im Trend an, die Zinsen bleiben niedrig bzw. werden auf nahezu null gesenkt. Politisch wird das damit begründet, die zarte Konjunkturerholung nicht abwürgen zu wollen. Tatsächlich sollen die Mini-Zinsen die hohen Staatsschulden finanzieren helfen. Deshalb liegen die Leitzinsen in den USA zwischen 0 und 0,25% und im Euro-Land bei inzwischen wieder bei 1%. Ein wichtiger Grund ist in Wahrheit, dass die negativen Realzinsen die Anleger um ihre Rendite bringen. Die Last tragen somit in Wirklichkeit Konsumenten und Anleger als Halter klassischer Lebens- und Rentenversicherungspolicen.

Finanzielle Repression wirkt somit wie eine Zusatzsteuer auf Ersparnisse. Müssten Staaten höhere Zinsen zahlen, würde sich die Schuldenspirale noch schneller nach oben drehen. Staaten nehmen auf diese Weise steigende Steuereinnahmen auf höhere nominale Werte ein, zahlen niedrige Zinsen und können sich so sukzessive entschulden. Dabei beeinflusst der Staat heimische Anleger, Staatspapiere zu kaufen, und zwar zu für ihn günstigen Konditionen.

Negativer Realzins: Der Albtraum für jeden Anleger

Liegt die Inflationsrate über den Zinsen, ist der Realzins negativ – ein Paradies für Schuldner, der Albtraum für Gläubiger. Phasen negativer Realzinsen haben in der frühen Nachkriegszeit dazu geführt, dass Anleihen unattraktiver wurden. Wer konnte, baute seine Aktienbestände aus. Die Kombination aus Zinsobergrenze und Inflation ist eine riesige Umverteilung von den überwiegend privaten Gläubigern zugunsten des Staates als Schuldner. Es ist real eine „finanzielle Unterdrückungsteuer". Diese Wirkung setzt voraus, dass der Staat die Zinsen künstlich niedrig halten kann. Dem steht eine freie Zinsbildung am Markt gegenüber. Staaten agieren heute allerdings diskreter als früher. Zahlreiche Regulierungen sind eher informell als offiziell verfügt. Die Renditen von Staatsanleihen werden aktuell selten gesetzlich gekappt. Ausnahme ist Spanien, wo es seit 2010 praktisch eine Zinsobergrenze für Einlagen gibt. Jedes Finanzinstitut, das mehr nimmt, muss den doppelten Betrag an den Einlagensicherungsfonds abgeben. Japan führte im März 2010 die geplante Privatisierung der Post nicht durch, damit weiterhin ein Großteil der staatlichen Schulden von dort erworben wird. Heute werden Staatsanleihe-Renditen generell noch nicht mit gesetzlichen Limits nach oben versehen. Aber die Zentralbanken mischen sich weltweit verstärkt aus wirtschaftspolitischen Gründen ein, setzen Leitzinsen niedrig an, kaufen Staatsanleihen auf und regulieren in ihrem Sinne.

Nachfrage, die keine ist

In zahlreichen Ländern – Deutschland ausgenommen – werden bei der Versteigerung von Staatsanleihen völlig marktferne Angebote von Großanlegern abgegeben. Die wollen tatsächlich keine Anleihen erwerben, und ihre unsinnigen Gebote sorgen auch dafür. Allerdings so wird so eine rege Nachfrage nach Staatspapieren vorgegaukelt, um die Renditen niedrig zu halten. Manche europäischen Staaten manipulieren auf diese Weise – so die Analyse von Reinhart und Sbrancia – ihre Zinsen auf ein künstlich niedriges Niveau. Dazu zähle ich auch die umfangreichen Anleihekäufe der US-Notenbank Fed sowie der Bank of England – und die EZB folgt inzwischen, wenn auch noch mit Abstand. Zinssätze und Risiko als sich bedingende Komponenten, sind hier in Wirklichkeit unvereinbar. Es herrscht wirklich jeweils ein System finanzieller Unterdrückung. In vielen Ländern kommt auch noch eine hohe Verschuldung der Privathaushalte hinzu, sodass die Neigung zur finanziellen Unterdrückung zunehmen wird.

Meine Einschätzung: Bill Gross, der Chef der größten, privaten Anleihe-Fondsgruppe, erwähnte das obige Beispiel von Mark Twain Anfang 2011, als er die hohe US-Verschuldung anprangerte und massiv US-Staatsanleihen verkaufte. Die Kurse zogen aber weiter an, da die Papiere noch immer als angeblich sicherer Hafen gefragt sind. Ende 2011 bittet der bekannte Anleihe-Guru in einem Brief seine Anleger gar um Entschuldigung und empfiehlt ausdrücklich, in unsicheren Zeiten US-Staatsanleihen zu kaufen. Davon rate ich weiter strikt ab! Die Staatseingriffe haben inzwischen wieder ein System der finanziellen Repression geschaffen, das weiter ausgebaut wird. Flankiert wird es durch permanente Abgabenerhöhungen. Nur die früheren Kapitelverkehrskontrollen, also Einschränkungen des Kapitaltransfers ins Ausland, sind in unserer globalisierten Welt nicht ohne Weiteres durchzusetzen. Sie würden das Weltfinanzsystem zutiefst erschüttern. Phasen von negativen Realzinsen waren stets Glanzzeiten für Gold. Bleiben Sie dem gelben Edelmetall treu!

USA – und die Angst vor der Deflation

Der Kurs: Inflation statt Deflation

Was das Trauma „Inflation" – wie oben ausgeführt – für die Europäer und hier besonders für die Deutschen ist, stellt das Schreckgespenst „Deflation" für die Amerikaner dar. Diese wurden durch die Überlieferungen aus dem Crash der Wall Street 1928 und der folgenden Großen Depression mit Massenarbeitslosigkeit, Verarmung sowie rund 90 % Aktienkursverlust tief geprägt. Und der aktuelle Notenbankchef, Ben Bernanke, hat sogar über das Thema „Deflation" promoviert. Legendär ist seine Charakterisierung als so genannter Helikopter-Ben, der notfalls Geld aus der Luft abwerfen lassen würde, um eine Deflation in den USA zu verhindern. Warnend äußerte er sich über die Deflation in Japan ab Ende der 1980er Jahre.

Den Trend für dieses Jahrzehnt sehe ich jedoch keinesfalls in der Deflation, sondern vielmehr in der Inflation. Die USA und Großbritannien haben diesen Kurs voll eingeschlagen. Die Euro-Zone wird verstärkt folgen. Auf diese Weise können die westlichen Industriestaaten unhaltbare Zahlungsversprechen letztlich weginflationieren. Immer wieder wird mir der Vergleich zu einer angeblichen Wiederholung der Deflation aus den 1930er Jahren genannt. Hierzu sehe ich entscheidende Unterschiede.

- Der damalige Goldstandard fesselte die Notenbanken und ließ letztlich die Geldmengen fallen. Heute werden die Geldmengen ausgeweitet, und die Notenbanken der USA und Großbritanniens – ansatzweise auch die Europäische Zentralbank (EZB) – kaufen Staatsanleihen in immer größerem Umfang und weiten die Geldmengen aus.
- Ein Abwertungswettlauf der Währungen und der Aufbau von Handelsbarrieren (Protektionismus) konnten bislang weitgehend verhindert werden.
- Ein massenhafter Untergang von Banken wird verhindert. Die Groß-Pleite des Investment-Konzerns Lehman Brothers war lehrreich. Sie war allerdings kein Unglücksfall, sondern wurde bewusst in Kauf genommen. Zugleich wurde der weltweit größte Versicherungskonzern AIG durch Staatshilfen gerettet. Inzwischen werden Banken durch staatliche Hilfen vor dem Konkurs geschützt.
- Riesige Konjunkturpakete werden aufgelegt.

Interventionen der Staaten führten zum massiven Aktienaufschwung von 2010 bis Mitte 2011

Auf diese Weise wurde in der ersten Phase ab Ende des Jahres 2007 und im Laufe des Jahres 2008 ein Abgleiten in eine weltweite Deflation verhindert. Ich gab vor diesem Hintergrund um die Jahreswende 2008/2009 ein großes Kaufsignal für den OXFORD CLUB. Als im März die Stimmung an den internationalen Finanzmärkten rabenschwarz war und die Deflation in den Massen- und Finanzmedien als Gewissheit gehandelt wurde, drehten die Aktienbörsen massiv nach oben, und Sie konnten hohe Gewinne erzielen.

Auch Vordenker, wie unter anderen der Chef-Volkswirt des Internationalen Währungsfonds (IWF), Olivier Blanchard, brachte im Februar 2010 eine mögliche Inflationsrate von 4 % als Problemlösung ins Gespräch.

Sensationeller 200-Jahres-Chart zur Inflation und Deflation in den USA

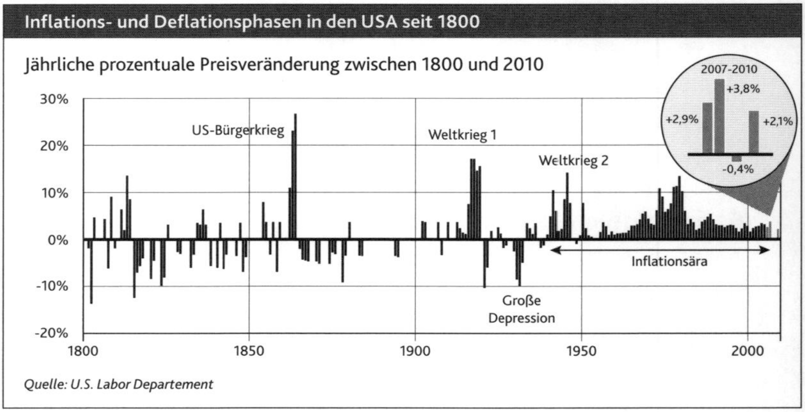

Seit 1945 gab es nur 36 Monate Deflation!

Meine Einschätzung: Immer wieder hat die US-Notenbank bekräftigt, dass sie der Gefahr der Deflation durch eine „leichte Geldpolitik" entgegentreten wird. Solche Phasen der Deflation waren häufig in den Jahren nach dem Crash von 1929 anzutreffen. Die langfristige Grafik zeigt, dass inflationäre Zeiten immer wieder von Jahren der Deflation durchbrochen wurden. Seit dem Ende des Zweiten Weltkriegs trat Deflation hingegen selten auf, und zwar bisher in lediglich einer Zeitspanne von insgesamt 36 Monaten – das sind gerade einmal 4,6 % des Betrachtungszeitraums. Inflation war in den vergangenen 70 Jahren unser ständiger Begleiter. Ursache war und ist die eingreifende Haushalts- und Geldpolitik. Deutlich zeigte sich dies in der jüngsten Wirtschaftskrise der Jahre 2007 bis 2009. US-Regierung und Notenbank steuerten mit massiven Programmen gegen. Ergebnis war eine – historisch betrachtet – milde Deflation von geringen minus 0,4 %. Jetzt sind die US-Ängste vor einer Deflation übertrieben. Die Inflationsrate lag im ersten Halbjahr 2010 schon wieder bei 2,1 % und wird im Trend weiter zulegen.

Wie Sie auch in einer Inflations-Ära gewinnen

Mit diesen 4 Schritten stellen Sie sich optimal auf das Comeback der Inflation ein!

Vor diesem Hintergrund sind Investments in Edelmetalle attraktiv. Das Angebot steigt kaum, aber die Nachfrage legt zu und damit der Preis. Es handelt sich hierbei um einen Haupttrend, der allerdings immer wieder von Korrekturen gekennzeichnet sein wird.

1. Meiden Sie lang laufende festverzinsliche Anlagen!

In den vergangenen Jahren haben viele Anleger hauptsächlich in Staatsanleihen investiert. Gerade hier hat der häufig negative Realzins inzwischen das Chance-Risiko-Verhältnis für diese Anlageform massiv verschlechtert. In den Deflationszeiten (wie den 1930er Jahren oder in den vergangenen rund 20 Jahren in Japan) waren niedrige Zinsen bei erstklassigen Anleihen berechtigt, aber keinesfalls in der heutigen Ära zunehmender Inflationsraten. Ein fester Zinssatz bringt Ihnen bei steigenden Inflationsraten erhebliche Kaufkraftverluste.

Langfristige Anleihen sind dann geradezu Gift für Ihr Vermögen. Bei steigenden Zinsen verlieren Sie massiv über die sich negativ auswirkende

Hebelwirkung nach unten. Derzeit würde ich keine Restlaufzeit über drei Jahre hinaus eingehen. Das kurze Ende der Zinsen bestimmen die Notenbanken, das lange hingegen die Anleger. Und die langfristigen Zinsen können angesichts steigender Inflationserwartungen stärker als allgemein erwartet nach oben drehen, selbst wenn die kurzfristigen Zinssätze noch gedrückt werden.

2. Hypotheken: Vereinbaren Sie lange Laufzeiten für Ihren Zins!

Konträres dazu gilt für Sie als Hypothekenschuldner. Vereinbaren Sie eine möglichst lange Zinsbindung (15 Jahre oder sogar die gesamte Laufzeit) sowie eine höhere Tilgungsrate als das übliche 1 % und Sondertilgungsmöglichkeiten als zusätzliche Sicherheiten. Sie brauchen Sicherheit. Ihre Hausfinanzierung droht ansonsten in Zukunft über steigende Zinsen zu scheitern. Zahlen Sie besser jetzt einen moderaten Aufschlag für eine möglichst lange Zinsbindung als später eventuell doppelt so hohe Zinsen. Ihre Einkünfte werden mit der wahrscheinlichen Entwicklung wohl nicht Schritt halten können.

3. Edelmetalle und Rohstoffe sollten der Schwerpunkt Ihres Depots sein!

Eine dauerhaft zuverlässige Absicherung jedes Depots sind besonders in Inflationszeiten Edelmetalle und Rohstoffe sowie die entsprechenden Aktien und Fonds. Mit anhaltender Inflation werden sich diese Preise bzw. Kurse weit stärker nach oben entwickeln als die Inflationsraten selbst. Sie erhalten so nicht nur einen Schutz gegen Kaufkraftverluste, sondern auch noch reale Vermögensgewinne. Mit der zunehmenden Inflationserwartung werden immer mehr Investoren beginnen, in Sachwerte zu flüchten, was die Preise zusätzlich treiben wird. Finanzinvestoren besinnen sich ihrer Asset Allocation auf Gold, da sie in Papieranlagen über- und in Realanlagen untergewichtet sind. Entsprechend werden die Rohstoffmärkte weiter ansteigen.

4. Aktien sind generell ein besserer Schutz als Anleihen!

Die Stimmung an den Aktienbörsen war bis Ende des Jahres 2011 noch tief gedrückt. Das ergab in vielen Fällen günstige Einstiegskurse und überdurchschnittlich gute Kurschancen. Sie können mittelfristig wenig falsch machen, wenn Sie Aktien in Zeiten großen Pessimismus kaufen und in Phasen der Euphorie abstoßen. Ab Ende 2011 war eine Kaufphase gegeben, so wie um das Jahr 2000 eine Verkaufszeit war.

Fazit: Regierungen und Notenbanken haben den Weg in die Inflation eingeschlagen. In Demokratien und angesichts der Überschuldung ist das der einfachste Weg. Der Druck auch auf die EZB, weitere Anleihekäufe durchzuführen, wird weiter wachsen. Die beiden falschen, gefährlichen Mini-Zinsanhebungen vom April und Juli 2011 durch EZB-Chef Jean-Claude-Trichet hat sein Nachfolger Mario Draghi in seinen ersten beiden Monaten (November, Dezember 2011) Amtszeit sofort rückgängig gemacht. Weitere Zinssenkungen werden folgen. Und entgegen der offiziellen Ankündigung der EZB, keine Mittelmeer-Anleihen kaufen zu dürfen, erwirbt sie solche inoffiziell.

Alle wichtigen Notenbanken werden weiterhin alles versuchen, die Leitzinsen möglichst lange unten zu halten. Stellen Sie sich als Anleger damit auf mittel- und langfristig höhere Inflationsraten ein. Die vom IWF bereits vor fünf Jahren angedachten 4 bis 6 % sind eine erste Richtschnur. Selbst höhere Sätze sind denkbar. Eine Deflation wäre kaum eine Alternative. In einer solchen Phase würden die Papiergeld-Sparer über die Konkurse von Unternehmen und Staaten alles verlieren. Und für die Ihnen aufgezeigte Inflation gilt: Eine erkannte Gefahr ist eine gebannte Gefahr!

Geopolitische Angriffe: Nichts bedroht Sie und Ihr Geld stärker!

Die Geopolitik wird von den Marktteilnehmern kaum beachtet. Das kann ich gut verstehen, denn die Wahrscheinlichkeit, der Auslöser, die Zeitpunkte, das Ausmaß und die konkreten Auswirkungen von geopolitischen Ereignissen sind schwer einzuschätzen. Ein Research zu diesem Themenkomplex ist hochaufwändig. Trotzdem ist dies seit vielen Jahren ein wichtiger Schwerpunkt für meine Arbeit im *OXFORD CLUB* geworden. Fast alle schauen auf die Zinssätze, die Konjunktur, Währungen, Aktienmarkttrends, Branchen etc. Das ist auch alles wichtig, wird allerdings durch geopolitische Ereignisse nachhaltig verändert.

Durch gravierende geopolitische Ereignisse wurden und werden Börsenentwicklungen immer wieder stark beeinflusst. Beispiele waren die beiden Weltkriege, der Korea- und der Vietnam-Krieg, die Kuba-Krise, die Öl-Krise, der Berliner Mauerfall sowie besonders die Terroranschläge vom 11. September 2001.

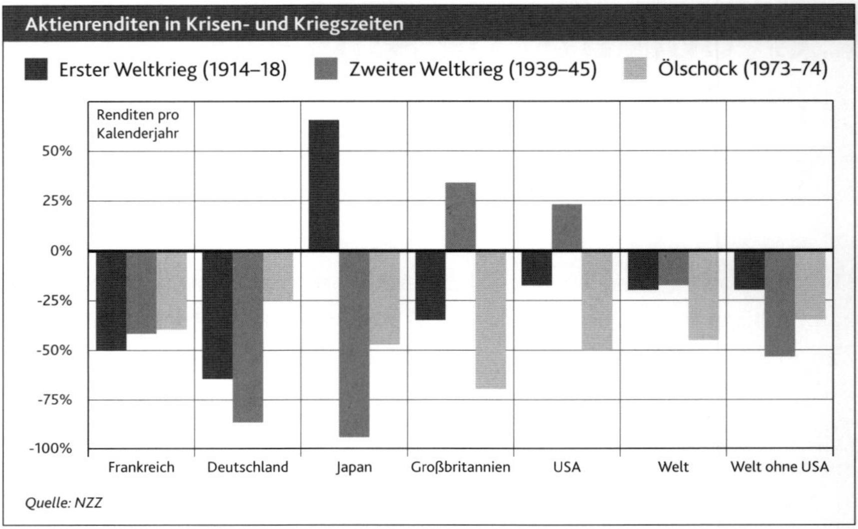

Geopolitische Schocks haben sich seit jeher stark negativ auf die Aktienrenditen ausgewirkt.

Geopolitische Schocks wie Kriege, Angebotsschocks bei Rohstoffen oder Handelsprotektionismus verstärken die schlechte Stimmung bei den Anlegern. Sie brechen bestehende Trends und können eine Verlangsamung der Konjunkturentwicklung sowie veränderte Inflationsaussichten ergeben. Bei meinen Empfehlungen beziehe ich gerade die Gefahren aus geopolitischer Sicht seit Jahren stärker ein. Hier sehe ich eine Zuspitzung der Konflikte. Generell gilt: Wirtschaftliche Krisenzeiten steigern die Kriegsgefahr extrem.

Ein Beispiel, wie elementar die geopolitische Analyse geworden ist, liefern Ihnen geradezu dramatisch mit ihren Auswirkungen die Terroranschläge vom 11. September 2001. Die darauf einsetzende Reaktion der USA und der westlichen Welt mit dem einseitigen Fokus auf Länder wie den Irak und Afghanistan hat zu zwei unsinnigen Kriegen mit zahlreichen menschlichen Tragödien und Kosten in Billionenhöhe geführt. Dabei wurde der Aufstieg anderer Mächte, zum Beispiel der Chinas von einer Handels- in eine Weltmacht und der Wiederaufstieg Russlands, verpasst und der Einfluss in Lateinamerika verloren.

Bereits im Jahr 2001 hatte ich Ihnen die Gefahr der Überdehnung der USA geschildert, die ähnlich der Truppen des früheren römischen Imperiums letztlich finanziell ausbluten. Genau das erleben wir jetzt. Deshalb hatte ich Edelmetallaktien zum klaren Empfehlungsschwerpunkt gemacht.

Internationaler Terrorismus – die Achillesferse des Westens

Blenden wir zurück. Vor rund zehn Jahren, am 11. September 2001, wurde durch die Anschläge auf das World Trade Center in New York und das Pentagon in Washington D.C. eine neue Ära des Terrorismus eingeleitet, die uns in den USA und in Europa die nächsten Jahren noch stärker beschäftigen wird als je zuvor.

Asymmetrische Kriegsführung gegen den verhassten Westen ...

Terroristen wie Al-Kaida wenden sich gegen Staatengemeinschaften und ganze Kulturen – ihr Feindbild sind die westlichen Staaten. Sie agieren global, wie die Systeme, die sie bekämpfen. Grenzen existieren auch für sie nicht mehr. Ein unsichtbarer Gegner, der brutal und höchst flexibel reagiert und gut durchdachte Planungen über Jahre geduldig vorbereitet, um sie dann akribisch auszuführen. Dieser Feind kann überall sein. Er führt seinen Krieg gegen den Westen, und hier besonders gegen die verhassten USA und Europa, asymmetrisch, durch eine Taktik der so genannten Nadelstiche.

Überblick über die Anschläge im Namen des Terrornetzwerkes Al-Kaida

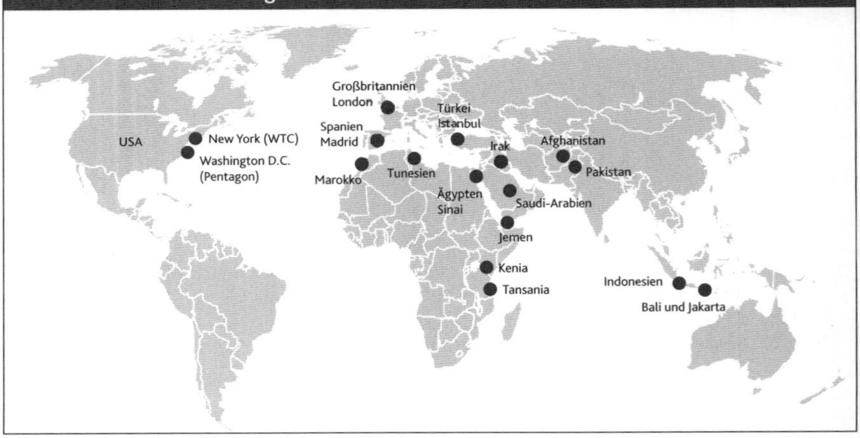

Überblick über die Anschläge im Namen des Terrornetzwerks Al-Kaida.

Während zahlreiche Politiker und mit ihnen Medien oberflächlich davon ausgehen, es handele sich um eine religiöse Anfeindung des Westens, um einen Glaubenskrieg durch islamistische Terroristen, durch ideologische Wirrköpfe, ist es meiner Einschätzung nach ein Wirtschaftskrieg, der religiös und ideologisch verbrämt wird.

Wir sollen finanziell ausbluten. Der islamistische Terror bedroht unseren Wohlstand und verändert unser Denken und Handeln sukzessive mehr, als uns bewusst ist. Die Quelle unseres Wohlstands, die Globalisierung, soll zerstört werden. Hauptziele sind damit die Handelswege, die Versorgungswege von Öl und Gas, die Börsen. Zerstört wurden durch diese und folgende Anschläge und Drohungen Millionen von Arbeitsplätzen, Vermögen in Billionenhöhe an den Finanzmärkten, Aktienkurse stürzten ab, und der Wirtschaft wurden erhebliche Zusatzkosten auferlegt.

Öl wurde teurer, und die größte Wirtschaftskrise seit 80 Jahren ereignete sich im Jahr 2008. Denn auf die Anschläge des Jahres 2001 reagierten die westlichen Länder mit einer Politik des billigen Geldes, gigantischen Steuersenkungen in den USA, Konjunkturprogrammen gegen einen befürchteten Abschwung, mit zwei teuren, zermürbenden Kriegen – und eine Schuldenexplosion.

Im Visier: Europa

Auch Deutschland und Europa sind seit einigen Jahren nicht mehr die früheren Rückzugs- und Ruheräume, in denen lediglich Planungen entwickelt werden. Unsere Länder sind inzwischen zu Anschlagszielen geworden. Al-Kaida hat längst seine Schläfer in den Großstädten, die jederzeit aktiviert werden können.

Immer häufiger führen die Spuren von Attentätern auch nach Deutschland zurück. Beispiele:

- Die Todespiloten des 11. September 2001 lebten lange Zeit in der Marienstraße 54 in Hamburg-Eißendorf.

- Die Islamisten, die den Terroranschlag auf den Weihnachtsmarkt in Straßburg planten, kamen aus Frankfurt am Main.

- Der Selbstmord-Attentäter, ein junger Tunesier, der am 11. April 2002 21 Menschen auf einer tunesischen Ferieninsel umbrachte, erhielt die Zustimmung zuvor in einem Telefonat mit dem deutschen Konvertiten Christian G., den er aus Afghanistan kannte.

- Zwei Koffer-Bomber hatten am 31. Juli 2006 zwei Rollkoffer mit Sprengstoff in den Regionalzügen platziert, die vom Kölner Hauptbahnhof in Richtung Hamm und Koblenz fuhren. Infolge eines Baufehlers detonierten die Sprengsätze nicht.

- Die Sauerland-Gruppe, Teil der Islamischen Dschihad-Union, plante in Oberschledorn einen Anschlag mit etwa 150 Toten etc.

Ziel: Der wirtschaftliche Ruin des Westens

Das Ziel der Islamisten und von Al-Kaida ist der Dschihad, der Heilige Krieg gegen die Ungläubigen. Hinter dieser Rhetorik steckt eiskaltes Kalkül, ein Wirtschaftskrieg. Bis zum Jahr 2001 wurde eine militärische Strategie verfolgt. 1995 und 1996 wurden zwei US-Militärbasen in Saudi-Arabien angegriffen. 1998 wurden die US-Botschaften in Nairobi und Daressalam in die Luft gejagt. Im Jahr 2000 wurden im Hafen von Aden zwei US-Zerstörer angegriffen und dann die hochmoderne USS Cole.

Dann stellte Al-Kaida die Strategie völlig um und plant seitdem den Bankrott der westlichen Staaten durch einen Wirtschaftskrieg. Dabei werden Flugzeuge als Waffen eingesetzt, in der U-Bahn Bomben zur Explosion gebracht, Paketbomben per Flugzeug versandt, Förderanlagen, Pipelines, Raffinerien und Öltanker angegriffen oder gesprengt. Im Mittelpunkt der

Angriffe sind die Handels- und Transportwege sowie die Kapitalzentren. Dabei soll der größtmögliche Schaden verursacht werden.

Auf die New Economy folgte die New Security

Die Illusion der New Economy platzte Anfang des Jahres 2000 wie eine Seifenblase. Anderthalb Jahre später trat die Welt mit den Anschlägen des 11. September 2001 in eine neue, bis heute andauernde Ära ein, die der New Security. Staaten schalten sich stark in die Wirtschaft ein, schränken deren Aktivitäten ein und verhängen immer mehr Sicherheitsauflagen. Die westlichen Staaten verschuldeten sich ferner über alle Maßen, um der drohenden Rezession entgegenzutreten, und führen darüber hinaus zwei kostspielige Kriege: in Afghanistan und im Irak. Die Politik hat völlig überreagiert. Das lähmt die Wirtschaft.

Es sind nicht nur die USA, die sich überschuldet haben. Auch Europa – und hier besonders Deutschland – ist als Exporteur stark von der Globalisierung abhängig. Zu nennen sind die Schweiz, Österreich, Frankreich, Großbritannien, Italien und Spanien.

Ziel des Terrors: Lebensadern der Globalisierung

Im Rahmen der asymmetrischen Wirtschaftskriegsführung werden insbesondere gefürchtet:

- Einsatz biologischer oder chemischer Kampfstoffe (zum Beispiel könnte mit Anthraxsporen Milzbrand ausgelöst werden)
- sensible Infrastruktureinrichtungen (geheimer Erlass des US-Außenministeriums vom Februar 2009), wie beispielsweise das BASF-Stammwerk in Ludwigshafen als weltweit größter Chemie-Komplex, das Aventis-Werk in Frankfurt (Insulin), die Dräger-Werke in Lübeck (Gasmesstechnik), das Siemens-Werk in Erlangen (Transformatoren und Turbinen für Strom aus Wasserkraft) u. a.

- Pipelines, Raffinerien, Verladestationen am Persischen Golf, Häfen, Börsenplätze, Handelszentren, Bank-Zentralen.

Aktuelle Schwäche-Phase macht noch verletzlicher als 2001!

In einer solchen wirtschaftlichen Schwächephase, in der wir uns befinden, hätte ein Terroranschlag auf einen sensiblen Sektor der Wirtschaft verheerende Folgen.

- Die westlichen Staaten sind bereits überschuldet. Grenzen akzeptabler Staatsverschuldung wurden längst überschritten. Massive Konjunkturprogramme und Steuersenkungen sind kaum finanzierbar.

- Die Zinsen sind nahe null. Der Zinssenkungsspielraum wurde weitestgehend ausgeschöpft.

Der erste große Schlag erfolgte am 11. September 2001, gleichfalls in einer wirtschaftlichen Schwächephase, kurz nach der geplatzten Börsen-Blase des Vorjahres.

Jetzt befinden wir uns in einer Phase trügerischer Sicherheit, sowohl in den USA und noch mehr in Europa. Erwarten Sie jederzeit einen Terroranschlag, der die Geschehnisse des Jahres 2001, die sich tief ins kollektive Bewusstsein gebrannt haben, weit in den Schatten stellen wird. Der Lebensnerv des Westens soll getroffen werden.

Als geopolitische Gefahrenherde schildere ich Ihnen in diesem Kapitel besonders folgende:

- **Naher und Mittlerer Osten:** Hier etablieren sich islamistische Regierungen mit veränderten Einstellungen gegenüber westlichen Staaten, und zwar in einer Region, die zum großen Teil die unverzichtbaren Ölreserven beherbergt. Wie bemerkt dazu der Historiker Niall Ferguson zugespitzt: „Kairo ist nicht Berlin, sondern eher Teheran." Die Versorgung mit Erdöl wird noch unsicherer und auf Dauer teurer.

Auf die aktuellen Problemländer Nordafrikas (Tunesien, Jemen, Libyen, Ägypten und Bahrain) entfällt ein Anteil von insgesamt lediglich 3,4 % der weltweiten Ölproduktion. Der Ausfall kann durch den Spielraum der Produktion anderer ölproduzierender Länder aufgefangen werden. Entscheidend ist insbesondere Saudi-Arabien mit 12 % der Weltproduktion. Europa und die Weltwirtschaft sind erheblich von arabischem Öl abhängig, was sich auf Dauer auf die einzelnen Volkswirtschaften auswirken wird.

- **Pakistan,** der meiner Einschätzung nach gefährlichste Staat der Welt – ein gescheitertes Land mit Atomwaffen und einem bizarren Doppelspiel gegenüber dem Westen. Lesen Sie, warum die USA auch diese Atommacht mit 180 Mio. Menschen verlieren werden.

- **Afghanistan**, ein Lehrfall für einen unsinnigen Krieg, jetzt für den Westen unter Führung der USA, wie zuvor für die ehemalige Sowjetunion und früher für die Briten.

Iran, der permanente Unruheherd der jüngsten Jahre: verdeckte Atomrüstung, Einschleusen eines hochkompexen Computerwurms („Stuxnet“) zur Sabotage der Zentrifugen zur Urananreicherung, Wahlfälschung und brutale Ausschaltung Andersdenkender, immer wieder Säbelrasseln, um von inneren Problemen abzulenken. Anfang Januar 2012 dann Seemanöver an der Straße von Hormus und die Drohung Irans, das Nadelöhr für Öl- und Gas-Transporte in den Westen zu blockieren. Die Internationale Energieagentur (IEA) bereitet bereits die Freigabe von Ölreserven für den Fall vor, dass sich die Iran-Krise zuspitzt, und zwar mit bis zu 14 Mio. Barrel, das sind 16 % des weltweiten Tagesverbrauchs und das Fünffache der Ölmenge, die 1990 nach dem Einmarsch des Irak in Kuwait freigegeben wurde. Das ist genau die Menge, die täglich durch die Straße von Hormus verschifft wird. Würde der Iran hier selbstmörderisch blockieren, würde sich der Preis für Erdöl sofort verdoppeln. Für das Frühjahr 2012 hat der Iran dort gleich das nächste Manöver angekündigt. Jetzt planen auch die USA und Israel dort

Manöver. Gegen den Iran haben die USA ein Öl-Embargo umgesetzt, die EU zieht nach. Die schwache iranische Wirtschaft wird dadurch empfindlich getroffen.

Diese geopolitischen Trends betreffen Sie und Ihre Investments hautnah. Allein die Terroranschläge von 2001 haben unser Denken und Handeln einschneidend verändert. Millionen Arbeitsplätze wurden zerstört, Billionen an Vermögen vernichtet, die Wirtschaft gelähmt und mit hohen Zusatzkosten belegt. Folgen waren eine Politik des billigen Geldes, Steuersenkungen sowie riesige Konjunkturprogramme, zwei teure, kontraproduktive Kriege – und eine halsbrecherische Überschuldung. All das rächt sich nun! Ich meine, kaum etwas wirkt sich so drastisch wie Geopolitik aus. Deshalb bildet die Geopolitik auch einen Schwerpunkt in meinen Analysen im *OXFORD CLUB Communiqué*.

Afghanistan – an diesem Land wird auch der Westen scheitern!

Der Krieg in Afghanistan dauert inzwischen zehn Jahre und verschärft sich immer mehr. Auch die Veröffentlichung von mehr als 91.000 Seiten vertraulicher militärischer Unterlagen auf der Internetseite *Wikileaks* ändert die Einschätzung nicht, sondern bestätigt lediglich unsere geopolitischen Analysen.

Pakistanischer Geheimdienst schuf die Taliban erst

Als Partner des Westens vor Ort hat sich der pakistanische Geheimdienst *Directorate for Inter-Services Intelligence(ISI)* etabliert. Niemand kennt die Taliban besser als er. Der ISI hat sie aufgebaut, unterstützt und eingesetzt. Das geschah nach dem Abzug der Sowjets aus Afghanistan, als das Land im Bürgerkrieg versank. Damals warb der ISI in den Camps afghanischer Flüchtlinge in Pakistan Kämpfer an, um die erfolgreiche Widerstandsbewegung gegen die Rote Armee zu spalten und eine starke Zentralregierung für Afghanistan zu verhindern.

Zwischen ISI und Taliban bestehen über enge persönliche und religiöse Bande hinaus starke finanzielle Interessen. Mit dem Kampf gegen die Taliban endete die internationale Isolierung Pakistans und ließ Milliarden an US-Unterstützung in das Land fließen. Pakistan und die Taliban haben nicht das geringste Interesse an einer führungsstarken säkularen Zentralregierung in Kabul. Denn beide teilen sich die Erlöse aus dem Drogenhandel.

Einen derart massiven Terror durch die Taliban könnte es ohne staatliche Unterstützung niemals geben. Seit dem Jahr 2006 wurde die Terrorbewegung durch den pakistanischen Geheimdienst regelrecht wiederbelebt. In den vergangenen Jahren wurde versucht, lokale Friedensabkommen mit angeblich gemäßigten Taliban in Pakistan zu schließen. Diesen wurden

Täler oder Provinzen zur autonomen Verwaltung überlassen. Folge: Die Bevölkerung floh vor der Diktatur, und es entstanden weitere Terrorlager.

Größter Fehler: Opiumhandel nicht erkannt

Der größte Fehler des Westens war, die Geldzuflüsse aus dem Anbau von Opium übersehen zu haben. So stieg Afghanistan zum weltweit größten Heroinproduzenten mit einem Marktanteil von 93 % auf. Rund 8.000 Tonnen (t) Rohopium wurden im vergangenen Jahr aus Afghanistan weltweit verkauft.

1 Mio. Afghanen leben laut Schätzung der UN-Drogenbehörde davon. Die Hälfte des Opiums wird über den Iran in die Türkei geschmuggelt und von dort weiter nach Westeuropa. Erst durch US-Gelder wurde Afghanistan zum größten Opium-Produzenten der Welt. Mit den hohen Gewinnen kaufen die Taliban Waffen, finanzieren Selbstmordattentäter einschließlich der Entschädigungen für deren Hinterbliebene und zahlen Rekruten oft das Doppelte der Soldatenlöhne etc.

Drehscheibe Pakistan mit ISI

Der Krieg gegen die afghanischen Sicherheitskräfte, die USA und ihre Verbündeten wird aus Pakistan geführt. Dieses Land ist zudem der Rückzugsraum.

Und hier haben drei der wichtigsten Feinde der westlichen Streitkräfte ihre Einsatzzentralen: die Milizen der Haqqanis-Gruppe und des Warlords Gulbuddin Hekmatjar sowie die Taliban um Mullah Omar. Der pakistanische Geheimdienst ist für alle diese Gruppen Drehscheibe und pflegt beste Beziehungen. Hauptmotiv ist die Angst vor dem Erzfeind Indien.

Die Vorwürfe gegen Pakistan sind wahr. Nach dem Anschlag gegen die indische Botschaft in Kabul konfrontierte die CIA Pakistan im Juli 2008 offen mit Beweisen über eine Beteiligung des ISI. Und im Jahr 2010 nahmen Pakistans Behörden innerhalb weniger Tage zwei Dutzend afghanische Taliban-Anführer fest. Kurz zuvor hatten die USA Friedensgespräche mit gemäßigten Taliban in Aussicht gestellt. Viele der möglichen Gesprächspartner nahm Pakistan zuvor fest. Ohne Kenntnis der Aufenthaltsorte wäre diese Aktion dem ISI überhaupt nicht möglich gewesen.

Das „große Spiel" um Afghanistan geht verloren! USA ziehen Truppen aus Afghanistan ab

Bis zum Spätsommer 2012 sollen 33.000 US-Militärangehörige aus Afghanistan zurückgezogen werden. Derzeit sind in dem Land rund 100.000 Soldaten aus den USA stationiert. Präsident Barack Obama ordnete die Rückkehr von 10.000 Soldaten bis Ende 2011 an, weitere 23.000 sollen im Laufe des Jahres 2012 folgen.

Zur Wahl des US-Präsidenten im November 2012 wären dann immer noch doppelt so viele Soldaten in Afghanistan wie zu Beginn der Amtszeit von Barack Obama. Offiziell läuft die US-Mission dort bis Dezember 2014.

Der von US-Präsident Obama vorgelegte Truppenabzugsplan aus Afghanistan ist der kriegsmüden Mehrheit der US-Wähler zu langsam und dem Militär zu schnell. Die Zahl der dann verbleibenden rund 70.000 Soldaten soll stetig reduziert werden. Deren Aufgabe soll sich von Kampfeinsätzen auf die Ausbildung afghanischer Sicherheitskräfte verlagern. Nach NATO-Plan sollen einheimische Kräfte ab 2015 an für die Sicherheit und Verteidigung des Landes verantwortlich sein.

„Ziele erreicht": Wohl kaum

Nach Ansicht des US-Präsidenten haben die USA ihre Ziele in Afghanistan im Wesentlichen erreicht. Deshalb treffe er seine Entscheidung aus einer Position der Stärke. Die Terrorgruppe Al-Kaida sei dezimiert und die Hälfte ihrer Führungsgruppe ausgeschaltet.

Der Abzugsplan des US-Präsidenten bleibt weit hinter den Forderungen sowohl der Demokraten als auch der Republikaner zurück. Die beiden dominierenden US-Parteien setzen sich für ein umgehendes Ende des Krieges in Afghanistan ein.

Auf der anderen Seite sind Generalität und Militärexperten in den USA enttäuscht. Diese treten für einen langsameren Abzug ein. Völlig unüblich für das US-Militär gab der Joint Chiefs of Staff, Michael Mullen, eine Stellungnahme ab, in der er die Pläne des US-Präsidenten als riskant bezeichnete. Er befürwortete sie zwar bei seiner Anhörung im US-Kongress, betrachtet sie allerdings mit größeren Unwägbarkeiten verbunden als früher für akzeptabel gehalten.

Ich sehe den Abzugsplan des US-Präsidenten weniger an den Notwendigkeiten in Afghanistan, sondern an wahltaktischen Überlegungen ausgerichtet. Barack Obama will sich im November 2012 seiner Wiederwahl stellen und auf diese Weise seine Chancen auf eine zweite Amtszeit verbessern. Das Weiße Haus weist solche Unterstellungen vehement zurück.

Abzug auf jeden Fall das falsche Signal an die Taliban

Der anvisierte Abzug der US-Truppen ist keinesfalls ein Signal der Stärke. In diese Position kommen immer mehr die Taliban. Eine Überraschung ist die US-Entscheidung, ihre Truppenpräsenz in Afghanistan bis zum September 2012 um rund ein Drittel zu verringern, keinesfalls. Die Bevölkerung der USA ist nach zehn Jahren Krieg am Hindukusch angesichts der Verluste an Menschenleben und horrenden Kosten schlichtweg kriegsmüde geworden. Neben den Opfern von jährlich mehreren hundert Soldaten spielen auch die Kosten eine Rolle. Der Krieg erhöht den Schuldenberg der USA um monatlich rund 10 Mrd. US$.

Barack Obama hatte von Beginn seiner Amtszeit an den Beginn des Abzugs offen ab Juli 2011 festgelegt. Für einen obersten Kriegsherrn – diese Funktion hat der US-Präsident – war das ein schwerer Fehler. Denn eine solche Ankündigung spielt den Feinden in die Hände. Sie wissen Bescheid und brauchen nur geduldig abzuwarten.

Wankelmütige Militär-Supermacht

Übrigens hatte der Präsident die vorherige Truppenaufstockung nicht wegen Al-Kaida befohlen, sondern um den Zusammenbruch der Regierung in Kabul durch den Vormarsch der Taliban zu stoppen. Vor einem Jahr änderten die USA ihre militärische Strategie in Afghanistan und erklärte den Schutz der Zivilbevölkerung zum obersten Ziel. Zivile Institutionen und wirtschaftliche Aktivitäten sollten durch massive Truppenkontingente gesichert werden. Diese Militärdoktrin wird nach einem Jahr fallen gelassen und hart erkämpfte Erfolge aufgegeben.

Zu Beginn seiner Amtszeit hatte Barack Obama versprochen, den Vormarsch der Taliban zu stoppen und ihre Rückkehr an die Macht zu verhindern. Davon ist jetzt keine Rede mehr. Solche Garantien will Washington offensichtlich nicht mehr aussprechen. Das ist ein wichtiges Signal der Unglaubwürdigkeit der USA an alle Beteiligten.

Gleichfalls ungeschickt ist auch die Entscheidung des US-Präsidenten, den beginnenden Truppenabzug und angedachte Friedensverhandlungen mit den Taliban gleichzeitig stattfinden zu lassen. Alle Kampftruppen werden bis 2014 abgezogen, ohne das von den Entwicklungen in Afghanistan abhängig zu machen. Die Taliban müssen einfach nur abwarten.

Die Entscheidung des US-Präsidenten ist innenpolitisch motiviert. Der erste große Teilabzug soll im September 2012 abgeschlossen sein. Mitten im Kampf wird ein Drittel der Einheiten abgezogen – und wenige Wochen nach den Rückkehrfeiern findet die US-Präsidentenwahl mit dem aktuellen Amtsinhaber statt. Verheißungsvoll kündigte Barack

Obama an, dass „das Licht eines sicheren Friedens ... in der Entfernung sichtbar“ ist. Sein Wunschdenken wird sich künftig rächen.

Der britische Historiker und Dichter Rudyard Kipling (unter anderem populär durch sein verfilmtes Buch „Kim – Geheimdienst in Indien“) hat bereits im 19. Jahrhundert das Ringen um die Macht in Afghanistan als das „great game“, das „große Spiel“ bezeichnet. Daran hat sich bis heute nichts geändert. Wieder einmal geht das Machtspiel für den Westen verloren.

Fazit des Afghanistan-Krieges: Eine Kette von Misserfolgen

Mittlerweile hat sich die Kritik des afghanischen Präsidenten Karsai an den Alliierten, die er mit Besatzern vergleicht, verschärft. Wie ich Ihnen vor Jahren bereits schilderte, war der Krieg in Afghanistan ein absehbarer und überflüssiger Fehlschlag. Der einzige Pluspunkt war die schnelle Vertreibung von Al-Kaida im Jahr 2002 innerhalb von drei Monaten aus Afghanistan.

Alles andere waren Fehlschläge:

- Die Taliban gewinnen an Fläche und setzen den Alliierten immer stärker zu.
- Karsais Regierung in Kabul ist keinesfalls demokratisch, sondern hochgradig korrupt. Seine Armee kooperiert entweder mit den Kriegsgegnern oder ist in den anderen Fällen nicht in der Lage, diese zu schlagen.
- Die Bildung einer afghanischen Nation ist nicht möglich. Denn es gibt sie nicht. Verschiedene Stammesgruppen haben seit jeher gegeneinander gekämpft. Teilweise und vorübergehend wehrten sie sich lediglich Seite an Seite gegen Eindringlinge. Das haben die Briten im 19. und die Sowjets im 20. Jahrhundert schmerzlich erfahren müssen.

Ein asiatisches Sprichwort lautet bezeichnend: „Wen Gott strafen will, den lässt er in Afghanistan einmarschieren.“

Pakistan: Der gefährlichste Nuklearstaat der Welt

Nachdem im letzten Kapitel die geopolitische Rolle Afghanistans analysiert und diskutiert wurde, widmet sich dieser Abschnitt dem großen Bruder Pakistan.

Quelle: CIA-Factbook

Alle blicken auf den Iran, den Irak und/oder Afghanistan – ich sehe die größte geopolitische Gefahr in Pakistan. Das US-Politmagazin *Foreign Policy* ratete diesen Staat auf der Rangliste gescheiterter Staaten unter den Top 10: mit Irak, Haiti und sieben afrikanischen Ländern.

Gründe: steigende ethnische Spannungen, gesetzlose Stammesgebiete, Bewältigung von Erdbebenfolgen, verfeindete Eliten sowie die Armee und der Geheimdienst ISI als Staat im Staate. Laut einheimischer *Daily Times* ist charakteristisch, dass der Staat auf mehr als der Hälfte des Territoriums keine oder nur geringe zivile Autorität ausübt. Die beiden Grenzprovinzen zu Pakistan, Nordwestprovinz und Baluschistan, werden nur noch durch militärische Interventionen unter Kontrolle gehalten. In Großstädten wie unter anderem Karachi gibt es Viertel, die von Milizen ethnischer Gruppen kontrolliert werden. In Pakistan verbotene islamistische Gruppen wechseln pro forma ihre Bezeichnung, ihre Anführer müssen nicht untertauchen, sondern können weiter in den Moscheen zum Heiligen Krieg gegen die USA oder Indien aufrufen. Das wäre ohne Schutz durch die Sicherheitskräfte unmöglich. Präsident Pervez Musharraf hat nicht die Macht einzugreifen, sofern er das überhaupt wirklich beabsichtigt. Seine Regierungspartei ist völlig korrupt, und die Armee ist in alle Arten dunkler Geschäfte verwickelt. Die Bezirke Süd- und Nordwaziristan in der Nordwestprovinz bilden das bedeutendste Rückzugsgebiet der Al-Kaida-Kämpfer und mit ihnen verbündeter afghanischer Gruppen. Massive Flächenbombardements, wie sie immer wieder stattfinden, verbreiten hingegen Angst und Schrecken unter der Zivilbevölkerung und bedrohen die jahrhundertealte Tradition der Stammesverwaltung.

Hier wären geschickte politische und militärische Strategien gefordert. Das politische Vakuum wird geschickt von den Mullahs genutzt, die – gesteuert von der Provinzregierung Peschawars – in den Kleinstädten inzwischen Regimes eingerichtet haben, die an die Schreckenszeiten der Taliban in Afghanistan erinnern. Ein Forschungsbericht des britischen Verteidigungsministeriums aus 2011 stellt fest: „Pakistan ist gegenwärtig keinesfalls stabil, sondern an der Grenze des Chaos" und seine Armee „hat Terrorismus und Extremismus, gleich ob in London, Afghanistan oder Irak, unterstützt".

Die Saat des Hasses geht auf

Extreme Islamisten gewinnen in Pakistan und anderswo immer mehr an Einfluss. Sie geben im öffentlichen Leben Pakistans zunehmend den Ton an. In den 1980er Jahren ließ der damalige Militärherrscher Zia ul-Haq religiöse junge Männer bevorzugt als Lehrer einstellen, die Lehrpläne staatlicher Schulen wurden islamisiert. Und die privaten religiösen Schulen sind besonders bei den Armen beliebt, da sie keine Schulgebühren erheben. Auf diese Weise hat das Schulwesen Pakistans die rasch wachsende Bevölkerung massiv geprägt. Zur religiösen Radikalisierung kommen mangelnde Zukunftschancen. Jede pakistanische Regierung hat nach den Anschlägen des 11. September 2001 versprochen, die Religionsschulen unter Staatsaufsicht zu stellen. Nichts geschah!

Inzwischen geben die islamistischen Parteien den Ton im öffentlichen Leben an. Den Forderungen der islamistischen Strömungen wagen inzwischen auch laizistische Parteien wie die regierende Volkspartei Pakistans nichts mehr entgegenzustellen.

Sensationelle Verhaftungen von hochrangigen Taliban – Täuschung des Westens

Pakistans politische Führung bestreitet offiziell weiterhin vehement, den Aufenthaltsort hochrangiger Mitglieder der Taliban und der mit diesen verbundenen Al-Kaida von Osama bin Laden zu kennen. Das glaube ich nicht! Ohne Wissen und sogar Zustimmung des pakistanischen Geheimdienstes ISI und der Armee könnten sich islamistische Extremisten nicht in Pakistan aufhalten.

Ende Februar 2010 gelang pakistanischen Sicherheitskräften ein spektakulärer Erfolg. In Pakistan wurden die Nummer 2 der afghanischen Taliban, Mullah Baradar, sowie die beiden so genannten Schatten-Gouverneure aus den nordafghanischen Provinzen Kundus und Baghlan verhaftet. Dargestellt wurde dies geschickt als härteres Durchgreifen der pakistanischen Sicherheitskräfte gegen islamistische Extremisten. In Wirklichkeit war es einmal mehr eine geschickte Täuschung des Westens. Die Verhaftungen waren keine Neuausrichtung der pakistanischen Politik. Pakistanische Armee und ISI sind nicht am Frieden in Afghanistan interessiert! Das zentrale Ziel der beiden maßgebenden Kräfte in Pakistan ist und bleibt: Sicherung des Einflusses im Nachbarland Afghanistan.

Der Trumpf dafür sind die islamistischen Extremisten.

Armee- und Geheimdienstführung gehen davon aus, dass die USA und ihre NATO-Partner irgendwann – wie alle vor ihnen – aus Afghanistan abziehen werden. In dieser Zwischenzeit ziehen sie Nutzen aus der westlichen Unterstützung in Milliardenhöhe, der Ausbildung ihres Personals und verstehen sich weiterhin gut mit den angeblichen Widersachern, den islamistischen Extremisten.

Von Zeit zu Zeit wird der Westen besänftigt, in Wirklichkeit die Taliban unterstützt

Der Druck der westlichen Regierungen nimmt geradezu wellenmäßig immer wieder zu und stellt Zweifel an der Bündnistreue Pakistans heraus. Immer dann gelingt es den pakistanischen Sicherheitskräften, ein oder zwei Personen aus der angeblichen Führungsebene der Taliban zu verhaften. Das dient ausschließlich dem Zweck, die USA zu besänftigen.

Wichtig! Das bedeutet nicht die in den Massenmedien herausgestellte Wende in der Politik, die Taliban künftig entschieden zu bekämpfen. Richtig ist vielmehr, dass die Taliban seit ihrer Entstehung 1994 von Pakistans Armee und Geheimdienst unterstützt werden. Auch die Verhaftung einiger Anführer ändert daran überhaupt nichts. Diese werden jeweils schnell ersetzt und behindern die Funktionsweise der Taliban nicht.

Die Armee und der Geheimdienst Pakistans gehen auch lediglich gegen diejenigen Gruppen der islamischen Extremisten vor, die den pakistanischen Staat herausfordern. Dazu zählt insbesondere die Tehrik-e Taliban Pakistan aus der North West Frontier Province.

Im Gegensatz dazu werden in Afghanistan kämpfende Terrororganisationen – wie die Taliban um Mullah Omar, der Hezb-e Islami des Warlords Gulbuddin Hekmatyar und das Netzwerk um Sirajuddin Haqqani – weiterhin uneingeschränkt unterstützt.

Verschwörungstheorien und das geschickte Doppelspiel

In Pakistan und im Nahen Osten ist die Theorie stark verbreitet, dass hinter den Anschlägen des 11. September 2001 nicht Al-Kaida, sondern

Washington selbst stecke. Die USA hätten die Angriffe selbst inszeniert, um einen Vorwand zu haben, in Afghanistan als strategisch wichtiger Region einzumarschieren. In Pakistan sind das Misstrauen gegenüber den westlichen Verbündeten und die Angst, erneut im Stich gelassen zu werden, weit verbreitet.

Die Führung von Pakistans Armee behauptet, dass nur wenige Militärs, noch dazu im Ruhestand, Kontakte zu islamistischen Extremisten unterhalten. Auch diese Darstellung ist falsch. Die islamistischen Extremisten genießen in Armee und Geheimdienst Pakistans breite Unterstützung.

Armeechef General Kayani stellt sich den USA als zuverlässiger Partner im Anti-Terror-Kampf dar, machte aber intern kürzlich nochmals Folgendes klar:

- An der Politik der strategischen Tiefe werde festgehalten.
- Indien bleibt der Hauptfeind Pakistans und daher gilt zuerst, die östliche Flanke zu sichern.
- Die eigenen strategischen Interessen würden nicht den kurzfristigen Interessen der westlichen Verbündeten geopfert.

Diese Positionsbeschreibung ist klar und deutlich. Darüber hinaus zeigt sie, dass die pakistanische Armee weiterhin die Außen- und Sicherheitspolitik des Landes bestimmt.

Verhaftung von Mullah Baradar – ein Schlag gegen Verhandlungen mit den Taliban

In Kabul und Washington glaubt kaum jemand noch an einen schnellen militärischen Sieg der westlichen Truppen in Afghanistan. Immer mehr werden Verhandlungen mit den Taliban angestrebt.

Davor graut aber Pakistans Armeeführung. Diese will auf jeden Fall ihren Einfluss in Afghanistan behalten und hat aus diesem Grund angeboten, zwischen Kabul und den Islamisten zu vermitteln.

Mullah Baradar, die Nummer 2 der so genannten Quetta-Shura, hatte in den vergangenen Monaten allerdings eigenständig mit der Regierung Karzai in Kabul sowie auch mit Vertretern der UNO und der USA gesprochen und Möglichkeiten für Verhandlungen sondiert. Damit brachte er sowohl den Taliban-Chef Mullah Omar als auch den ISI gegen sich auf. Beide fühlten sich übergangen. Seine Verhaftung ist damit kein Erfolg für eine konsequentere Bekämpfung der islamistischen Extremisten durch Pakistan, sondern das Gegenteil. Pakistan hat damit erfolgreich laufende Friedensbemühungen sabotiert. Der ISI hat alle Beteiligten daran erinnert, wer das Sagen hat. Beweis dafür ist auch, dass Afghanistans Präsident Karzai stark verärgert über Baradars Festnahme war.

Pakistans Armee und Geheimdienst spielen alle Parteien gegeneinander aus

Kabul und seine westlichen Verbündeten versuchen seit Jahren erfolglos, gemäßigte Teile innerhalb der Taliban auf ihre Seite zu ziehen. Die Chance auf eine Spaltung ist allerdings gering, solange die Extremisten militärisch derart erfolgreich sind und von Pakistan unterstützt werden. Damit bleiben lediglich Verhandlungen mit Mullah Omar und anderen wichtigen Anführern von Terrorgruppen wie Hekmatyar und Haqqani.

Der Einfluss der aufständischen Islamisten in Afghanistan ist aktuell so stark wie nie zuvor. Die USA und ihre Verbündeten können den Krieg in Afghanistan nie gewinnen. Wie früher die Briten und vor knapp 30 Jahren die Russen werden sie in wenigen Jahren das Interesse verlieren, den kostspieligen Kampf am Hindukusch fortzuführen.

Auch die Taliban werden diesen Kampf militärisch nicht gewinnen können, aber die Besetzer mit Guerilla-Angriffen zermürben.

Pakistans Präsident Zardari hat sich 2009 bemüht, das Verhältnis zu Afghanistan und zu Indien zu verbessern. Die eigene Armee hat ihm dabei erhebliche Probleme bereitet. Pakistans Sicherheitskräfte werden auch künftig keine konstruktive Rolle in der Region spielen.

Gefahr durch Pakistans Atompolitik

Keine vier Wochen vor dem berüchtigten Terroranschlag vom 11. September 2001 trafen sich in Kabul die Nummern 1 und 2 von Al-Kaida, Osama Bin Laden und Ayman al-Sawahari, mit zwei Top-Nuklearwissenschaftlern aus Pakistan, Sultan Bashiruddin Mahmud und Chaudiri Abdul Majeed. Die beiden letzteren gehörten damals der Pakistanischen Atomenergie-Kommission (PAEC) an. Gesprächsthema: Atomwaffen.

2001 verhafteten die pakistanischen Sicherheitsbehörden ihre beiden Wissenschaftler, ließen sie aber nach wenigen Wochen wieder frei. Die USA protestierten heftig – ergebnislos. Mahmud tritt seitdem vehement für die Produktion von waffenfähigem Plutonium ein und hält die Versorgung anderer islamischer Länder damit für unverzichtbar. Majeed ist ein glühender Bewunderer von Al-Kaida und der Taliban; er wurde in Belgien als Spezialist für nukleare Brennstäbe ausgebildet.

Ferner betrieb Abdul Quadeer Khan erfolgreich Nuklearschmuggel. Der „Vater der pakistanischen Atombombe“ stahl in den Niederlanden Entwürfe für Gaszentrifugen und verkaufte sein Wissen über Nuklearwaffen in den 1980er und 1990er Jahren an Nordkorea, Libyen und den Iran. Der Wissenschaftler gilt in Pakistan als Volksheld und blieb – die USA protestierten erfolglos – unbehelligt.

Pakistan, mit rund 184 Mio. Einwohnern sechstgrößtes Land der Erde, verfügt nach Schätzungen über 70 bis 110 nukleare Gefechtsköpfe. Gesichert wird das Arsenal von einer Militäreinheit von rund 10.000 Mann. Davon sind etwa 1.000 Soldaten für die unmittelbare Bewachung der Lagerstätten zuständig. Die Gefechtsköpfe sind in Einzelteile zerlegt und werden getrennt aufbewahrt.

Fazit: Die von den USA optimierten Sicherungsmaßnahmen für die Atomwaffen Pakistans sind keine Beruhigung. Hier sehe ich folgende Gefahren:

- Islamisten könnten in dem extrem instabilen Staat die Gewalt übernehmen.
- Unterwanderung: Sicherheitsmaßnahmen können überwunden werden durch islamistische Extremisten im Management, unter Wissenschaftlern oder von Top-Sicherheitskräften.
- Radioaktives Material, wie hochangereichertes Uran (HEU) oder Plutonium, kann für den Bau einer so genannten schmutzigen Bombe entwendet werden.

Die USA teilen diese Sorgen, dass Pakistans Atomwaffen oder Uran in falsche Hände fallen könnten. Greift dann die geheime Spezialeinheit des Pentagon ein? Diese wurde 2001 gegründet, um notfalls Nuklearanlagen und Atomwaffen in Pakistan zu sichern. Übrigens, die Regierung in Islamabad sieht die USA inzwischen als ebenso feindselig an wie sonst den Todfeind Indien. Der US-Vorschlag, Permissive Action Links (PAL) zu verwenden, wurde strikt abgelehnt. Diese Technik zerstört Atomwaffen, wenn versucht wird, sie ohne richtigen Schlüssel zu aktivieren.

Krisenbogen Naher Osten: Arabischer Winter statt arabischem Frühling

Für die Regime in Tunesien, Ägypten und im Jemen gilt, dass sich hier zwei Blöcke gegenüberstehen. Die Autokraten haben eine nicht zu unterschätzende Anhängerschaft durch Vergabe von Posten und Pfründen um sich geschart und sich in die Rolle des gütigen Landesvaters begeben. Diese Herrschaft beginnt jetzt durch einen Aufstand junger Menschen gegen die alten Regime zu kippen.

Arabischer Frühling 2011 - Vier Herrscher gestürzt

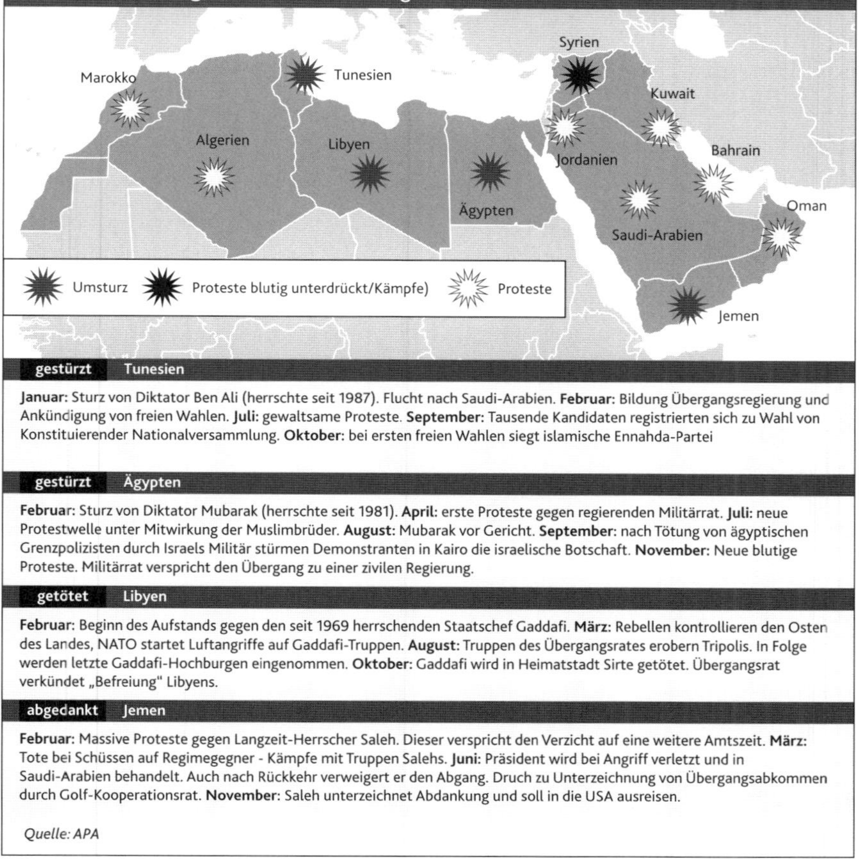

gestürzt **Tunesien**

Januar: Sturz von Diktator Ben Ali (herrschte seit 1987). Flucht nach Saudi-Arabien. **Februar:** Bildung Übergangsregierung und Ankündigung von freien Wahlen. **Juli:** gewaltsame Proteste. **September:** Tausende Kandidaten registrierten sich zu Wahl von Konstituierender Nationalversammlung. **Oktober:** bei ersten freien Wahlen siegt islamische Ennahda-Partei

gestürzt **Ägypten**

Februar: Sturz von Diktator Mubarak (herrschte seit 1981). **April:** erste Proteste gegen regierenden Militärrat. **Juli:** neue Protestwelle unter Mitwirkung der Muslimbrüder. **August:** Mubarak vor Gericht. **September:** nach Tötung von ägyptischen Grenzpolizisten durch Israels Militär stürmen Demonstranten in Kairo die israelische Botschaft. **November:** Neue blutige Proteste. Militärrat verspricht den Übergang zu einer zivilen Regierung.

getötet **Libyen**

Februar: Beginn des Aufstands gegen den seit 1969 herrschenden Staatschef Gaddafi. **März:** Rebellen kontrollieren den Osten des Landes, NATO startet Luftangriffe auf Gaddafi-Truppen. **August:** Truppen des Übergangsrates erobern Tripolis. In Folge werden letzte Gaddafi-Hochburgen eingenommen. **Oktober:** Gaddafi wird in Heimatstadt Sirte getötet. Übergangsrat verkündet „Befreiung" Libyens.

abgedankt **Jemen**

Februar: Massive Proteste gegen Langzeit-Herrscher Saleh. Dieser verspricht den Verzicht auf eine weitere Amtszeit. **März:** Tote bei Schüssen auf Regimegegner - Kämpfe mit Truppen Salehs. **Juni:** Präsident wird bei Angriff verletzt und in Saudi-Arabien behandelt. Auch nach Rückkehr verweigert er den Abgang. Druch zu Unterzeichnung von Übergangsabkommen durch Golf-Kooperationsrat. **November:** Saleh unterzeichnet Abdankung und soll in die USA ausreisen.

Quelle: APA

Die Krisenregion hat inzwischen eine Ausdehnung von Algerien über Tunesien bis Ägypten. Vor dem Aufbegehren der Bevölkerung sind auch die autoritär regierten Staaten Libyen und Marokko nicht sicher. Nordafrika und der Nahe Osten sind für Europa sicherheitspolitisch eine wichtige Region. Ein längerer Bürgerkrieg in einem der Länder würde auch die wirtschaftliche Entwicklung Europas bedrohen und darüber hinaus die Gefahr eines Flächenbrandes für die gesamte Region in sich bergen.

Ägypten ist von zentraler Bedeutung

Noch weitaus dramatischer ist die Lage in Ägypten, dem arabischen Schlüsselstaat. Hier lebt eine religiös gemischte Bevölkerung von mehr als 80 Mio. Menschen auf engem Raum gedrängt. Reformen wurden immer wieder aufgeschoben – eine unerträgliche Bürokratie hat sich breitgemacht. Antriebskraft für das Aufbegehren gegen die alte Ordnung ist hier die weit verbreitete hohe Arbeitslosigkeit besonders unter gut ausgebildeten jungen Menschen. Reformen sind in fast allen Lebensbereichen längst überfällig. Massive Probleme sind die schnell wachsende Bevölkerung, der Wassermangel, die Stellung religiöser Minderheiten, die völlig ausgeuferte Bürokratie, die Korruption und die Radikalisierung islamistischer Kräfte.

Die Schlüsselrolle von Ägypten als größter arabischer Staat liegt in seiner zentralen strategischen Lage. Ägypten ist der wichtigste Gesprächspartner für die USA im Nahen Osten, ganz gleich ob es um Israel, die Zukunft Palästinas oder um den Kampf gegen den islamistischen Terrorismus geht. Das künftige Ägypten wird sich hoffentlich demokratisch und reformbereit zeigen, es wird allerdings für den Westen weniger berechen- und steuerbar sein.

Aufstände gegen korrupte Regime verändern die arabische Welt nachhaltig

Die Aufstände haben die arabische Welt entscheidend verändert. Zuvor weitgehend statische Gesellschaften sind in Bewegung gekommen, und die Umwälzungen werden weiter anhalten.

Die Autorität der gewalttätigen und tief korrupten Regime, die den Staat als persönliche Beute behandeln, wird Land für Land zerbrochen. Die Demonstranten haben ihre Aufstände spontan und kreativ vollzogen, stehen jetzt aber vor offenen Machtfragen. Und die Macht fällt zunächst an die sich plötzlich scheinbar reformbereit gebenden Militärs, die damit überfordert sind.

Meiner Einschätzung nach wird der laufende Prozess in eine Radikalisierung münden. Neue autoritäre Regime als eine mögliche Antwort, also ein Comeback der Vergangenheit, werden sich gegen die Aufständischen nicht halten können. Sie sind lediglich ein zeitlicher Aufschub.

Breite Bevölkerungsschichten werden weiter verlieren

Eine enttäuschte Bewegung wird alles unternehmen, um die Veränderung voranzutreiben, und dabei immer weiter gehende Forderungen erheben. Ein Teil der Staaten wird von Bürgerkriegen überzogen. Ein Beispiel dafür ist bereits der Jemen. Fluchtbewegungen von Teilen der Bevölkerung und Migration werden die Not breiter Bevölkerungsschichten noch weiter verschärfen. Auf Sicht der nächsten Jahre wird sich die wirtschaftliche Lage in den von den Aufständen betroffenen Ländern noch verschärfen. Die historische Erfahrung lehrt, dass politische Umwälzungen auch stets mit einschneidenden Konjunkturabstürzen verbunden waren. In der Folge werden die Hoffnungen vieler Menschen auf eine verbesserte wirtschaftliche Lage herbe enttäuscht werden. Damit werden die politischen Aufstände in eine soziale Revolution umkippen und sich somit verschärfen.

Gefahr islamistischer Machtübernahmen: „Der Weg nach Jerusalem führt über Kairo!"

Zu befürchten ist, dass Islamisten die demokratischen Regeln missbrauchen, um an die Macht zu gelangen. Danach schwenken sie dann auf ein theokratisch-despotisches Regime um. Wie begründet diese Bedenken sind, zeigt die Tatsache, dass die Terrorelite seit der Gründung von Al-Kaida traditionell vom Nil stammt, so der deutsche Terrorexperte Guido Steinberg von der Stiftung Wissenschaft und Politik aus Berlin.

Aimah al-Sawahiri, die Nummer 2 im Terrornetzwerk Al-Kaida, vertritt die Auffassung, dass der Weg nach Jerusalem über Kairo führt. Das heißt, erst ist das ägyptische Regime zu stürzen, dann Jerusalem zu erobern. Die Muslimbrüder sind die einflussreichste Organisation der Islamisten. Zahlreiche Extremisten waren hier Mitglied. Die Hamas hat sich aus ihnen gebildet. Inzwischen nehmen die Muslimbrüder an Wahlen teil und propagieren Gewalt nicht mehr offen. Wem die Muslimbrüder zu wenig islamistisch sind, der geht zu den Salafisten, die rasch an Einfluss gewinnen, in Ägypten und darüber hinaus. Hier finden sich die gewaltbereiten Dschihadisten zusammen. Die Organisation steht Al-Kaida sehr nahe.

Schwäche: Strukturen für die demokratische Entwicklung fehlen

Der Westen setzt auf die Entwicklung demokratischer Ordnungen. Schwachstelle dieser Strategie ist, dass die Strukturen dafür nach Jahrzehnten der Unterdrückung fehlen. Damit besteht die Gefahr des Abgleitens in einen Bürgerkrieg oder in eine offene Militärdiktatur. Dass ein solches Szenario durchaus möglich ist, zeigt die Erfahrung mit der Hamas. Der kleine Ableger der Muslimbruderschaft beteiligte sich 2006 an demokratischen Wahlen und errang die absolute Mehrheit der Mandate. In einer Art Bürgerkrieg übernahm die Hamas den Gaza-Streifen und schoss Raketen auf Israel ab. Im Dezember 2009 reagierte Israel mit brutalen Militärschlägen. Es folgte eine Katastrophe.

Ob und in welchem Maß sich die fast durchweg autoritär regierten Länder Nordafrikas und des Nahen Ostens ohne innere Wirren in Richtung mehr Demokratie und Sozialstaat entwickeln können, bleibt offen. Der Sturz des tunesischen Präsidenten und seine Flucht haben die Möglichkeit zu politisch-sozialen Reformen verbessert. Hier liegen die Bereitschaft von Seiten der Regierung und die Erwartungen der Bevölkerung weit auseinander. Und es besteht die hohe Wahrscheinlichkeit, dass fundamentalistische Gruppen die Macht übernehmen. Ich sehe das Ausmaß der Krisen tendenziell sprunghaft steigen. Vor den Folgen schützen Sie am besten Ihre Edelmetall-Investments!

Zweite große Bedrohung entsteht: Der Nahe und der Mittlere Osten brodeln

Der andere große Bereich außerhalb der Terrorgruppen, und hier insbesondere Al-Kaida, sind die Staaten im Nahen und Mittleren Osten. Seit dem Frühjahr 2011 revoltiert die Bevölkerung dieser Länder gegen die Regime und überraschte damit die Regierungen des Westens, die sich mit den dortigen Despoten gutgestellt hatten. Motiv war im Regelfall deren Reichtum an Öl, das Lebensblut des Westens.

Westlich orientierte Protestler werden ersetzt durch Islamisten

Die Demokratiebewegung erfasste nach Tunesien Ägypten, nach dem Jemen Bahrain, Syrien, Marokko und Libyen. Die Ursprünge liegen in Protesten gegen autokratische Regime von Menschen, die persönliche Freiheiten forderten und eher am westlichen Lebensstil orientiert sind, teilweise als Generation „Facebook“ bezeichnet. Diese Bewegung ist noch im vollen Gange. Ich glaube nicht, dass sie sich durchsetzen wird. Es ist vielmehr eine westliche Illusion, dass letztlich westlich orientierte Kräfte gewählt werden.

Libyen: Der westliche Angriff auf Gaddafi war zu erwarten

Nehmen wir das jüngste Beispiel: Libyen. Machthaber Muammar al-Gaddafi war dem Westen ein schwieriger Gegenpol.

- Seit rund fünf Jahren investiert China massiv in die Infrastruktur Afrikas und sichert sich dortige Rohstoffressourcen. Diese Strategie wurde durch Gaddafi unterstützt.

- 2010 nahm die Afrikanische Union den Gaddafi-Vorschlag an, dass alle afrikanischen Länder eine Militärbasis der USA auf ihrem Territorium ablehnen sollten.

- Seit 2009 verhandelte Gaddafi mit den westlichen Öl-Konzernen über bessere Konditionen für Libyen und drohte mit Verstaatlichung der Ressourcen. 2010 erhöhte Gaddafi den Druck und forderte von den Öl-Konzernen eine Entschädigung für die seit zwölf Jahren geltenden UNO-Sanktionen (Lockerbie-Attentat). Im Oktober 2010 zogen sich Chevron und Occidental Petroleum sofort aus Libyen zurück – kaum ein Zufall!

- Gaddafi plante den Abzug aller libyschen Guthaben von europäischen Konten und den Transfer nach China, was insbesondere französische Banken schwer getroffen hätte.

- Und er überlegte, in Libyen einen Gold-Dinar als offizielle Währung einzuführen. Libyen hat zudem als ein Top 10-Land der OPEC große Bedeutung für die Ölversorgung des Westens und war der wichtigste Öllieferant von Italien, der zweitwichtigste Österreichs und der viertwichtigste Deutschlands. Damit war das Maß voll und ein Eingreifen des Westens in den Bürgerkrieg des Landes nur zu erwarten. Es geht hier um den Zugriff auf die Ölquellen des Landes.

Libyen = Afghanistan und Irak

Die Entwicklung Libyens sehe ich in die Richtung Afghanistan und Irak driften. Es ist ein Land, das aus Stämmen besteht und keine einheitliche Struktur aufweist. Aus der Ostprovinz des Landes stammen zahlreiche Kämpfer von Al-Kaida, mehr als aus jedem anderen arabischen Land.

Die kehrten 2010 nach Libyen zurück und schlossen sich den Rebellen an. Aus den Grenzgebieten zu Mali und Algerien kamen Mitglieder der „Al-Kaida im islamischen Maghreb“ hinzu. Die Waffenlager des Regimes waren zuletzt leergeräumt. So fehlen Panzerabwehrraketen und rund 20.000 schultergestützte Luftabwehrraketen. Wir werden davon noch hören.

Front der Islamisten droht

Das Aufbegehren gegen Despoten in den Staaten des Nahen und Mittleren Ostens ging von Menschen aus, die an die Demokratie glauben und sich ein besseres, freieres Leben erhoffen. Inzwischen versuchen Al-Kaida und Islamisten diese Bewegung in eine arabische Revolution umzudeuten und davon zu profitieren. Ich gehe fest davon aus, dass die am besten organisierten islamistischen Kräfte in den Ländern des Nahen und Mittleren Ostens auch am stärksten in der breiten Bevölkerung verankert sind und die politische Führung übernehmen werden.

Ägypten: Islamisten erringen überragenden Wahlsieg

Der große Wahlsieg islamistischer Kräfte in Ägypten Anfang Dezember 2011 mit einem Sitzanteil von bislang knapp 50 % für die Moslembruderschaft und 20 % für die Salafisten bestätigt meine Einschätzung, dass diese Kräfte letztlich obsiegen. Das ist der Lohn jahrelanger Basisarbeit. Die liberalen Parteien traten zersplittert an, stellten 24 der insgesamt 28 Listen und schnitten schlecht ab. Ihr Wahlkampf richtete sich gegen die islamistischen Parteien. Mit ihren Warnungen und Ängsten erweckten sie den Eindruck, als lägen sie auf der Linie des Militärregimes und verträten die Interessen der Reichen, Christen und Atheisten. Reiche und Liberale stehen pauschal im Verdacht, zu den so genannten Dieben zu zählen. Damit sind die Günstlinge des alten Regimes gemeint, die sich auf Kosten des Volkes bereichert haben. Die beiden liberalen Parteien Wafd (mit einer erfolgreichen hundertjährigen Tradition) und die der so genannten

Freien Ägypter haben eine Führung von wohlhabenden Geschäftsleuten mit eigenen TV-Kanälen. Trotzdem erreichte die Wafd lediglich 6 % Stimmenanteil. Und das säkulare Wahlbündnis Permanente Revolution, in dem sich fünf revolutionäre Gruppen gesammelt haben, kam auf mickrige 2 %. Insgesamt erreichten die säkular-liberalen Parteien nur 20 %.

Ägypten: Islamisten gegen Militärherrschaft

Im Vergleich dazu entfielen mehr als 60 % der Stimmen auf islamistische Parteien, und zwar auf die Moslembruderschaft (rund 40%) und auf die noch radikalere salafistische Partei Al Nour (rund 25%). Letztere fordert den absoluten Vorrang der Scharia im Rechtssystem und lehnt eine Verfassung, Parteien sowie die Marktwirtschaft ab. Die Moslembruderschaft will das Gleiche, nur über ein geschicktes Doppelspiel etwas „sanfter“, zum Beispiel über „Selbstzensur“ und „Sittenkodex“. Das ägyptische Volk lehnt säkulare Gruppen entschieden ab. Der gewünschte radikale Wandel zeigt sich deutlich im Wahlergebnis. Die Geschichte von Revolutionen lehrt, dass sich gegenüber den Gemäßigten zunächst die Extremisten durchsetzen. Die religiös auftretenden Islamisten vermitteln den Eindruck von Ordnung, Sicherheit und nationaler Identität unter dem Banner der Religion. Sie werden sich jetzt gegen die Militärherrschaft durchsetzen.

Gefahren durch ein neues Osmanisches Reich unter Führung der Türkei

Ich sehe – ähnlich wie Peter Scholl-Latour – sogar die Gefahr, dass die Türkei die Entwicklungen im Nahen und Mittleren Osten nutzen könnte, um ihren Machtbereich auszudehnen. Aus den Reden und Handlungen des türkischen Staatschefs Recep Tayyip Erdogan ergibt sich die Absicht, an die Größe des Osmanischen Reichs anknüpfen zu wollen. Auf dieser Linie würde eine sich allmählich abzeichnende Achse

Ankara-Kairo bewegen. Deren Ziel wäre Saudi-Arabien wegen des immensen Erdölreichtums und dessen Bedeutung für die Versorgung des Westens.

Der Westen schätzt die Bedrohungslage völlig falsch ein. Die Schwäche ist die von mir bereits im Jahr 2001 beschriebene imperiale Überdehnung des Westens – und hier insbesondere die der USA. Der Angriff wird somit aus einer völlig anderen Richtung kommen. Ich analysierte Ihnen die stark gestiegenen Gefahren für verheerende terroristische Anschläge. Hinzu kommt im Nahen und Mittleren Osten eine Entwicklung, die das sympathische Streben nach Freiheit durch extremistisch-islamistische Kräfte durchkreuzt.

Meine Einschätzung: Ich warne nachdrücklich im dritten Jahr hintereinander vor Auswirkungen sich zuspitzender geopolitischer Gefahren. Diese Prognosen werden zunehmend erfüllt, und die Probleme eskalieren weiter. Ich sehe hier 2012 als ein Schlüsseljahr für die weitere Entwicklung.

Der Westen ist zu sehr mit sich selbst beschäftigt: mit der Überschuldung, dem Euro und auch dem schwächelnden US-Dollar! Die dramatischen Entwicklungen außerhalb unserer „kleinen Welt" interessieren kaum. Wegen unserer eigenen Probleme nehmen wir überhaupt nicht wahr, welche bahnbrechenden Umwälzungen unsere Aufmerksamkeit und unser Tätigwerden wirklich erfordern.

OXFORD CLUB Communiqué 3/2011

Harvard-Historiker sieht Kairo als zweites Teheran

Anfang 2011 erschienen Interviews, unten anderen im *Handelsblatt* und in *Welt online,* über die aktuellen Einschätzungen von Niall Ferguson. Wir haben bereits früher auf diese Kapazität Bezug genommen. Hier sind die wichtigsten Einschätzungen des renommierten Harvard-Historikers:

- Kairo ist nicht Berlin oder Prag, sondern ähnelt eher Teheran. 1989 ereignete sich der Fall der Berliner Mauer als ein Beispiel für die friedliche Revolution im Osten. Dem stand 1979 der Sturz des Schah-Regimes im damaligen Persien gegenüber, der im Fundamentalismus endete.
- Die demokratische Opposition ist in den arabischen Ländern schlecht organisiert. Dieses Machtvakuum könnten islamistische Fundamentalisten füllen.
- Der Westen unterschätzt die wirtschaftlichen Gefahren eines politischen Flächenbrands.
- Diese Entwicklung kann sehr rasch ablaufen und auch Saudi-Arabien erreichen.
- Israel befindet sich in unmittelbarer Gefahr. Das trifft besonders für den Fall zu, dass die Fundamentalisten Ägypten übernehmen sollten.
- Darüber hinaus kann der internationale Handel beeinträchtigt werden.
- Die Rohstoffpreise könnten massiv ansteigen.
- Ein dauerhafter Sprung des Ölpreises über die Marke von 100 US$/ Barrel würde das laufende US-Konjunkturprogramm zunichtemachen.
- Der Westen muss äußerst vorsichtig sein. Da westliche Regierungen die autoritären Regime der arabischen Staaten lange gestützt haben,

befinden sie sich jetzt im Dilemma zwischen dem Wunsch nach alter Stabilität und neuer Demokratie.

- Die Kausalkette ging von der Finanzkrise aus. Diese hat die Weltwirtschaft und damit auch die armen arabischen Länder erreicht. Hier zerbrechen aktuell die politischen Ordnungen.

Meine Einschätzung: Der Wirtschaftshistoriker Niall Ferguson ist Professor für Geschichte an der US-Elite-Universität Harvard. Er ist einer der bekanntesten Wirtschaftshistoriker der jüngeren Generation und beschäftigt sich mit der angelsächsischen und der deutschen Geschichte. Bekannt wurde er durch seine Studie über den Ersten Weltkrieg („Der falsche Krieg") und sein Buch „Aufstieg des Geldes. Die Währung der Geschichte" (Econ, Berlin, 24,90 €). Seine aktuelle Einschätzung der Lage in Nordafrika deckt sich weitgehend mit meiner, wie sie Ihnen seit inzwischen seit einigen Jahren aus meinen geopolitischen Analysen bekannt ist.

Internationale Finanzmärkte: Antizyklik bringt Ihnen dauerhaft die größten Erfolge

„Kein Unglück ist in Wirklichkeit so groß wie unsere Angst."
Franz Werfel, 1890 bis 1945, österreichischer/US-Schriftsteller
(u. a. „Das Lied der Bernadette" und „Die vierzig Tage des Musa Dagh")

Wir Menschen werden in unserem Leben von zwei großen konträren Gefühlen getrieben: Gier und Angst. Auch als Anleger treiben wir zwischen diesen beiden Extremen.

Zum einen ist es die Gier nach mehr, nach Gewinnen, Performance, hoher Rendite („Je mehr er hat, je mehr er will"). Niemand möchte als Verlierer gelten. Die Beispiele der anderen, der Gewinner, lassen keine Ruhe. Mancher Mensch definiert sich über seinen Kontostand. Mir fällt dann immer ein Spruch des legendären André Kostolany ein: „Ich weiß nicht, wie Sie schnell reich werden. Aber ich weiß, wie Sie schnell arm werden: Wenn Sie versuchen, schnell reich zu werden."

Zum anderen ist da das Grundgefühl der Angst, vor Verlusten, immer noch mehr zu verlieren, zu scheitern, womöglich alles zu verlieren, ein „Versager" zu sein.

Panik und Gier sind schlechte Ratgeber. Ein Blick auf die Aktienmärkte veranschaulicht das gut. Ende der 1990er Jahre war die Ära des „Easy Living". Gewinne sprudelten nur so. Wer nicht in Aktien spielte (Investieren war schon altmodisch), der galt als schlichtweg dumm. In einem deutschen Wirtschaftsmagazin wurde unter anderem EMTV zum Kauf vorgeschlagen. Argument: Die Aktie hat sich verdreihundertfacht, setzen

Sie jetzt auf die nächste Vervielfachung des Kurses. Wer diesem Rat folgte, verlor sein Geld.

Als ich ab dem Herbst 1999 vor Hightech-Aktien, dem Neuen Markt und der Blase der New Economy immer vehementer warnte – und zu Edelmetallen riet –, galt ich nicht wenigen Anlegern als jemand, der die neue Anlagewelt nicht verstanden hat. Im März 2000 platzten die Illusionen über immer sprudelnde Gewinne, im September 2001 entstand Panik nach den Terroranschlägen, und 2003 erreichte der Pessimismus einen Hochpunkt. Das war wiederum die Zeit, massiv Aktien zu kaufen, wozu ich riet.

2007 endete auch diese Hausse an den Aktienbörsen, eine in der Finanzgeschichte größten, und mündete in die zweitgrößte Baisse seit den 1920er Jahren. Frappierend war die Schnelligkeit und Tiefe der Abstürze in den Aktienkursen. Es gab keinen Platz, um sich zu verstecken. Drittelungen der Kurse auch großer Standardwerte waren normal, Nebenwerte verloren durchaus bis zu 90 %. Panik dominierte. Medien sahen keine Hoffnung mehr. Aufgabestimmung grassierte. Der Pessimismus erreichte seinen Hochpunkt Anfang 2009. Ich wies auch zu diesem Zeitpunkt auf die positiven Signale hin, sowohl für die weltweite Konjunktur als auch für die Aktienbörsen, und riet zu massiven Käufen. Die Aufwärtsbewegung schätzte ich damals auf eine Dauer bis ins Jahr 2011 hinein.

Dieses Kapitel habe ich untergliedert in einen Rückblick auf die Aktienmärkte sowie in einen zu den Rohstoffen.

Vorab zu den Aktienbörsen: Für zahlreiche Aktien sehe ich vor dem Hintergrund des tiefen Pessimismus zu Beginn des Jahres 2012 erst einmal eine überfällige Erholung der Kurse. Hier wurde ab Herbst 2011 nach unten übertrieben. Verstärkt wurde dieser Trend noch durch steuerlich bedingte Verkäufe nordamerikanischer Anleger gegen Ende 2011.

Allerdings bin ich dann skeptisch gegenüber der Nachhaltigkeit der Erholung. Und hier vertrete ich wieder eine andere Erwartung als etliche

Value-Aktien-Ratgeber, die seit geraumer Zeit zu Aktienkäufen auf breiter Front raten. Sie kennen mein Kapitel über die Geopolitik. Hier sehe ich empfindliche gravierenden negativen Auswirkungen im Jahr 2012, schlimmer als 2001 mit den damaligen Störungen. Diese werden eine zarte Erholung der weltweiten Konjunktur im Keim ersticken und die Panik extrem ansteigen lassen.

Ich bin kein Untergangsprophet, glaube nicht an den Maya-Kalender und andere düstere Prophezeiungen. Für dieses Jahr halte ich lediglich eine massive Störung der wirtschaftlichen Entwicklung für hoch wahrscheinlich. Solche hat es in der Geschichte immer gegeben und wird es auch künftig immer mal wieder geben. Davon geht die Welt nicht unter. Aber eine solche Panik bringt die Aktienkurse weit nach unten. Es lohnt sich dann, wenig betroffen zu sein, einen kühlen Kopf zu bewahren und entgegen der dann vorherrschenden Aufgabestimmung in die Zukunft zu investieren. Die von mir praktizierte antizyklische Investmentstrategie zielt darauf ab, gegen einen breiten Konsens, bei dem alle nur noch in eine Richtung denken, anders zu handeln. Das war langfristig bislang erfolgreich, stellt aber vor immer neue Herausforderungen. Wie sagte der griechische Philosoph Heraklit (550 bis 480 vor Christus) so treffend: „Nichts ist so beständig wie der Wandel." Nutzen wir ihn gemeinsam!

Allgemeine Aktienmarkt-Entwicklungen der vergangenen Jahre

In den vergangen Jahren habe ich immer wieder den Verlauf der Aktienmärkte für Sie analysiert und prognostiziert. Zunächst möchte ich Ihnen einige aktuelle Einschätzungen zur Lage am Anleihenmarkt und an den großen Börsen vermitteln. Als Beweis für die Stichhaltigkeit meiner Befunde möchte ich Ihnen außerdem meine Analysen aus dem Jahr 2008/2009 nicht vorenthalten – Sie werden sehen, dass sie nahezu 1:1 eingetreten sind.

OXFORD CLUB Communiqué 1/12

Trendprognose: Gefährliches 2012 – mit Gold und Silber sicher durch die Krise

Für das Jahr 2012 habe ich für Sie im Folgenden die wesentlichen Inhalte meiner Vorträge aus den jüngsten Mitgliederversammlungen und aus der *OXFORD CLUB Eildepesche* kurz zusammengefasst.

Aktuelle Prognosen für 2012

- Kurzfristig: Stimmung ist weit schlechter als die Lage, Aktienbörsen allgemein vor einer Erholung ins Frühjahr 2012 hinein.
- Seit der zweiten Jahreshälfte 2011 schwächt sich die konjunkturelle Entwicklung weltweit ab. Innerhalb 2012 dürfte es infolge exogener Ursachen (Geopolitik, Naturkatastrophen) zu einem deutlichen Knick kommen.
- Anleihen: Blase und hohes Risiko – auch Staatsanleihen weiter meiden!
- Vertrauenskrise für alle Papierwährungen bleibt bestehen.

- Krieg um Rohstoffe verschärft sich langfristig, kurzfristig sind die Rohstoffpreise gefährdet beim Rückschlag der Konjunktur.
- Haupttrend: Inflation statt Deflation.
- Naturkatastrophen nehmen weiter sprunghaft an Umfang zu, bedrohliche Auswirkungen.
- Größte Gefahr aus der Geopolitik: Terroranschläge, Unruhen, Kriege.
- Sachwerte schlagen Papierwerte.
- Größte Chancen bei Gold und Silber.

Fazit: Sachwerte schlagen Geldwerte – Top-Investments: Gold und Silber sichern Sie ab

Trendprognosen bleiben für Gold 3.000 US$ und für Silber 100 US$/Unze. 2012 wird ein unruhiges Jahr – mit großen, negativen Überraschungen. Krisen spitzen sich drastisch zu, und zwar sowohl durch Naturkatastrophen als auch durch geopolitische Querschläge (Kriege, Anschläge). Bleiben Sie Ihren Edelmetall-Investments treu, und stocken Sie sie weiter auf!

Für die internationalen Aktienmärkte sehe ich vor diesem Hintergrund einen guten Start zum Jahresbeginn 2012 – entgegen der allgemein grassierenden negativen Stimmung. In die anziehenden Aktienkurse werde ich dann – wie zuvor um die Jahreswende 2010/2011 – Aktieninvestments weiter abbauen. Im Laufe des Jahres rechne ich aufgrund der angesprochenen massiven geopolitischen Störungen und aufgrund von großen ungewöhnlichen Naturereignissen mit Panikreaktionen an den internationalen Aktienmärkten. Die dann signifikant noch niedrigeren Kurse als derzeit können allerdings mutig für neue Käufe genutzt werden. Dazu werde ich die Details im *OXFORD CLUB Communiqué* und in der *OXFORD CLUB Eildepesche* zeitaktuell nennen. Das sprengt den Rahmen eines Buches.

Die hohe Risikoscheu der breiten Masse der Anleger führt zur anhaltenden Flucht in vermeintlich sichere Staatsanleihen, insbesondere der USA und Deutschlands. Beispiele von Ende Januar 2012: Rendite der Bundesanleihen auf 30 Jahre 3,25%, auf 2 Jahre 0,17% und auf 1 Jahr 0,07%, für die US-Bonds/Notes auf 30 Jahre rund 3%, auf 10 Jahre rund 2%, auf 2 Jahre rund 0,22% und auf 1 Jahr rund 0,10%. Dies ist für mich Risiko ohne Rendite, da die unerfüllbaren staatlichen Versprechen keine Sicherheiten sind.

OXFORD CLUB Communiqué 12/2011

US-10-Jahres-T-Bonds: Anleger kaufen zum höchsten Preis der vergangenen 55 Jahre!

Anleger flüchten in den vermeintlich sicheren Hafen auch von US-Schatzanleihen. Beispiel sind die 10-Jahres-T-Bonds. Übersehen wird dabei, dass dafür gegen Ende des Jahres 2011 der höchste Preis der mehr als 55 vergangenen Jahre gezahlt wird. Das zeigt Ihnen eindrucksvoll der folgende Chart. Das letzte Mal gab es eine solch niedrige Rendite für die 10-Jahres-T-Bonds im Jahr 1954! Mit auf Dauer steigenden Zinsen ergeben sich für diese Papiere erhebliche Kursverluste. Meiden Sie generell alle Anleihen – nicht nur US-Anleihen – mit einer Restlaufzeit von mehr als zwei Jahren!

Meine Einschätzung: Gerade in den Anleihemärkten hat sich eine enorme Blase gebildet. Innerhalb der vergangenen rund zehn Jahre stieg der Gesamtwert von Staats- und Unternehmensanleihen sowie Bankschuldverschreibungen von rund 15 Bio. US$ auf rund 98 Bio. US$ Anfang 2011 (98.000.000.000.000.000 US$). Das ist mehr als das Doppelte der Aktienbörsenkapitalisierung vom 18.11.2011 von rund 46 Bio. US$. Die von mir immer so vehement kritisierten Derivate, die Kunstprodukte der Finanzwelt, von rund 700 Bio. US$ – den modernen Turmbau zu Babel – beziehe ich noch einmal ein. Wie so oft, schaut die Mehrheit auf die Gefahren der Aktienmärkte – in die falsche Richtung. In den Staatsanleihen erhalten Sie heute Risiko ohne Rendite. Und angesichts oft negativer Realzinsen (Nominalzinsen unterhalb selbst der manipulierten offiziellen Inflationsrate) verlieren Sie permanent an Kaufkraft.

OXFORD CLUB Communiqué 3/2009

Gigantische Mengen an geparkter Liquidität werden zu einem Aufschwung an den Aktienbörsen führen!

Die Europäische Zentralbank (EZB) hat – wie ich Ihnen prognostiziert hatte – Mitte Januar 2009 den Leitzins gesenkt, und zwar um 50 Basispunkte auf 2 %, also seit dem 8. Oktober 2008 um inzwischen insgesamt 225 Basispunkte.

IWF-Chef: Europa liegt „hinter der Kurve"

Insgesamt reichen die Bemühungen der beiden deutschen Konjunkturpakete nicht – sie sind zu halbherzig. Der Chef des Internationalen Währungsfonds, Dominique Strauss-Kahn, bezeichnete die Bemühungen der europäischen Staaten diplomatisch, aber zutreffend, als „behind the curve", da nach Ansicht des IWF die globalen Verluste aus Abschreibungen und Gewinnrückgängen die Summe von 1,4 Bio. US$ aktuell überschreiten. Wir liegen tatsächlich hinter der Kurve. Hier zu Lande bzw. in weiten Teilen Westeuropas fehlen einfach der Sinn und die Kompetenz in der Spitzenpolitik für den Umfang und die Schwere der Krise. Das kritisiere ich mittlerweile seit dem Jahr 2008.

Die Überraschung: Schnellere Konjunkturerholung als erwartet!

Mein Fazit bleibt, dass Regierungen und Notenbanken beim rechtzeitigen, beherzten Handeln bereits im Jahr 2007 mit einem Bruchteil des heutigen Aufwands ausgekommen wären. Die weltweit geschnürten Rettungspakete der Regierungen (es wird noch nachgesattelt werden) sowie die inzwischen immer massiveren Entlastungen durch die Notenbanken werden letztlich dafür sorgen, dass wir nicht in die vielerorts befürchtete Depression abgleiten werden. Die Wirtschaft wird sich weltweit weitaus rascher erholen als allgemein angenommen. Diese Entwicklung werden die Aktienkurse mit zeitlichem Vorlauf von bis zu etwa neun Monaten vorwegnehmen. Inzwischen lag der Preis für das Barrel Erdöl sogar unter der Marke von 40 US$ und war damit einer der Hauptgründe für Deflationsängste. Ich sehe das positiv! Die Fast-Viertelung des Erdölpreises innerhalb nur eines halben Jahres, so stark wie niemals zuvor in der Geschichte, ist eine weltweit massive Entlastung der Konjunktur.

Gold- und Silberaktien hängen stark am allgemeinen Aktientrend – aber Gewinnexplosionen in Sicht wegen niedriger Energiepreise!

Gold- und Silberaktien werden unmittelbar beeinflusst durch die Trends an den allgemeinen Aktienmärkten. Auch eine Reaktion des Ölpreises zurück auf das Level von zum Beispiel 55 US$/Barrel würde immer noch bewirken, dass die Gewinnmargen zahlreicher Unternehmen erheblich steigen und somit höhere Gewinne erzielt werden. Diese Entwicklung begünstigt besonders die Minenaktien. Mit dem weiteren Anstieg der Preise für Gold und Silber wird immer mehr Anlegern vor Augen geführt, dass viele Gold und Silberaktien unglaublich niedrig bewertet sind. Kapital fließt zunehmend in die physischen Edelmetallmärkte und wird künftig auch den Aktien dieses Sektors zu Gute kommen.

Diese Entwicklung dürfte sich noch beschleunigen, wenn die physische Knappheit der Edelmetalle noch deutlicher wird. Die Nachfrage nach Edelmetallaktien wird auf einen vergleichsweise winzigen Markt stoßen und zu scharfen Rallyes führen.

Aktienmärkte allgemein vor Aufschwung – hohe Cash-Reserven an der Seitenlinie!

Derzeit sehe ich eine Reihe langfristig erfolgreicher Indikatoren für eine starke Aufwärtsbewegung an den Aktienbörsen: Aktuell sind allein in den

USA etwa 8,9 Bio. US$ in Cash, Sparguthaben und Geldmarktfonds geparkt. Das entspricht umgerechnet rund 75 % des derzeitigen Börsenwerts sämtlicher börsennotierter US-Unternehmen! Dieser hohe Wert wurde zuletzt im Jahr 1990 erreicht. Wie damals übersteigt auch heute das Vermögen dieser geparkten Liquidität den Gesamtwert der Investments in US-Aktienfonds! Angesichts der für Geldmarktanlagen gezahlten Mini-Zinsen ist es nur eine Frage der Zeit, wann ein Teil dieser Mittel wieder zurück an die Aktienbörsen fließt, um dort höhere Gewinne zu erzielen. Minus hatten wir nur zweimal zuvor in der Finanzgeschichte, und zwar 1938 und 1939! Jedes Mal folgte ein kräftiger Anstieg der Aktienbörsen.

Gewinnrendite von US-Unternehmensgewinnen um über 5% über der von US-Treasuries!

Und gleich ein weiteres Extrem! Die durchschnittliche Gewinnrendite der Aktien – gemessen am Mittelwert der US-Unternehmensgewinne der vergangenen fünf Jahre im Vergleich zum heutigen Börsenwert – ist in der Relation zu den Zinsen von US-Staatsbonds so hoch wie zuletzt in der Weltwirtschaftskrise der 1930er Jahre. Die Gewinnrendite liegt derzeit um beachtliche 5,2 % über dem Zins von US-Staatsanleihen. Dieser Wert liegt damit über den Marken der Aktientiefs der Jahre 1974, 1982, 1987 und 2002. Die Aktienbörsen stiegen nach diesen vier genannten Tiefs in den folgenden zwölf Monaten um jeweils 60 % an!

20-Jahres-Tief bei Investment-Ratgebern!

Die Stimmung der Anlageberater ist auf ein 20-Jahres-Tief gesunken – ein krasser Kontraindikator. Sie kann sich nur noch verbessern, und damit werden die Aktienkurse steigen. Die Masse ist momentan noch stark verängstigt und wird erst wieder zugreifen, wenn sich die Lage beruhigt hat. Sobald sich die Konjunktur zu bessern beginnt, werden die Aktienmärkte in bekannter Art vorweglaufen und markant anziehen – erfahrungsgemäß rund sechs bis neun Monate vor der Konjunktur. Das erklärt, warum die höchsten Aktiengewinne in der zweiten Hälfte einer Rezession erzielt werden.

Globale Aktienmärkte von 2004–2008 in Bio. US$

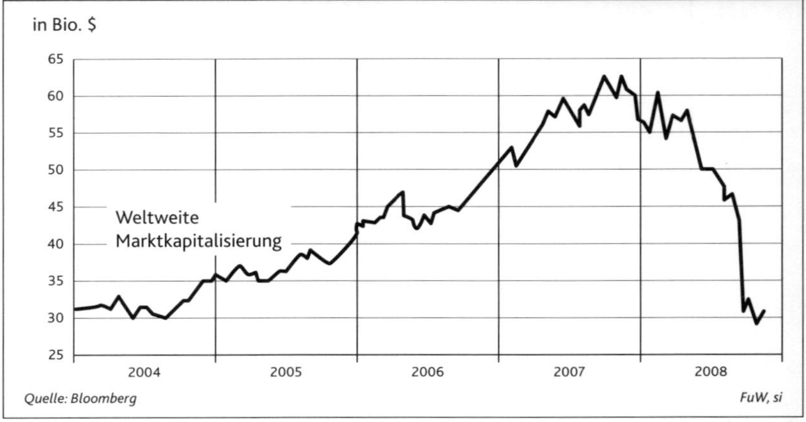

Globale Aktienmärkte brachen 2008 massiv ein – von mehr als 60 Bio. US$ Marktwert auf unter 30 Bio. US$. Ratgeber waren geschockt!

OXFORD CLUB Communiqué 2/2009

2009 – alle Anzeichen für ein gutes Aktienjahr!

Zu den Quellen gelangt man gegen den Strom!
Stanislaw Jezy Lec, polnischer Satiriker, 1909 bis 1966

Meine historisch bislang stets zuverlässigen Indikatoren meldeten im zweiten Halbjahr 2008 steigende Aktienkurse, was dann allerdings in der Folge nicht eintrat. Es hat sich damit ein immer größerer Nachholbedarf und somit für die internationalen Aktienbörsen ein erhebliches Kurspotenzial aufgestaut. Dieses wird durch die inzwischen massive Notenbankpolitik forciert. Die USA praktizieren historisch erstmals eine Nullzinspolitik.

Wenn von Blasen an den Börsen geredet wird, sind die keinesfalls in den Aktienmärkten, sondern vielmehr in den Anleihemärkten vorhanden.

Genau dorthin, in die vermeintliche Sicherheit, flüchten Anleger in der Finanzkrise. Bonds sind im Vergleich zu Aktien längst nicht mehr konkurrenzfähig. Das beweist Ihnen deutlich der Anleihen-Chart zum US-Bondsmarkt in meinem folgenden Marktkommentar! Ein Bild sagt bekanntlich mehr als 1.000 Worte.

Sturz des Ölpreises – ein gigantisches Konjunkturprogramm!

Der Ölpreis kollabierte geradezu bis sogar unter 40 US$/Barrel vor dem Jahreswechsel. Nur ein halbes Jahr zuvor lasen Sie bei einem Preis von knapp 150 US$/Barrel Schlagzeilen von „Peak Oil“ und Kurszielen von 200 US$/Barrel, 300 US$ oder höher. Der folgende einmalige Sturz des Ölpreises ist eine gigantische Entlastung von Konsumenten und Unternehmen in der ganzen Welt. Freut sich jemand? Nein, alle maulen über die fallenden Ölpreise als Zeichen einer Deflation! Die aktuelle rabenschwarze Stimmung übertrifft noch die des Jahres 2003. Damals folgten dann vier gute Aktienjahre auf die Baisse. Die Stimmung drehte gegen die uniforme Erwartung der Masse der Analysten und Medien nach oben. Gleiches werden wir jetzt wieder erleben: Seien Sie dabei! Je weniger Optimisten für Aktien es gibt und je weniger Geld in Aktien investiert ist – nach dem Horrorjahr 2008 verständlich –, desto höher aber ist das Aufwärtspotenzial für die kommenden Jahre.

Hedgefonds massiv unter Verkaufsdruck – Goldaktien historisch tief bewertet!

Es gibt erste Anzeichen, dass sich die Märkte endlich wieder stabilisieren. Die Regierungen, zuletzt auch die der Euro-Region, sind endlich wach geworden und greifen massiv ein. Die *Financial Times* errechnete, dass die Euro-Region inzwischen mit einer Gesamtsumme reagiert, die die Marke von 1,8 Bio. € übersteigt. Das hätten die Regierungen früher und weitaus preiswerter haben können. Aber so ist die Politik! Die Exzesse der vergangenen Monate sind auf folgende Ursachen zurückzuführen:

- Margin Calls, d. h. von Anlegern auf Kredit vorgenommene Wertpapierkäufe, haben infolge des Kursverfalls keine Deckung mehr und werden von den Banken gekündigt.
- Kredite von Unternehmen werden von Banken gekündigt, weil die Deckung durch die eigenen Wertpapiere nicht mehr ausreicht.
- Investoren verlieren die Nerven und liquidieren ihre Depots, um das verbliebene Kapital zu sichern.
- Investmentfonds leiden unter Rückgaben von Anteilscheinen. Anleger geben infolge der enttäuschenden Performance sowie aus Angst vor weiteren Verlusten auf und verkaufen. Damit sind die Fonds gezwungen, um jeden Preis zu verhökern, um die Gelder auszahlen zu können.
- Hedgefonds, die ihre Anlagen über Kredite hebeln, erhielten die Kreditlinien gekürzt oder sogar gestrichen und mussten somit ihre Positionen abstoßen.
- Leerverkäufe wurden in den vergangenen Monaten besonders auch – nach teilweisen Verboten im Finanzsektor – in den Edelmetall- und Rohstoffmärkten eingesetzt, vor allem in der Variante ungedeckter Shortverkäufe.

Das waren die wichtigsten Faktoren, geschürt von Massenhysterie in der Berichterstattung der Medien, die zu einem sich selbst verstärkenden Teufelskreis führte, der im Oktober 2008 sogar in eine Panikphase von Jahrhundertcharakter mündete. Auch in den vergangenen Wochen stürzten die internationalen Finanzmärkte auf breiter Front weiter ab. Das reflektiert die extreme Unsicherheit der Anleger und insbesondere die Angst vor einer tiefen, möglicherweise lang anhaltenden Rezession. Die Panik eskalierte geradezu durch „Margin calls" und zwangsweise Auflösungen kreditfinanzierter Positionen bei Hedgefonds.

Angst vor einer Weltrezession, bis hin zur Depression!

Die Krise an den Finanzmärkten und die damit verbundene Angst vor einer tiefen Weltrezession beschleunigten sich mittlerweile in einen selbst verstärkenden Prozess. Inzwischen prägen nicht mehr nur Rezessions-, sondern sogar Depressionsängste die internationalen Aktienmärkte.

Viele angeschlagene Hedgefonds müssen derzeit um jeden Preis verkaufen. Anleger haben in letzter Zeit auch umfassend Kapital aus den Emerging Markets abgezogen, so dass dort Liquiditätsengpässe entstanden sind.

Sinkende Preise auf breiter Front

Die Preise für Kupfer, Nickel, Zink und Blei sinken, auch der Uran-Spotpreis ging auf 46 US$/Pound zurück, während der Uran-Langzeitpreis mit 75 US$ unverändert blieb. Hedgefonds müssen ihre Positionen weiterhin liquidieren. Die Edelmetallmärkte weisen seit Beginn des Jahres starke Korrekturen auf. Gold ging um vergleichsweise moderate 15 % zurück, Silber verlor 39 %, Platin 47 % und Palladium 53 %. Goldaktien kippten durchschnittlich um sogar 61 % ab, während der Weltaktienindex MSCI um 42 % absackte.

Große Parallelen zur US-Rezession von 1990/91

Im Oktober verstärkte sich die Angst vor einer weltweiten Rezession. Zumindest in Nordamerika, Teilen Europas, Japan, Singapur und Australien ist eine rückläufige Konjunktur bereits Tatsache. Die beiden vergangenen Rezessionen ereigneten sich 2001 und 1990/91. Seit Ende des Zweiten Weltkriegs haben die USA zehn Rezessionen erlebt, mit durchschnittlich zehn Monaten Dauer. Die US-Aktienbörse verlor von ihrem vor der Rezession markierten Höchst- bis zum Tiefpunkt durchschnittlich 24,2 %.

Die Rezessionsphase 1990/91 weist die größten Parallelen zu heute auf.

- In den USA endete damals ein mehrjähriger Immobilienboom.
- Die Savings and Loans (Sparkassen-)Krise ließ die US-Bankenwelt in ihren Grundfesten erbeben.
- Der Konsum brach ein.

- Der erste Irak-Krieg ließ den Ölpreis explodieren.
- Börse und Wirtschaft litten noch unter der restriktiven Geldpolitik der US-Notenbank vom Ende der 1980er Jahre.

All das mündete in die US-Rezession von Juli 1990 bis März 1991. Der durchschnittliche Gewinn je Aktie der im S&P 500-Aktienindex notierten Unternehmen fiel von 1989 bis 1991 um leicht mehr als 30 %. Den Tiefpunkt erreichte der S&P 500-Index allerdings bereits im September 1990 – und damit nur zwei Monate nach Beginn sowie sechs Monate vor dem offiziellen Ende der US-Rezession.

US-Börse sollte das Schlimmste hinter sich haben!

Der S&P 500-Aktienindex hat im Jahr 2008 seit seinem Höchststand inzwischen 45 % verloren – und somit überdurchschnittlich nach unten korrigiert. Die Unternehmensgewinne sind – gemessen am Rekordjahr 2006 – bis zu 25 % gesunken. Das ist allerdings ausschließlich auf den Finanzsektor zurückzuführen.

Hier rechne ich mit Blick auf die Konjunkturdelle in 2009 auch noch mit einem Rückgang der Gewinne in der zyklischen Industrie. Die Konsensmeinung der Analysten, nach der die Gewinne der S&P 500-Unternehmen 2009 noch 20 % steigen könnten, ist für mich reines Wunschdenken. Schön, wenn es wirklich so käme. Ich rechne dagegen mit einem Gewinnrückgang um bis zu 50 %.

Doch der US-Aktienmarkt ist – auch unter Annahme eines deutlichen Gewinnrückgangs im Jahr 2009 – so günstig bewertet wie zuletzt 1982. Ähnliches trifft auf fast alle internationalen Aktienmärkte zu. Fixieren Sie sich nicht auf das Tagesgeschehen. Gehen Sie davon aus, dass der schlimmste Teil der Rezession vorüber ist und die Börsen vor dem Dreh nach oben stehen.

Lieferprobleme bei den physischen Edelmetallen

An den Märkten ist die Verknappung der physischen Lieferung von Edelmetallen frappierend. Das hat zu Wartezeiten von mehreren Wochen für die Auslieferung von Goldbarren geführt, und Goldraffinerien melden Rekorde an Aufträgen mit Lieferzeiten für Neuaufträge von bis zu zwei Monaten. Konträr dazu stehen die rückläufigen Notierungen an den Papiermärkten. Diese Anomalien werden sich auflösen, sobald sich die Stärke des US-Dollar infolge sinkender Rückführung von US-Geldern in die USA (Repatriierung) mildert. Das fundamentale Bild der Edelmetalle spricht für steigende Kurse, und das Angebot sinkt weiter. So kündigte beispielsweise North American Palladium kürzlich die Schließung einer Mine an. Ferner werden notwendige Investitionen nicht mehr vorgenommen. Diese wären dringend notwendig, um die sinkenden Reserven durch neue Vorkommen zu ersetzen. Das verringert das zukünftig vorhandene Angebot und vergrößert das Angebotsdefizit noch weiter. Für Palladium werden die Produktionskosten in Südafrika auf zwischen 250 und 300 US$/Unze geschätzt. Dem steht ein Kassapreis von nur 170 US$/ Unze gegenüber. Kein Betrieb kann bei solch roten Zahlen auf Dauer produzieren.

Auf der Nachfrageseite kaufen die industriellen Verbraucher verstärkt Edelmetalle. In Asien und Europa treten Privatanleger als Käufer auf. Diese smarten Anleger sehen Edelmetalle als sicheren Anlagehafen.

Nicht zu Unrecht, wenn Billionen US$ weltweit in verstaatlichte Marktführer in der Immobilienfinanzierung gesteckt werden, der weltgrößte Versicherungskonzern AIG aufgefangen wird, Schrottanleihen gekauft und ganze Bankensysteme rekapitalisiert werden müssen. Zuletzt wurden noch massive Pakte zur Konjunkturstimulierung gefordert und angekündigt. Sie werden kommen! Diese Entwicklungen schüren Unsicherheiten über die Finanzierbarkeit solch immenser staatlicher Ausgaben. Kluge Anleger sichern sich daher zu den heutigen Ausverkaufspreisen Edelmetallanlagen.

Deutliche Zinssenkungen etlicher Notenbanken!

Die US-Notenbank Fed hat Ende Oktober 2009 ihren kurzfristigen Leitzins von 1,5 auf 1 % gesenkt und damit bereits zum zweiten Mal innerhalb nur eines Monats die Geldpolitik weiter gelockert. Ziel war dieses Mal die Realwirtschaft. Verhindert werden soll eine sich vertiefende Rezession. Die Fed sorgt sich um rückläufige Konsumausgaben. Nach somit fünf Jahren und vier Monaten befindet sich der US-Leitzins erneut auf 1 %.

Parallel senkte auch die Bank of Japan im Jahr 2009 erstmals seit mehr als sieben Jahren den Leitzins und nahm den Tagesgeldsatz von 0,5 auf 0,3 % zurück. Die Europäische Zentralbank senkte ihren Leitzins um 0,5 % auf 3,25 %, die Schweizer Nationalbank um 0,5 % auf 2,0 % und die Bank of England sogar spektakulär um 1,5 % auf 3,0 %! Die EZB handelte wiederum nur halbherzig, weitere Zinssenkungen werden folgen.

Wichtiger als die Zinssenkung der US-Notenbank Fed ist derzeit jedoch der Erfolg der Commercial Paper Funding Facility. Die Fed kauft hier unbesicherte Geldmarkttitel, so genannte Commercial Papers, an. Diese von Banken und Unternehmen begebenen Papiere verfügen über eine Laufzeit von drei Monaten und dienen damit der kurzfristigen Refinanzierung. Die neue Kreditfazilität wirkte sogleich positiv, denn das Emissionsvolumen legte sofort massiv zu.

Extreme Tiefstbewertungen bei Goldaktien

Der Global-Gold-Index verlor 2008 nochmals kräftig – der Preis für das gelbe Edelmetall gab auf 734,30 US$/Unze nach. Liquidationsverkäufe durch Hedgefonds drückten die Goldaktien auf unglaublich tiefe Kurse. Historisch betrachtet, werden nordamerikanische Goldaktien zu einem Preis-Buchwert-Verhältnis von 2,3 am oberen Ende und 1,3 am unteren Ende gehandelt. Gegenwärtig beträgt das Verhältnis gerade noch 0,8. Das entspricht dem tiefsten Stand der vergangenen 30 Jahre. Gemessen am Goldpreis, sind die Goldaktien extrem niedrig bewertet.

Goldaktien sind auf dem attraktivsten Bewertungsniveau seit Jahrzehnten. Ein zuverlässiger Beurteilungsmaßstab ist die Relation vom Goldpreis zum HUI (Goldpreis dividiert durch Philadelphia Gold-Index – HUI). Seit 1987 betrug diese Kennzahl durchschnittlich 4,1. Nur sechsmal in den vergangenen beiden Jahrzehnten durchbrach diese Kennzahl das Verhältnis von 5,5, ein zuverlässiger Indikator eines stark überverkauften Marktes. Seit August dieses Jahres liegt die Kennzahl wieder über 5,5 – und zwar deutlich: Sie toppt zurzeit bei über 10 und damit sogar erheblich über allen historischen Extremwerten.

Allgemein gilt jetzt für Aktien:
Das ist eine selten gute Kaufchance!

Der Schub der Goldaktien nach oben hängt meiner Einschätzung nach ab von der Rückkehr von Stabilität und Vertrauen in das weltweite Kreditsystem. Wie Sie wissen, sind Goldaktien bereits seit geraumer Zeit höchst attraktiv bewertet. Inzwischen hat das Kursniveau allerdings zuvor unvorstellbare Ausverkaufspreise erreicht. Sie sind ein Schreckensszenario für uns alle. Diese Ausverkaufskurse werden sich im Rückblick von einigen Monaten als Jahrhundertchance für Investments zeigen.

Rückblick: Sie sehen deutlich, wie die Aktienmärkte auf den geradezu rabenschwarzen Pessimismus im Frühjahr 2009, als geradezu einhellig der „Weltuntergang" für Wirtschaft und Aktienbörse beschworen wurde, dann eine massive Aufwärtsbewegung zahlreicher Aktienkurse einsetzte und eine der stärksten Aufwärtsbewegungen der Finanzgeschichte, reagierten. Dazu trug die Lockerung der internationalen Notenbanken entscheidend bei. Und alle Anleger, die sich voller Panik zuvor zu niedrigen Kursen von ihren Aktien getrennt hatten, schauten zunächst fassungslos zu, hofften wieder auf die Tiefkurse vom März 2009 und verpassten die enorme Erholung.

5-Jahres-Chart S&P500-Aktienindex

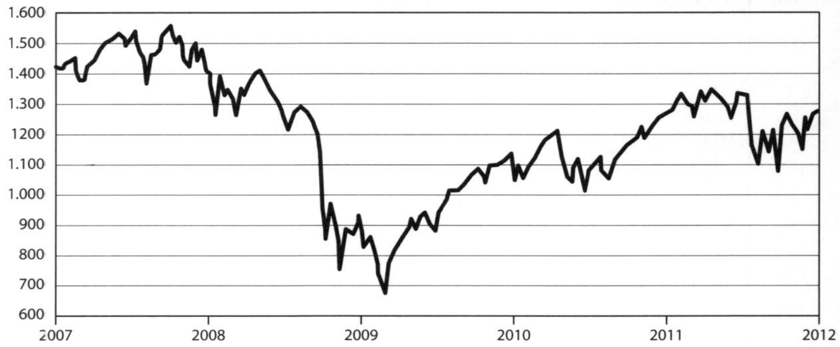

... Absturz in 2007, Tief im März 2009 und Aufstieg bis Mitte 2011!

Vergessen Sie Rohstoffe nicht!

Die Sektoren der Rohstoffe und Rohstoffaktien unterliegen einer hohen Volatilität. Sie können die großen Kursbewegungen als Anleger hervorragend zum Auf- und Ausbau von Gewinnen nutzen. Klassisch ist das besonders bei Erdöl und Kupfer möglich.

Sie lesen im Folgenden meine Analysen über nachhaltige Veränderungen auch für zahlreiche Rohstoffe. Hier ist seit Jahren mit China ein großer Aufkäufer aktiv, der sich für seine Papier-US-Dollar echte Werte, also auch verstärkt Rohstoffe kauft. Angesichts der boomenden einheimischen Wirtschaft mit jährlichen Wachstumsraten um die 10 % entwickelt das Reich der Mitte einen schier unersättlichen Appetit auf Rohstoffe und nimmt diese praktisch wie ein riesiger Staubsauger auf. Dabei steht für Peking nicht so sehr der aktuelle Preis im Vordergrund – wie klassisch für die westlichen Akteure mit ihrem Denken in Quartalsabschlüssen -, sondern die langfristige Versorgungssicherheit der einheimischen Wirtschaft. Statt taktischer Spielchen dominiert das strategische Denken.

Dabei geht Peking auch nicht zimperlich vor. Das musste im Jahr 2010 Japan bei den Seltenerdmetallen erfahren, als China sein Beinahe-Monopol von damals 97 % weltweit bei diesen in modernen Technologie unersetzlichen Rohstoffen in einen zeitweiligen Boykott Japans einsetzte.

Lesen Sie zum Thema „Rohstoffe“ die Hintergründe über eine sich auch dort nachhaltig ändernde Welt.

OXFORD CLUB Communiqué 12/2010

Paradigmenwechsel für Rohstoffe – Teil I: China kauft aus strategischen Gründen!

Weitgehend immer noch unbemerkt erstreckt sich die Abhängigkeit der USA – und auch anderer Industriestaaten – auf inzwischen immer mehr Rohstoffe, und zwar insbesondere auf Molybdän, Wolfram, Zink, Nickel, Chrom bis hin zu den Seltenen Erden und Seltenen Metallen. Auf der anderen Seite brauchen die Emerging Markets, allen voran China, riesige Mengen an Rohstoffen für den Aufbau ihrer Infrastruktur und treiben über ihre schier unersättlich erscheinende Nachfrage die Preise nach oben.

Für China hat Versorgungssicherheit mit Rohstoffen oberste Priorität

Dabei stellen die aufstrebenden Märkte die Absicherung ihrer Rohstoffversorgung in den Vordergrund und verändern auf diese Weise das geopolitische Kräfteverhältnis. Größte Sorge Chinas ist seine ausreichende und sichere Versorgung mit Rohstoffen, um seine Infrastruktur auch weiterhin auf- und ausbauen zu können. Ziel ist die Fortentwicklung der einheimischen Volkswirtschaft. Inzwischen nutzt China verstärkt seine Papiergeldreserven, um mit den insbesondere immer wertloser werdenden US$ weltweit Rohstoffvorräte und Unternehmen oder Beteiligungen dieses Sektors zu erwerben und sich auf diese Weise den langfristigen Zugang zur ausreichenden Versorgung mit unverzichtbaren Rohstoffen zu sichern.

Blicken wir zurück auf die Entwicklung der Welt seit dem Jahr 1989: In den vergangenen 20 Jahren war es nach dem Zerfall der bis dahin blockierenden Sowjetunion möglich, dass Rohstoffproduzenten im Rahmen der Globalisierung auf freien Märkten überall ihre Rohstoffe, an wen auch immer, verkaufen konnten. Dieses Fenster des offenen Handels mit Rohstoffen scheint sich allerdings zu schließen. Die Angebotsseite zerfällt immer mehr. Dies erschüttert das von uns im Westen praktizierte Just-in-time-Verfahren, nach der das „Lager auf der Straße liegt".

Die strategischen Käufe von Rohstoffvorkommen durch China und seine Staatskonzerne führen zu massiven Veränderungen. Die künftige Produktion dieser weltweit erworbenen Rohstoffvorkommen wird dem freien Welthandel nicht mehr zur Verfügung stehen und unmittelbar nach China fließen.

Dieser Trend wird noch forciert durch die Einflussnahme des chinesischen Staates, unmittelbar und über Staatskonzerne, die Infrastruktur des betreffenden Rohstofflandes in Afrika oder Lateinamerika zu finanzieren, um sich auf diese Weise die Kooperation des Staates mit Blick auf die Minenentwicklung zu sichern.

Hightech-Produktion des Westens gefährdet

Die Lage verändert sich geradezu dramatisch, sobald seltener verfügbare Rohstoffe ins Spiel kommen. Wir im Westen können dauerhaft nicht damit rechnen, beispielsweise Molybdän, Nickel, Chrom oder Seltene Erden zu erhalten, wenn wir sie brauchen. Entscheidend ist die Sicherheit der Versorgung mit den weitgehend lebenswichtigen Seltenen Erden und weniger deren Preis. Denn ohne diese Metalle können wir bestimmte technologische Endprodukte überhaupt nicht mehr herstellen.

2009 wurde die Bedeutung der Seltenen Erden erstmals überhaupt öffentlich diskutiert. Das Angebotsdefizit in diesem Marktsegment existiert bereits seit 2003. Die Minenindustrie selbst nahm diese Tatsache erstmals im Jahr 2006 überhaupt zur Kenntnis. Die Ihnen berichtete Einschränkung der Exporte Seltener Erden ist erst der Beginn einer sich zuspitzenden Entwicklung.

Auch die Minenindustrie wurde weltweit stark von der zurückliegenden Finanzkrise getroffen. Zahlreiche Projekte wurden blockiert und sind von einer möglichen Produktion ebenso weit entfernt wie zum damaligen Zeitpunkt des Erwerbs.

Angebotsdefizite drohen

Bei einer Reihe von Rohstoffen sind wir Angebotsdefiziten nahe. Das wird sich besonders auf eine weltweit anziehende Konjunktur erheblich auswirken. Das jetzt noch spekulativ gehortete Material an Rohstoffen würde dann von der zunehmenden Nachfrage schnell absorbiert. Die großen Rohstoffverbraucher in China und anderen Emerging Markets sind über die kurzfristig möglichen Ausschläge der Preise weniger beunruhigt. Ihre Sorge gilt vielmehr dem langfristigen Trend auf fünf Jahre und länger. Darüber hinaus könnten Versorgungskanäle noch zusätzlich gefährdet werden durch protektionistische Reaktionen der USA oder von Europa, ausgelöst durch Handelsungleichgewichte und durch erhebliche Unterschiede in den Kostenstrukturen, ausgehend von China. Protektionistisch könnte der Zugang zu Rohstoffen als Waffe eingesetzt werden.

Investieren Sie auch in Rohstoffe!

Beziehen Sie folglich auch Investments in Rohstoffe und Rohstoffaktien in Ihre Überlegungen mit ein. Diese werden in den nächsten Jahren – Seltene Erden sind hier nur ein erster Fall zum Nachdenken – immer wichtiger werden.

OXFORD CLUB Communiqué 1/2011

Paradigmenwechsel für Rohstoffe, Teil II: Grüner Protektionismus droht!

In den westlichen Ländern nehmen die Sorgen vor der Abhängigkeit von fossilen Brennstoffen (besonders von Erdöl) und den Folgen des Klimawechsels zu. Die sich daraus ergebenden Interessen werden die Energie-Infrastruktur in weiten Teilen der Welt gravierend verändern. Das wird in Forderungen gipfeln, Güter abzulehnen, die nicht umweltschonend produziert wurden. Derzeit beginnen sich erste solcher Ablehnungen gegenüber China herauszubilden.

Grüner Protektionismus droht

Der grüne Protektionismus wird in den westlichen Ländern zum Wiederaufbau von Industrien führen und den Welthandel fragmentieren. Diese Politik wird auf Sicht der nächsten drei bis fünf Jahre verstärkt greifen. Von der Bevölkerung orientiert sich bislang lediglich ein unbedeutender Anteil an einer umweltschonenden und politisch korrekten Produktionsweise. Nur wenige Verbraucher sind tatsächlich bereit, für ihr gutes Gewissen oder aus Überzeugung auch einen höheren Preis für Güter zu bezahlen. Die große Masse orientiert sich strikt am Preis und kauft, was billig angeboten wird. Letztlich entscheidet das Portmonee.

Die großen Konzerne orientieren sich am Verbraucherverhalten und kaufen ihrerseits weltweit dort ein, wo sie am billigsten zum Zuge kommen. Folge wird sein, dass die Gesetzgebung mit Vorgaben eingreifen und von oben nach unten eine Strategie durchsetzen wird. Allerdings nicht abrupt, sondern sukzessive weiterentwickelt und implementiert. Zum einen will niemand China implodieren lassen, denn die große Bevölkerung in China oder Indien ist auch ein wichtiger werdender Kundenkreis für westliche Produkte. Die große Hoffnung des Westens beruht darauf, dass die aufsteigende Mittelschicht Chinas die Wettbewerbsfähigkeit des eigenen Landes erodieren wird.

Wohlstand des Westens wird relativ sinken

Wir sehen uns einer Art von relativer Wohlstandsdeflation gegenüber. Die Ära des Massenkonsums, wie wir ihn in der Vergangenheit erlebt haben, besonders intensiv im vergangenen Jahrzehnt mit überschäumender Verbraucherverschuldung und Hypothekenkrediten, kann in diesem Maße nicht aufrechterhalten werden und ist praktisch bereits beendet. Der Zeitraum ab Mitte 2008 ist für zahlreiche Menschen in den Industrieländern wirtschaftlich bescheiden verlaufen. Wir befinden uns weiterhin in einem Anpassungsprozess an die neue Realität, konkret an einen geringeren Konsum. Das bedeutet keine Massenarmut. Eine solche Entwicklung muss nicht schlecht sein. Sie kann dazu dienen, dass Menschen lernen, ihren Lebensstandard auch als Qualitätsmaßstab zu sehen, und lernen, sich nicht ausschließlich über die Quantität zu definieren.

Der grüne Protektionismus wird dazu führen, dass Auflagen an die Rohstoffproduzenten gemacht werden, die die Kosten weiter steigen lassen. Sie haben ähnliche Entwicklungen bereits erlebt: beim Verbot von Produkten aus Kinderarbeit oder bei den „Blut-Diamanten".

China und andere Emerging Markets kaufen Sachwerte für Papiergeld

China wird weiterhin sukzessive seine hohen Devisenreserven in Rohstoffvorkommen umschichten. Die Regierung in Peking ist stark besorgt, dass die Ungleichgewichte im Handel besonders mit den USA keinen dauerhaften Bestand haben werden und auch die US-Währung im Trend weiterhin an Wert verliert. Für die Papierwerte werden folglich „harte Werte" erworben. Rohstoffe werden in Afrika, Lateinamerika, Australien und Teilen von Asien gezielt aufgekauft. In den vergangenen Jahren, ab dem Jahr 2003, war das als Folge der Finanzkrise oft spottbillig möglich. Das hat bei mir angesichts der Blindheit des Westens immer wieder Kopfschütteln ausgelöst. In den Industrieländern sind die Interessen kurzsichtig auf den nächsten Quartalsabschluss gerichtet. In China und einigen anderen Emerging Markets steht hingegen strategisches Denken im Vordergrund. Hier denken die Strategen an die Versorgung mit lebenswichtigen Rohstoffen auf Jahre und Jahrzehnte.

Fazit: Investieren Sie auch in Rohstoffe! Beziehen Sie folglich Investments in Rohstoffe und Rohstoffaktien in Ihre Überlegungen mit ein. Die werden in den nächsten Jahren – Seltene Erden sind hier nur ein erster Fall zum Nachdenken – immer wichtiger werden. Rohstoffaktien sind seit Jahren immer wieder erfolgreiche Investments im *OXFORD CLUBCommuniqué* und in der *OXFORD CLUB Eildepesche*. Hier sind die Kursbewegungen oft extrem und können hervorragend genutzt werden, um hohe Gewinne zu erzielen. Ich erwarte im Lauf des Jahres 2012 ein vorübergehendes Tief bei etlichen Rohstoffen, das dann für neue Investments mit hohen Gewinnchancen genutzt wird.

China und andere asiatische Länder denken zeitlich nicht in Quartalsergebnissen, sondern langfristig, und zwar auf Jahre und Jahrzehnte, also strategisch, statt taktisch. Seine gigantischen Papiergeldreserven setzt China sukzessive ein, um sich wirkliche Werte in Form von Rohstoffen und Unternehmen dieses Sektors zu sichern. Dieser Trend wird sich mit dem abnehmenden Außenwert der US-Währung noch verstärken. Die politische Führung will letztlich vor dem Volk auch nicht das Gesicht verlieren, wenn sich die angehäuften Reserven an Papiergeld als immer wertloser herausstellen.

OXFORD CLUB Communiqué 11/2010

Seltene Erden: China erpresst Japan – das ist erst der Anfang!

Seit den Käufen empfohlener Explorer für Seltene Erden ab März 2007 habe ich Sie stets über diese chancenreichen Elemente auf dem Laufenden gehalten. Dort spitzt sich die Entwicklung seit Herbst 2010 massiv zu. China setzt inzwischen ein Exportembargo bei Seltenen Erden als politisches Druckmittel gegen Japan ein. Das ist eine todernste Warnung auch für andere Länder. Seit dem 23. September 2010 gab es am chinesischen Zoll plötzlich Probleme für Exporte von Seltenen Erden und Seltenen Metallen nach Japan. Diese wurden praktisch blockiert. Offiziell lagen angeblich technische Probleme mit den PCs bei der Bearbeitung der Ausfuhr-Formulare vor. Dabei versicherten die chinesischen Behörden, dass der harte diplomatische Schlagabtausch, den sich Tokio und Peking seit Jahren liefern, damit natürlich nichts zu tun habe.

Beim Vorfall Ende September 2010 ging es um den Streit um die zu Japan zählenden Sen Senkaku-Inseln, die aufgrund ihres Reichtums an Erdöl und Erdgas auch von China beansprucht werden. Die japanische Küstenwache hatte bei dem Zwischenfall den Kapitän eines chinesischen Fischkutters festgesetzt, nachdem dieser in dem umstrittenen Seegebiet zwei japanische Küstenwachschiffe gerammt hatte. Ich halte dies für eine bewusste Provokation und einen Test durch Peking. Tokio gab dem Druck Pekings unerwartet rasch nach und ließ den Kapitän nach Hause fliegen. Fast zeitgleich funktionierten auch die PCs beim chinesischen Zoll wieder.

Ein Weckruf für alle Länder: Peking übt Druck mit Seltenen Erden aus

Was die Japaner jetzt als Erste erleben, steht anderen Ländern noch bevor. China hat derzeit ein Fast-Monopol auf die Produktion Seltener Erden. Diese Elemente sind der Oberbegriff für eine Gruppe von 17 Metallen. Sie kommen in der Natur gemeinsam und nur in chemischen Verbindungen vor – in Form von Oxiden, die früher „Erden" genannt wurden. Der Begriff ist daher verwirrend. Seltene Erden sind unverzichtbar für die Produktion vieler Hightech-Produkte, unter anderem für Computer, Akkus, Flachbildschirme, Elektromagnete, Rüstungselektronik, Raketen und Windturbinen. 97 % der Seltenen Erden werden derzeit in China produziert. Bei den wirtschaftlich wichtigen Rohstoffen nimmt China somit fast eine Monopolstellung ein. Es wird Jahre dauern, bis andere, noch nicht erschlossene Vorkommen im Ausland, zum Beispiel in Australien, Kanada oder den USA, reif für die Produktion sein werden. Damit hat die Regierung in Peking ein mächtiges politisches Druckmittel in der Hand. Nach dem jüngsten Warnschuss Chinas gegen Japan müssen auch andere Staaten fürchten, plötzlich von diesen unverzichtbaren Rohstoffen abgeschnitten zu werden, wenn sie Peking verstimmen. Verringert China die Exporte der Seltenen Erden zur Versorgung der eigenen Industrie immer stärker?

Exportquoten für Seltene Erden werden permanent gesenkt – Preise schnell verdoppelt

Bereits jetzt ist der Export von Seltenen Erden begrenzt. Für 2010 hat Peking ein Limit von 30.300 Tonnen (t) verfügt. Ende August 2010 waren davon schon 28.500 t ausgeliefert. Im Juli 2010 hatte die chinesische Regierung angekündigt, die Exportquote für das zweite Halbjahr 2010 um 72 % zu senken. Damit sollen nur noch 8.000 t in diesem Zeitraum exportiert werden, im Vergleich zu 28.000 t im Vergleichszeitraum des Vorjahres. Die Preise für Seltene Erden haben sich daraufhin bereits durchschnittlich verdoppelt.

Peking geht es vorrangig nicht um einen Know-how-Transfer ins Land der Mitte

Peking wird dabei unterstellt, internationale Konzerne zu zwingen, weitere Teile ihrer Produktion nach China zu verlagern. Das spielt aber inzwischen keine Hauptrolle mehr. Westliche Unternehmen, die vor Ort in China produzieren, klagen schon heute über Diskriminierungen gegenüber chinesischen Konkurrenten. Die chinesische Regierung dementiert dies und versichert darüber hinaus, mit den Seltenen Erden keine Politik machen zu wollen.

Ende September 2010 kündigte der staatliche Aluminiumkonzern Chinalco an, den Abbau von Seltenen Erden verstärken zu wollen. Der Konzern übernimmt dazu Jiangxi Rare Earth and Rare Metals Tungsten Group. Chinalco soll damit zum chinesischen Marktführer bei Seltenen Erden aufsteigen. Die Seltenen Erden sollen in Zukunft nicht als Rohstoffe, sondern als fertige Hightech-Produkte exportiert werden.

Japan wird gezielt blockiert

Japan gerät zunehmend unter chinesischen Druck. Immer mehr Unternehmen beklagen sich darüber, dass die chinesischen Behörden Rohstofflieferungen blockieren. Namentlich Seltenerdmetalle oder japanische Waren werden bei der Einfuhr nach China besonders gründlich und langsam kontrolliert. Auch nachdem der anfangs erwähnte chinesische Fischer längst zurück in seiner Heimat ist, hält China seine – offiziell dementierten – Handelshemmnisse gegenüber japanischen Unternehmen aufrecht. Schwerpunkt ist das Embargo für Seltene Erden, um die Industrienation Japan empfindlich zu treffen. Japanische Konzerne sind tief beunruhigt. So hat der weltgrößte Auto-Konzern Toyota ein Notfall-Team gegründet, das sich um die sichere Versorgung mit Seltenen Erden kümmert. Das japanische Ministerium für Wirtschaft und Handel (MITI) befragt aktuell vertraulich alle einheimischen Unternehmen, um einen Überblick über die Lage zu bekommen. China hat dieses Jahr weltweit einen Marktanteil von rund 93 % an der Produktion der Seltenen Erden. Japan importiert etwa die Hälfte davon. Tokio plant, über die Welthandelsorganisation (WTO) auf ein Ende dieser Verletzungen internationaler Regeln zu drängen, sofern Peking den Boykott mit der Versorgung Seltener Erden und die Behinderungen durch die Zollbehörden fortführt. Peking stellt auch jeden Zusammenhang zwischen dem Streit um die Senkaku-Inseln und dem Boykott von Rohstoffen gegenüber japanischen Unternehmen in Abrede.

Die Fakten sprechen jedoch eine völlig andere Sprache. Rohstoffe werden gezielt zurückgehalten, Zollkontrollen als Schikane eingesetzt, ein geplanter Jugendaustausch zur Expo in Shanghai wurde abgesagt und die Werbung für Reisen nach Japan verboten.

Fazit: Wie ich für Sie bereits seit mehreren Jahren immer wieder analysiere, verschärft sich der Krieg um Rohstoffe weiter. Die Entwicklung beschleunigt sich immer stärker. Sie sehen anhand dieses Beispiels, dass Rohstoffe inzwischen auch gezielt als politisches Droh- und Druckmittel eingesetzt werden. Was ich Ihnen hier anhand der Seltenerdmetalle geschildert habe, werden Sie künftig wieder verstärkt beim Erdöl, einer weltweiten Lebensader der Volkswirtschaften, erleben.

Marc Faber: Gold, Rohstoffe, Farmland und Asien-Aktien – aber keine US-Staatsanleihen!

Für den in Thailand lebenden Vermögens- und Fondsberater Marc Faber war das gesamte Finanzsystem „subprime". Hier sind seine wichtigsten aktuellen Einschätzungen von Ende 2009:

- Verursacher der Finanzkrise sind die US-Notenbankchefs Alan Greenspan und Ben Bernanke. Nach dem Platzen der Internetblase wurde die Welt mit Liquidität geflutet mit der Folge von Blasen in allen Vermögenswerten.
- Notenbanker sind Rauschgifthändler, die der Welt Drogen in Form von Geld zum Null-Zins geben, um sie ruhig zu stellen.
- Einen erneuten Test der Tiefststände vom März 2009 sehen wir nicht.
- In der westlichen Welt wird die nächste Generation einen niedrigeren Lebensstandard haben als die heutige.
- In Aufwärtstrends sind asiatische Aktien, Farmland, Rohstoffe und Gold. Vorsicht vor US-Staatsanleihen!
- Die US-Regierung wird Inflation anstreben, um die explodierende Staatsverschuldung zu entwerten.

Meine Einschätzung: Die Schlussfolgerungen kennen Sie aus unseren Analysen seit Längerem. Allerdings sehen wir asiatische Aktien aktuell nicht mehr als preiswert an, und Farmland ist ein Investment für Spezialisten.

Warnungen: Kassandra hatte Recht!

In meinem Leben mache ich immer wieder die Erfahrung, dass Warnungen jeglicher Art überhaupt nicht gerne gehört werden. Gerade in unserer Wirtschaftswelt stoßen sie in der Regel sowohl bei Käufern als auch Verkäufern auf Unmut. Die Gründe dafür liegen auf der Hand: Diejenigen, vor denen gewarnt wird, schäumen vor Ärger und Wut. Sie möchten unbehelligt auch ihre Produkte und Dienstleistungen absetzen, die nicht im Interesse der Käufer liegen. In der Folge erntet der Warnende oft Spott und Häme – so lange bis das Prophezeite letztendlich eintritt. Und auch Käufer stehen Warnungen, die konträr zu ihren Investments stehen, meist skeptisch gegenüber – denn wer möchte schon von seiner einmal gefassten Meinung abgebracht werden?

Linie des *OXFORD CLUB Communiqués* war es von Beginn an, Warnungen als ebenso wichtig einzustufen wie Investmentempfehlungen. Fast sicher Geld zu verlieren, sollte vermieden werden. Nicht selten stießen meine Warnungen zunächst auf Unglauben. Das ist verständlich, denn die Analysen und Ratschläge waren gegen populäre Strömungen und Veröffentlichungen gerichtet. Wie sagt ein Bonmot: Die Menschen irren lieber in der großen Masse, als einsam Recht zu haben.

So warnte ich gleich zu Beginn ab 1997 des *OXFORD CLUB* zum Beispiel vor der damals populären, mächtigen Göttinger Gruppe als einem angeblichen Schneeballsystem, danach vor den beliebten Immobilien-, Medien- und Schiffsflotten-Fonds, betrügerischen Übernahmeofferten, nutzlosen Timesharing-Ferienwohnungsangeboten, überbewerteten Auslandsimmobilien in den USA und noch stärker in Spanien, vor der populären Mausefalle des Schweizer Kontos für diskrete Gelder – sowie vor vielem anderen – und sollte oft Recht behalten!

Kassandra hatte Recht!

Kassandra ist eine mythologische Figur aus der griechischen Geschichte. Sie war die Tochter des trojanischen Königs Priamos, die Schwester von Hektor, Polyxena, Paris und Troilos sowie die Zwillingsschwester von Lelenos. Homer beschrieb Kassandra als Frau von außergewöhnlicher Schönheit, vergleichbar mit der ebenfalls bezaubernden Aphrodite. Der Gott Apollon verlieh ihr aufgrund seiner Liebe die Gabe des Sehens. Kassandra erwiderte allerdings seine Zuneigung nicht. Der darauf erzürnte olympische Gott konnte ihr die Seher-Gabe nicht nehmen, belegte Kassandra aber mit einem Fluch: Kein Mensch sollte der Seherin glauben.

Kassandra gilt als eine tragische Persönlichkeit, die das Unheil immer treffend voraussah, aber niemand glaubte ihr. Sie empfing ihre Eingebungen unter Trance und wirkte auf das Volk verrückt und hysterisch. Kassandra warnte gegen Ende des Trojanischen Krieges ihr Volk vor dem Trojanischen Pferd und der List der Griechen. Niemand glaubte ihr. Troja ging unter. Nach der Eroberung Trojas wurde Kassandra von Ajax im Tempel der Athene vergewaltigt. Der griechische König Agamemnon nahm sie als Sklavin mit nach Mykene. Er selbst wurde zu Hause nach seiner Ankunft in Mykene von seiner Frau Klytämnestra und ihrem Geliebten Aigisthos im Bad erdolcht. Auch dieses Schicksal hatte Kassandra prognostiziert. Die lästige Warnerin wurde von Klytämnestra ebenfalls erdolcht.

Vor dem Hintergrund dieser wirklich griechischen Tragödie werden vergebliche Warnungen vor Gefahren über die Zeiten hinweg als so genannte „Kassandra-Rufe“ bezeichnet.

Dazu zählen beispielsweise Warnungen wie die des deutschen Botschafters in London, Karl Max Fürst Lichnowsky, im Jahre 1914 vor einem Krieg mit Großbritannien sowie die von Lenin in den Jahren 1922 und 1923 vor dem Terror von Josef Stalin. Mehr als 600 Professoren warnten vor der Einführung der Euro-Region. Nobelpreisträger Paul Krugman beschrieb vor Jahren in der *New York Times* das Scheitern Griechenlands als die „Chronik einer angekündigten Katastrophe".

Krisen spitzen sich international immer mehr zu: Wo liegen die Ursachen?

Mein Eindruck ist, dass noch niemals zuvor derart zahlreiche Krisen und Katastrophen so schnell aufeinander folgen wie seit wenigen Jahren. Doch wo liegen die Ursachen? Inkompetenz, Bequemlichkeit oder Gleichgültigkeit spielen sicherlich eine entscheidende Rolle. Aber auch bürokratische Trägheit, politische und ideologische Interessenkonflikte tragen zur dominierenden Ignoranz bei. Unser Krisenmanagement schwankt zwischen Hysterie und Verleugnung. Bildhaft gesprochen: Die aufgescheuchten Hühner und der Vogel Strauß herrschen vor. Einen kleinen Auszug unser Warnungen präsentieren wir Ihnen in diesem Kapitel. Dabei möchte ich mich auf die fünf Bereiche „Börse", „Immobilien", „Steuersparmodelle", „Wegfall der Steueroasen" und „Infrastruktur" konzentrieren. Beachten Sie dabei die jeweiligen Zeitpunkte dieser Warnungen – Sie werden erstaunt sein, wie oft das Eintreten dieser nur wenige Wochen oder Monate auf sich warten ließ oder auch langfristige Entwicklungen frühzeitig vorausgesagt wurden.

Warnungen vor Gefahren an den Börsen

Der größte Teil meiner Warnungen bezieht sich auf die Finanzmärkte. Hier stelle ich oft fest, dass durch populäre Ratschläge sowie intensive Werbung regelmäßig Spekulationen angefacht und Investoren in „modische" Anlageformen getrieben werden, die sich im Nachherein oft als Fehlschläge herausstellen. Besonders deutschen Anlegern werden gerne „grüne" Umweltinvestments wie Windanlagen-Parks, Plantagen, Forstanpflanzungen verkauft. Das zieht: satte Gewinne und dann auch noch gleich ein gutes Gewissen. Für mich sind das „Märchen für Erwachsene".

OXFORD CLUB Communiqué 11/2011

US-Langläufer-Bonds auf Tiefst-Niveau: US-Zinsanstieg würde jetzt auch die US-Notenbank bedrohen

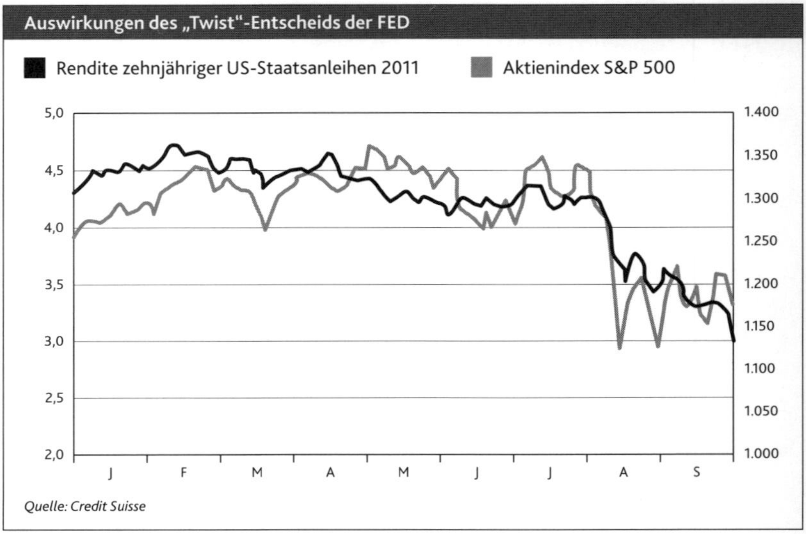

Anleger suchen Schutz in langlaufenden Bonds!

S&P 500 und Fed-Interventionen

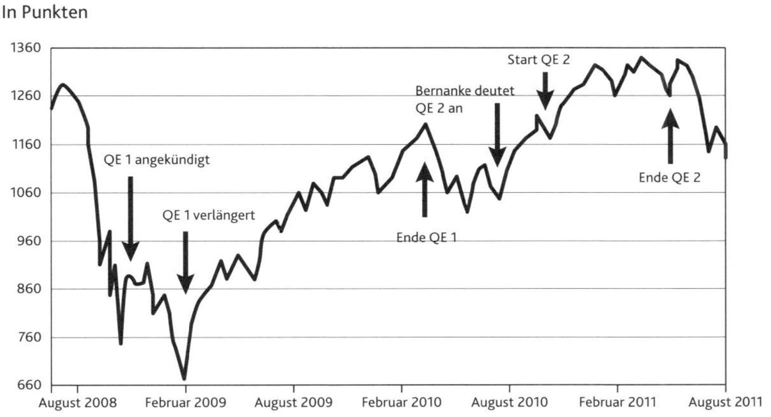

Quelle: Lombard Odier

TWIST II: Ein Anstieg der langfristigen US-Zinsen um nur 17 Basispunkte würde das gesamte Eigenkapital der Fed auslöschen.

Die Operation Twist II der US-Notenbank Federal Reserve hat die Renditen langlaufender US-Staatsanleihen auf Rekordtiefstände getrieben und darüber hinaus die Kurve der Zinsstruktur verflacht. In Anlehnung an den früheren TWIST-Versuch aus dem Jahr 1961 will die Fed die Laufzeit ihrer Staatsanleihen-Positionen verlängern. Bis Mitte 2012 sollen im Umfang von rund 400 Mrd. US$ T-Bonds mit Laufzeiten zwischen drei und 30 Jahren gegen solche mit bis zu drei Jahren Laufzeit getauscht werden. Damit wird zugleich unbeabsichtigt zusätzlicher Druck auf die Gewinne der Banken ausgeübt. Die Bank-Konzerne profitieren gewöhnlich von einer steileren Zinsstrukturkurve.

Meine Einschätzung: Die US-Notenbank (Fed) hat jüngst entschieden, kurzfristige Obligationen (Laufzeit mit bis zu drei Jahren) im Volumen von 400 Mrd. US$ in langfristige Papiere (drei bis 30 Jahre) umzuschichten. Die Zentralbank der USA setzt damit wiederum auf die monetäre Liquidität. Allerdings geht diese als „Operation Twist" bezeichnete Maßnahme an der Ursache des Problems vorbei. Das ist der zu hohe Verschuldungsgrad der Banken. Die bisherigen Effekte des „Quantitative Easing" (QE 1 und 2) sowie der Erwerb von Staatsanleihen durch die Fed haben die Aktienmärkte jeweils mehrere Monate mit Liquidität versorgt und für höhere Aktienkurse gesorgt. In der realen Wirtschaft kam wenig an. Jetzt wird mit TWIST II nur die durchschnittliche Laufzeit der Bonds der Fed-Bilanz verlängert. Das bedroht letztlich auch die US-Notenbank. In Anbetracht einer Verschuldungsquote der Fed von 57 % würde ein Renditeanstieg von lediglich 17 Basispunkten das gesamte Eigenkapital der US-Notenbank auslöschen.

OXFORD CLUB Communiqué 9/2011

Warum die Solarbranche weiterhin kein Kauf ist

Solaraktien haben seit der Nuklear-Katastrophe in Japan zahlreiche positive Empfehlungen von Banken und Börsenbriefen erhalten. Auch von neuen Mitgliedern erhielten wir manche Anfragen, ob nicht Q-Cells oder andere Solaraktien, wie beispielsweise Solarworld, Yingli, First Solar etc., empfohlen würden.

Wir haben mit mit Q-Cells lediglich eine Solaraktie empfohlen. Anders als viele andere habe ich mich nicht auf diesen Sektor konzentriert. Praktisch alle Empfehlungen für Solaraktien lagen falsch. Die Kurse der entsprechenden Solaraktien sind eingebrochen. Diese Aktien sind trotz der Ausstiegsszenarien in einigen europäischen Ländern und der bevorstehenden Energiewende angeblich unterbewertet und sollten massiv ansteigen. Ich halte die Solarbranche für äußerst schwierig. Es gibt zwei Grundsatzprobleme:

1. Riesige Überkapazitäten wurden aufgebaut. Diese drücken massiv auf die Gewinnmargen. Solarmodule werden immer billiger. Nach Berechnungen des Solarmagazins Photon sanken die Preise allein im ersten

Halbjahr um rund 20 %. Die asiatischen Module unterbieten die deutschen stetig im Preis.

2. Zugleich ist deren Qualität besser geworden. Mehr als 150 chinesische Anbieter haben für ihre Solarmodule inzwischen Zertifikate vom deutschen TÜV erhalten.

3. Verschärft wird die Lage noch durch die erheblichen Kürzungen der Subventionen in wichtigen Absatzmärkten wie beispielsweise Deutschland, Großbritannien, Italien und Frankreich. Diese Länder haben deutliche Kürzungen der Einspeisetarife aus Solaranlagen angekündigt. Frankreich setzte den Rotstift mit rund 20 % für Kleinanlagen und 70 % für Großanlagen an.

Ein solcher Mix aus Überkapazitäten und absehbaren Umsatzeinbrüchen wird zu einer weiteren Strukturbereinigung in der Solarbranche führen. Damit werden etliche Solaraktien vom Markt verschwinden.

Fazit: *Solon, das berühmte deutsche Solarunternehmen der ersten Stunde, und Solar Millennium meldeten Ende 2011 Konkurs an. Im Sommer 2011 waren bereits in den USA der Solaraktien-Pionier Evergreen Solar und der als mustergültig gelobte US-Technologieanbieter Solyndra in die Insolvenz gegangen. 2011 war also für die allseits hochgelobte Solarbranche ein Horrorjahr. Im Durchschnitt dümpeln die Aktienkurse bei inzwischen weit über 90 % im Minus.*

OXFORD CLUB Communiqué 1/2010

Warnung vor obskuren Übernahmeangeboten

Eine deutsche Firma namens Patentix AG ist sehr aktiv im Abfischen von Edelmetallaktien. Ich warnte Sie bereits mit Sondermeldung vom 22.10.2009. Damals erreichten mich viele Anfragen zu Endeavour Silver, Arian Silver, Minco Silver – neuerdings wird die Abzocke ausgedehnt auf Silvercorp. Metals, Silver Wheaton, Silver Standard Resources, Pan American Silver etc. Geboten werden von der Patentix AG gehaltene Optionsscheine von der SPV AG – was immer auch dahintersteckt. Neu ist ein Übernahmeangebot der Firma ideenreich GmbH für Anteile des Fonds Stabilitas-Gold + Ressourcen (beide Stabilitas-Fonds enttäuschten bislang in der Performance), zahlbar in Aktien der SPV AG & Co. KGaA. Mancher Anleger ist geneigt, die Angebote zum Umtausch für seriös zu halten, da sie von einer Bank übersandt werden.

Vorsicht: Keine Bank überprüft solche Angebote, sondern gibt sie einfach nur weiter! Jeder kann solche Übernahmeangebote machen. Zuletzt warnte ich Sie noch im Oktober-Communiqué 2009 vor kostenlosen Optionsscheinen auf die Allianz von der Schweizer Firma Valor. Auch diese neuen Angebote der Firmen Patentix und SPV AG & Co. KGaA halte ich für Abzocke! Nochmals der dringende Rat: Lassen Sie sich nicht über den Tisch ziehen!

OXFORD CLUB Communiqué 2/2008

Argentinische Bonds: Weiterhin unbedingt meiden

Vorsicht! Sie lesen seit einigen Monaten positive Meldungen, wie gut Argentiniens Wirtschaft läuft. Und die ersten Massen-Finanzmedien versuchen Ihnen, jetzt wieder Hochzins-Bonds aus diesem Land schmackhaft zu machen.

Vergessen Sie nicht, dass die Regierung Argentiniens die Anleger mit einer einseitigen Umschuldung um rund 75 % ihres Kapitals geprellt hat. Die Ehefrau des bisherigen Präsidenten Kirchner, Christina Fernández de Kirchner, ist neue Präsidentin. Rechnen Sie mit keiner Besserung! Die Inflationsdaten werden weiter gefälscht. Offiziell liegt die Inflationsrate bei 6,6 % – die Bundesagentur für Außenwirtschaft schätzt sie auf 20 % und mehr. Damit nicht genug! Die argentinische Zentralbank drückt den Kurs des Peso künstlich, indem zu wenig Devisen zugeteilt werden. Eine schwere Bürde ist die Auslandsverschuldung von 130 Mrd. US$ und weiteren 20 Mrd. US$ Verbindlichkeiten gegenüber privaten Gläubigern, die mit der Umschuldung nicht einverstanden waren, sowie 5,2 Mrd. US$ beim Pariser Club. Dem stehen nur 37 Mrd. US$ Devisenreserven gegenüber. Bleiben Sie argentinischen Anleihen auf jeden Fall weiter fern!

Rückblick: *Vor rund zehn Jahren, im Dezember 2001, erlitt Argentinien die Staatspleite. Praktisch über Nacht mussten alle Banken des Landes schließen, die Konten wurden eingefroren. Die Bevölkerung verlor damals rund 70 % der Ersparnisse. Zuerst wurden die Supermärkte in Buenos Aires geplündert, dann griffen die Unruhen auf die Provinzen über. Mit damals 102,5 Mrd. US$ war es die bislang größte Staatspleite überhaupt.*

Argentinien kam damals auf eine Staatsverschuldung von bis zu 160 % des Bruttoinlandsprodukts (BIP). Die Regierung verweigerte die vom Internationalen Währungsfonds (IWF) verlangten Sparmaßnahmen und erhielt den Hilfskredit über rund 1 Mrd. US$ nicht. Die Ratingagenturen stuften die Bonität Argentiniens ab.

Die Argentinier begannen in Panik Kapitalflucht in die Uruguay. Jeder versuchte, sein Geld rasch in US$ zu tauschen. Die argentinische Regierung sperrte über Nacht alle Konten und Sparguthaben und hob die Bindung von Peso zu US$ (1:1) auf. Alle Banken schlossen.

Im Rahmen der späteren Abwertung des Peso verloren die Argentinier zwei Drittel der Kaufkraft. Der größte Teil des Mittelstands verarmte. Verlierer waren die Bargeldbesitzer, Gewinner die Immobilien- und Grundbesitzer.

Die Bemühungen des Internationalen Währungsfonds, einen Flächenbrand zu verhindern, scheiterten. Zwei Jahre nach Argentinien brach auch Uruguay zusammen, das früher als die „Schweiz" Lateinamerikas geltende Land.

Die Regierung in Buenos Aires nahm eine drastische Währungsabwertung vor, um die Wirtschaft wiederzubeleben. Zahlungen an Gläubiger wurden eingestellt. Zahlreiche deutsche und österreichische Privatanleger hatten auf Rat ihrer Banken angeblich sichere argentinische Staatsanleihen gekauft und verloren den Großteil des Geldes. 2005 stellte der damalige Präsident Nestor Kirchner den Bonds-Besitzern das Ultimatum: Entweder sie akzeptieren 25 % des Geldes – oder sie erhalten nichts.

Etwa 50 % der privaten Gläubiger waren Argentinier. Nach langen, zähen Verhandlungen wurde eine Umschuldung erreicht. Die Staatsverschuldung liegt aktuell bei rund 40 % des BIP. Übrigens: Mit den staatlichen Gläubigern („Pariser Club") hat sich Argentinien immer noch nicht geeinigt. Bis heute ist Argentinien nicht an die internationalen Finanzmärkte zurückgekehrt. Nach der Pleite erholte sich die Wirtschaft schnell. Heute ist Argentinien die drittgrößte Volkswirtschaft Süd- und Mittelamerikas nach Brasilien und Mexiko.

OXFORD CLUB Communiqué 9/2001

Investieren Sie nicht in synthetische Anleihen!

In Mode gekommen sind auch so genannte synthetische Anleihen. Bei einer normalen Anleihe investiert ein Schuldner die beschafften Mittel und zahlt Zinsen und Tilgung aus den erwirtschafteten Erträgen.

Konträr dazu sind die Schuldner bei synthetischen Bonds speziell gegründeter Gesellschaften, die Special Purpose Companies. Eine synthetische Anleihe sichert den Gläubiger – im Regelfall ist das eine Bank oder ein großer institutioneller Anleger – gegen das Ausfallrisiko eines Schuldners ab. Besonders populär sind die Brady-Bonds auf südamerikanische Anleihen. Sie entstanden in den 1980er Jahren durch ihren Namensträger, den US-Finanzminister Nicholas Brady, im Rahmen von Umschuldungsaktionen. Mit ihnen wurden überfällige Zinszahlungen kapitalisiert.

Wie groß die Gefahr einer Pleite synthetischer Anleihen ist, zeigt der aktuelle Fall der Ecuador-Anleihe (WKN 134 130). Hier wurde die Bedienung der synthetischen Anleihe durch den Schuldner (Staat Ecuador) unmittelbar von der Bedienung der Brady-Bonds (Halter: eine US-Bank) abhängig gemacht. Es gibt zwei Möglichkeiten:

1. Ecuador bedient unverändert seine Schulden aus den Brady-Bonds. Dann wird auch die synthetische Anleihe bedient und am Ende der Laufzeit zurückgezahlt.

2. Ecuador zahlt die Zinsen seiner Brady-Bonds nicht länger. Genau das ist jetzt geschehen! Damit wurde die Forderung wertlos. Und es erloschen zugleich die Verpflichtungen der US-Bank gegenüber den Anleihekäufern. Der Verlust aus dem Ausfall der Brady-Bonds wird damit durch den Gewinn aus der synthetischen Anleihe ausgeglichen. Die Bank gewinnt – aber eben nur die Bank.

Meine Einschätzung: Diese synthetischen Anleihen eignen sich nicht für Sie als Privatanleger. Denn Sie kaufen keine üblichen Bonds, sondern praktisch eine Versicherung, da Sie der Bank das Ausfallrisiko eines wackligen Schuldners abnehmen. Sie zahlen der Bank allerdings die Versicherungssumme unmittelbar bei Vertragsabschluss. Ihnen als Anleger wird diese lediglich zurückgezahlt, falls der Zahlungsausfall des Schuldners nicht eintritt. Meiden Sie solche synthetischen Anleihen als zu risikoreich!

OXFORD CLUB Communiqué 6/2001

Diese 36 Aktien des Neuen Marktes müssen Sie meiden

Unser Research ist auf 36 Aktien des Neuen Marktes gestoßen, die Sie meiden sollten, weil diese Unternehmen für ein Investment uninteressant sind oder die Zukunft sogar gefährdet erscheint. Die Artnet AG erzielte 1999 einen Jahresfehlbetrag von 10,7 Mio. US$, bei einem Umsatz von mageren 2,6 Mio. US$, und liegt damit bei den Geldvernichtern auf einem Spitzenplatz. Bei Haitec erwiesen sich die Gewinn- und Umsatzprognosen des Managements als nicht haltbar. Die Rösch wird zum zeitweise 90-Fachen des Umsatzes völlig übertrieben bewertet und hat erst 1999 eine zwei Personen umfassende Forschungsabteilung aufgebaut.

Teles weist substanzielle Probleme auf der Kostenseite auf und liegt mit den Umsatzprognosen massiv daneben. Insgesamt 36 Aktien des Neuen Marktes sehe ich weiterhin aus solchen oder ähnlichen Gründen im Kurs als gefährdet an. Sollten Sie eine dieser Aktien halten, gilt unser Rat: Sichern Sie Ihre Position mit einem selbst gewählten Stop-Loss (z. B. von 15 oder 20 % unter dem aktuellen Kurs) ab!

In alphabetischer Reihenfolge:

Artnet
Beko Holding
Beta Systems
buch.de
Buecher.de
Centrotec
COR Insurance CTS
Eventim
Cybernet
DataDesign
Datasave
3U Telecom
Drillisch
Endemann
Euromed
Haitec
Hunzinger
Jetter
Kleindienst
Lobster Technology
Micrologica
MSH International
Mühl Production & Services
PlasmaSelect
Plaut
Plenum
Refugium
ricardo.de
Rösch
Sachsenring
Saltus Techn.
Silicon Sensor
teamwork
TelDaFax
Teles
WizCom

Rückbetrachtung: Zwei Jahre später wurde eine Bilanz der 36 Aktien des Neuen Marktes gezogen. Die Aktienkurse der Unternehmen standen durchschnittlich rund 89 % niedriger.

Immobilien: Gerne, aber Vorsicht…

Immobilien gehören zu einer gut diversifizierten Investmentstrategie. In Kapitel 7 nenne ich die eigengenutzte, möglichst schuldenfreie Immobilie bewusst an erster Stelle. Im mehreren Beiträgen des *OXFORD CLUB Communiqué* habe ich vor den Exzessen der früher beliebten Auslandsimmobilien in Großbritannien, Spanien, Portugal, Frankreich etc. gewarnt. Hier sind inzwischen prozentual zweistellige Verluste eingetreten, die noch nicht das Ende sein werden.

OXFORD CLUB Communiqué 10/2010

BIZ-Studie: Demografische Entwicklung drückt Häuserpreise

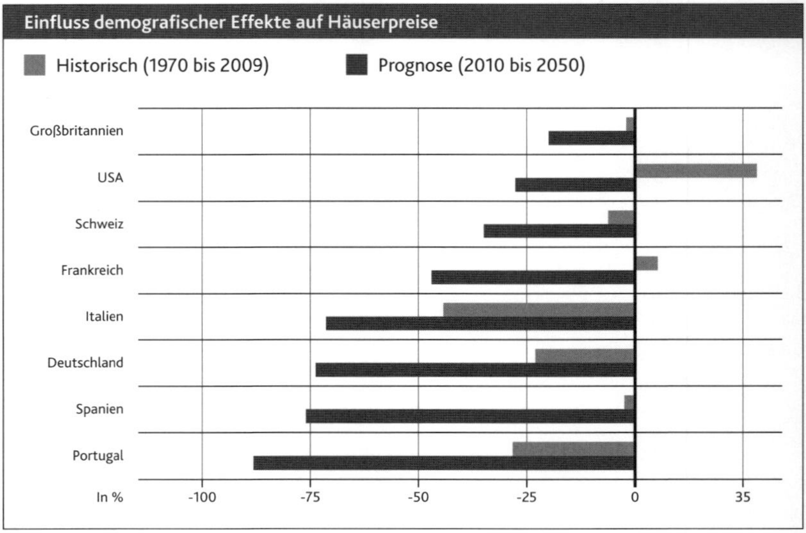

Alterung dämpft die Preise von Häusern! Quelle: BIZ, NZZ

OXFORD CLUB Communiqué 8/2010

Timesharing: Lassen Sie sich im Urlaub nicht abzocken!

Die Masche ist stets ähnlich: Ob eine Bar für Touristen an der griechischen Küste, ein Café an der Küste der Algarve oder auf Teneriffa oder die Strandpromenade von Palma de Mallorca: Dort wartet meist eine attraktive Frau auf Sie, die Sie zu einem Gewinnspiel oder einer Informationsveranstaltung mit erlesenen Getränken und Speisen einladen möchte. Dies soll eine geschickte Strategie des Vertriebs verbergen, Ihnen ein teures Nutzungsrecht an einer Ferienimmobilie zu verkaufen.

Jedes Jahr fallen auf diese Tricks etliche Urlauber – oft aus Deutschland – herein. Vertriebsprofis schwatzen Urlaubern überteuerte, zeitlich begrenzte Nutzungsrechte an Ferienimmobilien auf. Als Anzahlung wird oft ein Betrag von mindestens 10.000 € über die Kreditkarte abgebucht. Und hier sind die Nachteile, die Ihnen aus dieser Abzocke drohen:

- Die Apartment- oder Klubanlage kann nur wenige Wochen im Jahr überhaupt genutzt werden.
- Umgerechnet auf die Woche, kostet dieses Wohnrecht nicht selten zwischen 20.000 bis 30.000 € je Urlaubswoche in der Hochsaison.
- Zusätzlich fallen mehrere 100 € für Instandsetzungsarbeiten an.
- Ein Rücktritt von dem oft auf 99 Jahre abgeschlossenen Vertrag ist nicht möglich.

Meine Einschätzung: Lassen Sie sich auf keinen Fall ein solches Timesharing-Angebot aufschwatzen!

OXFORD CLUB Communiqué 4/2010

Immobilienpreise in Spanien weiterhin viel zu hoch!

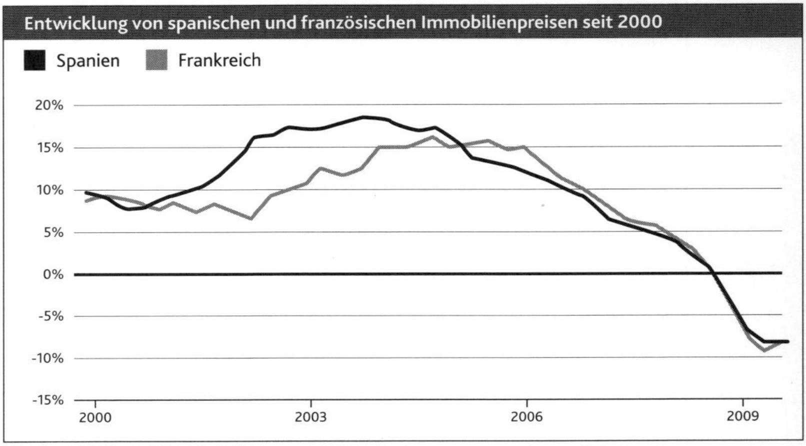

Spanische Immobilienpreise weiter unter Druck – keine Entwarnung! Quelle: Deutsche Bank, NZZ

Meine Einschätzung: Seit 2008 sind die Investitionen in den spanischen Wohnungsbau eingebrochen. Die rückläufigen Immobilienpreise dieses Landes stellten ein Hauptproblem dar, vor dem ich ab 2007 rechtzeitig warnte. Die Immobilienpreise in Spanien waren völlig überzogen – weiter über dem US-Niveau – und sind bislang prozentual erst im gleichen Ausmaß wie die geringer aufgeblähten Preise in Frankreich gefallen. Die rasant steigenden Arbeitslosenzahlen in Spanien hätten normalerweise zu erheblich mehr Zwangsversteigerungen und noch niedrigeren Hauspreisen führen müssen. Das wurde verhindert durch die Besonderheit, dass 90 % der Hypothekenkredite variabel verzinst werden. Damit profitierten die Schuldner massiv von der rekordlockeren Niedrigzinspolitik der Europäischen Zentralbank (EZB). Achtung, die Immobilienpreise Spaniens sind weiterhin überhöht und werden noch viel tiefer sinken! Meiden!

Rückblick: Auch diese Warnung vor dem spanischen Immobilienmarkt kam zum richtigen Zeitpunkt. Die Preise auf dem spanischen Immobilienmarkt werden weiter fallen. Die Wertverluste betragen seit 2008 bis zu 18 % – eine bittere Realität für Haus- und Wohnungsbesitzer. Erfasst von der Entwicklung wurden auch die als sicher geglaubten Boom-Regionen Mallorca und Marbella. Zahlreiche Immobilienbüros haben mangels Nachfrage bereits aufgegeben. Inzwischen versucht die Regierung in Madrid über eine europaweite Werbung gegenzusteuern. Bleiben Sie dem spanischen Immobilienmarkt weiterhin fern! Inzwischen sind die spanischen Banken in Schwierigkeiten. Besonders die Cajas (Sparkassen) sind stark in die Immobilienfinanzierung involviert. Diese Krise setzt sich fort. Die schlechte wirtschaftliche Lage wird für weiter sinkende Immobilienpreise sorgen. Immer mehr Spanier können die Belastung ihrer Hypotheken nicht mehr tragen, was das Überangebot auf dem Markt noch verstärkt. Weiter meiden!

OXFORD CLUB Communiqué 3/2009

Meiden Sie weiterhin Offene Immobilienfonds!

Wie wir Sie informierten, haben seit Ende Oktober 2008 zwölf offene Immobilienfonds mit insgesamt mehr als 30 Mrd. € die Rücknahme ihrer Anteile zeitweise ausgesetzt. Liquiditätszuflüsse durch Veräußerungen von Immobilien gibt es derzeit praktisch nicht. Abflüsse drohen hingegen weiterhin. Anfang des Jahres gab es noch zusätzlich Ausschüttungen von knapp 5 % des Nettoinventarwertes.

Meine Einschätzung: Die geschilderte Lage spricht gegen eine Wiedereröffnung der offenen Immobilienfonds. Beispiel: Der CS Euroreal hat seine Aussetzung der Rücknahme der Anteilscheine bereits um bis zu weitere neun Monate verlängert (üblich sind drei Monate Sperrzeit!). Sofern einzelne dieser Fonds wieder Anteile zurücknehmen werden, sind dafür voraussichtlich Kredite erforderlich. Der erhöhte Krediteinsatz wird sich normalerweise positiv auf die laufende Fondsrendite auswirken. Allerdings werden sich Abwertungen des Immobilienbestandes bei höherem Fremdkapitaleinsatz überproportional senkend auf den Nettoinventarwert der Anteile auswirken. Das zeigt aktuell die Lage der börsennotierten Immobilienaktien. Damit sehen wir die relativ stabile Wertentwicklung der offenen Immobilienfonds seit etwa Mitte 2007 als vorübergehendes Phänomen an. Umso gravierender wird die anstehende Anpassung der Werte für diese Fonds ausfallen. Meiden Sie die offenen Immobilienfonds weiterhin!

Rückblick: Die Krise der offenen Immobilienfonds belastet inzwischen die gesamte Fondsbranche. Laut Fondsbranchenverband BVI lag das Volumen am 31.8.2011 bei über 80 Mrd. €. Rund 17,4 Mrd. € (20,5 %) davon sind derzeit eingefroren. Das heißt, die Fondsgesellschaften weigern sich, Anteile dieser Fonds zurückzunehmen. Weitere 6,7 Mrd. € (8 %) werden abgewickelt, das heißt, die Fonds werden aufgelöst. Ein Debakel für die deutsche Fondsbranche. Gerade nach dem Platzen der Hightech-Blase haben Banken und Finanzvertriebe diese Produkte als angeblich risikoarme Alternative zu Aktien oder Anleihen, oft sogar über Sparpläne empfohlen. Offene Immobilienfonds wurden den Anlegern als Betongold verkauft. Union Investment, die Fondsgesellschaft der Volks- und Raiffeisenbanken, hat im Frühjahr 2011 den Uni Immo Global vorübergehend geschlossen. Der angegebene Grund waren das Erdbeben in Japan und die Nuklear-Katastrophe in Fukushima. In Wirklichkeit waren nur 15 % des Fondsvolumens in Japan investiert. Ferner sind 2011 unter anderem Aberdeen von Degi International und Morgan Stanley P2 Value in die Abwicklung gegangen. Die drei großen Fonds SEB Immoinvest, CS Euroreal und Kanam Grundinvest müssen bis Mai 2012 ausreichend Immobilien veräußern, um Verkäufer auszubezahlen. Gelingt das nicht, müssen auch diese Fonds abgewickelt werden. Der Fondsverband BVI wies darauf hin, dass vorübergehende Schließungen offener Immobilienfonds künftig häufiger vorkommen werden. Weiter meiden!

OXFORD CLUB Communiqué 8/2003

Investieren Sie jetzt nicht in US-Immobilien!

Europäische Banken empfehlen seit geraumer Zeit US-Immobilien und US-Immobilien-Fonds. Entgegen der rosaroten, eigennützigen Werbung drohen hier erhebliche Preisrückgänge und fallende Mieten.

OC-Empfehlung: Rechnen Sie damit, dass speziell US-Anleger rasch in den attraktiveren Aktienmarkt umschichten. Sie kaufen jetzt viel zu teuer. Meiden Sie derzeit den Einstieg in den US-Immobilienmarkt und die einschlägigen Fonds. Sofern Sie dort investiert sind, sollten Sie sogar klar erwägen zu verkaufen – selbst auf das Risiko hin, vielleicht noch einen Teil der weiteren Übertreibung zu verpassen.

Rückblick: Rund im fünften Jahr nach dem Platzen der Immobilienblase in den USA sind die Hausverkäufe in den USA noch immer auf Rekordtief – und der Preisdruck hält weiter an. Ein Wirtschaftsaufschwung ist in den USA nicht in Sicht. Die Hauspreise sind so niedrig wie 2002. Der gigantische Hauspreis-Boom der Jahre 2003 bis 2007 war völlig überhitzt und in Teilen sogar auf Betrug aufgebaut. 25 % der Immobilienbesitzer sitzen in praktisch unverkäuflichen Häusern. In der Boom-Zeit wurde zudem viel Ramsch hochgezogen. Politiker haben nichts aus dem Desaster gelernt. Neue Subventionen sollen helfen: Steueranreize beim Kauf, künstlich verbilligte Darlehen und Kreditgarantien der staatlichen Immobilienbehörde. Die Preise sind immer noch zu hoch und müssen sinken. Neuer Vorschlag von Wirtschaftswissenschaftlern ist: Immobilien mit dem größten Wertverlust müssen abgerissen werden – gegen Entschädigung zum niedrigen aktuellen Marktpreis. Dadurch soll das Angebot unverkäuflicher Objekten sinken und sich die Immobilienpreise insgesamt wieder erholen können. Das ist pure Verzweiflung. Ein Boden der US-Immobilienpreise ist noch nicht erreicht.

OXFORD CLUB Communiqué 6/2003

Vorsicht vor der Enteignung Ihrer Spanien-Immobilie!

Sie sind stolzer Eigentümer einer Immobilie in Spanien, noch dazu in einer attraktiven Küstenregion? Dann besteht die Gefahr, dass Sie kurz und entschlossen enteignet werden. Es mehren sich derzeit die Fälle in Spanien, in denen ausländische Immobilien-Eigentümer mit obskuren Methoden quasi durch die Hintertür enteignet werden. Das kann rasch und innerhalb nur weniger Wochen geschehen. Dahinter steckt oft ein interessierter Bauträger. Hilfe leisten die spanischen Behörden. Rechtsgrundlage sind so genannte Urbanisationsordnungen.

Danach darf eine Immobilie enteignet und beseitigt (abgebrochen) werden, sofern sie einer umfassenden Erschließung/Bebauung im Weg steht. Theorie ist, dass die Behörden die Eigentümer über die Absicht informieren müssen. Praxis ist, dass Sie darüber kaum etwas erfahren werden. Denn Sie werden wohl kaum täglich das örtliche Rathaus in Spanien aufsuchen und nach dem einschlägigen Aushang suchen. Denn in vielen Fällen werden dort vor Ort die Pläne für zwei Wochen ausgehängt, und Sie haben dann lediglich 15 Tage Zeit, Ihren Einspruch einzulegen. Ist der Urbanisationsplan verabschiedet, folgt rasch der Abriss Ihres Domizils. Denn dann gilt das Interesse des Bauträgers – Entschuldigung, natürlich das Gemeinwohl.

Sie erhalten eine Entschädigung, die sich an den niedrigen Einheitswerten orientiert und nur ein Bruchteil des Marktwertes darstellt. Die unterstellte Praxis, Schwarzgeld bei spanischen Immobilienkäufen zur Senkung der Grunderwerbsteuer einzusetzen, wirkt sich dann zusätzlich belastend aus, weil ein zu niedriger Wert in den Kaufvertrag aufgenommen wurde und der Rest „schwarz" gezahlt wurde.

Der Gipfel ist dann, dass Sie auch noch anteilig zu den Kosten der ominösen Erschließungsmaßnahme herangezogen werden.

Meine Einschätzung: Am gefährdetsten ist die Region Valencia. Aber auch auf Andalusien und andere Landesteile greift dieser bedenkliche Missbrauch über. Gerichtsverfahren laufen inzwischen bis zum spanischen Verfassungsgericht, und fast alle Botschafter westlicher Staaten haben bereits offiziellen Protest eingelegt. Die neu gegründete Gruppe „Nein zum Urbanisationsmissbrauch" informiert auch auf Deutsch auf der Website www.abusos-no.org ausführlich.

Rückblick: Die frühe Warnung vor dem spanischen Immobilienmarkt war richtig und wurde in den Folgejahren bekräftigt. Inzwischen haben sich die Immobilienpreise in vielen Fällen halbiert, und ein Ende der Abwärtsspirale ist noch nicht abzusehen.

OXFORD CLUB Communiqué 5/2003

Eine Immobilien-Krise hätte schlimmere Folgen als die Aktien-Baisse

Immobilienkrisen bei exzessiver Kreditexpansion verursachen größere Schäden als Crashs an den Aktienbörsen.

Der IWF sorgt sich derzeit um die „Blase" am britischen Immobilienmarkt mit der Folge einer drohenden Deflation. Und Alan Greenspan vermeidet es, vom Platzen einer Blase zu sprechen, er wies allerdings deutlich darauf hin, dass der Immobilienboom 2002 10 Mio. Hypotheken betraf und die Verbrauchernachfrage maßgebend ankurbelte. Ein „Abflauen" des Trends hätte umgekehrte Wirkung.

Meine Einschätzung: Wir sehen die Immobilienmärkte in den USA, Großbritannien und den Niederlanden als stark rückschlagsgefährdet an. Besonders in den angelsächsischen Ländern boomten die Immobilienmärkte in den vergangenen Jahren; sie lösten dort die Aktienmärkte als Antriebskräfte ab und milderten deren Auswirkungen durch sinkende Kurse. Darüber hinaus nahmen viele Eigentümer zu den niedrigen Zinsen

Hypotheken auf und kauften für diese Gelder Konsumgüter. Daher nochmals unser Rat: Meiden Sie Investments in Immobilien (Immobilien-, Aktien-Fonds, Baugesellschaften u. ä.) in diesen Regionen!

Rückblick: Den Absturz der US-Immobilienpreise zeigt der repräsentative Case-Shiller-Index eindrucksvoll. Angesichts der schwachen US-Konjunktur, die zu 70 % von hoch verschuldeten Privatkonsumenten abhängt, zeichnet sich noch kein Boden in den US-Immobilenpreisen ab.

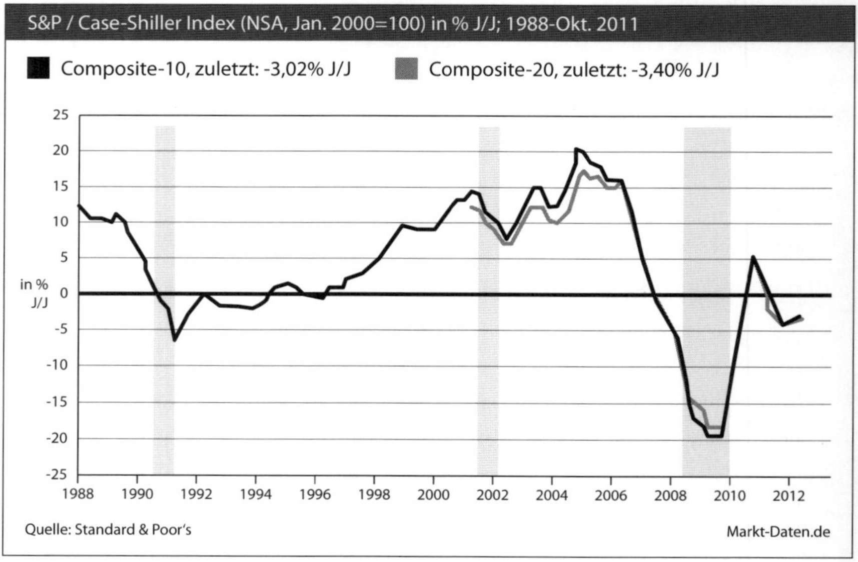

OXFORD CLUB Communiqué 4/2003

Warnung vor den US-Hypotheken-Gesellschaften war berechtigt: Fannie Mae und Freddie Mac unter Druck

Großes Aufsehen erregte unsere Analyse im *OXFORD CLUB Communiqué* Juli 2002 (Seite 6) über die Gefahren der beiden beliebten Hypotheken-Spezialisten Fannie Mae und Freddie Mac. Unsere Kritik griff jüngst William Poole, der Präsident der Federal Reserve Bank von St. Louis, mit seiner Warnung auf, dass ein Fehltritt eines der beiden US-Institute innerhalb weniger Stunden eine Krise am Finanzmarkt auslösen könnte. Das Mitglied der US-Notenbank verglich den Markteinfluss beider Institute mit dem des 1999 gescheiterten Mega-Hedge Fonds LTCM, der damals beinahe eine Finanz-Katastrophe auslöste. Fannie Mae und Freddie Mac geben nicht als Kreditgeber unmittelbar Hypotheken heraus, sondern kaufen diese von Kreditgebern auf und sind somit auf dem Sekundärmarkt tätig. Die Kredite werden gebündelt und dann unter dem Namen sowie mit der von Rating-Agenturen als erstklassig eingestuften Bonität dieser beiden Institute am Kapitalmarkt weitergegeben. William Polle forderte sogar, dass beiden Unternehmen das Privileg entzogen werden sollte, vom US-Schatzamt jederzeit Milliarden beziehen zu können.

Meine Einschätzung: Diese prominente Bestätigung unserer Analyse von Fannie Mae und Freddie Mac zeigt das hohe Systemrisiko der inzwischen 3,1 Bio. US$ Kredite aufgehäuften US-Hypothekar-Spezialisten. Meiden Sie diese beliebten Aktien ebenso wie den gesamten US-Immobilienmarkt, US-Immobilien-Aktien und dort investierte Immobilien-Fonds. Denn Gefahren drohen auch vom überhitzten US-Immobilienmarkt. Gleiches gilt für entsprechende Investments in Großbritannien und den Niederlanden. Auch diese Märkt sind heiß gelaufen und stehen vor herben Rückschlägen.

Rückblick: In etlichen Börsen- und Wirtschaftspublikationen wurden die Aktien von Fannie Mae und Freddie Mac zu dieser Zeit als Value-

Investments herausgestellt. Wir haben vehement vor diesen Systemrisiken gewarnt. 2008 wurden die beiden Hypothekenfinanzierungs-Giganten verstaatlicht.

OXFORD CLUB Communiqué 7/2002

Meiden Sie US-Gewerbe-Immobilien!

Mit Sorge lesen wir seit geraumer Zeit immer wieder Empfehlungen, in Gewerbeimmobilien oder REITS (US-Immobilienfonds) in den USA zu investieren.

Meine Einschätzung: Meiden Sie Gewerbeimmobilien in den USA! Seit 2001 gibt es in den USA wieder ein Überangebot an solchen Immobilien. Die Leerstände haben sich auf inzwischen 12 % verdoppelt. Zusammen mit der hohen Verschuldung sowohl der Privatpersonen als auch der Unternehmen in den USA sehen wir den Preistrend für US-Gewerbeimmobilien weiter abwärts gerichtet.

Rückblick: 2009 stieg die Ausfallquote für Kredite zum Bau und Erwerb von Bürogebäuden und Einkaufszentren auf 3,4 %, den höchsten Stand seit 1993. Gezählt werden in dieser Statistik Kredite in den Büchern der Banken, die seit 90 Tagen nicht mehr bedient werden oder bei denen die Institute nicht mehr damit rechnen, dass sie komplett beglichen werden. Bei Krediten, die nicht auf den Bilanzen der Banken liegen, sondern in Anleihen (CMBS) weiterverkauft wurden, stieg die Ausfallquote im Oktober 2009.

Aus aktueller Sicht zeigt sich auf dem US-Markt der Gewerbeimmobilien nach dem Einbruch in 2007 eine leichte Stabilisierung. Maßgebend war dafür die konjunkturelle Belebung insbesondere in der zweiten Jahreshälfte 2010. Angesichts der US-Konjunkturentwicklung erwarte ich ab 2012 ein weiteres Absinken der Preise für US-Gewerbeimmobilien.

Steuerspar-Modelle: Hier wird Ihr Geld versenkt!

Immer wieder werden Anleger mit angeblich genialen Modellen zum Sparen von Steuern gelockt. Populär, aber Ihr Geld wird oft vernichtet. Im Rückblick wäre es grundsätzlich besser gewesen, die Steuern zu zahlen. In diesem Markt tummeln sich auch dubiose Anbieter, die Sie von vornherein abzocken wollen. Das schließt auch die angeblichen alternativen oder Umwelt-Investments (gutes Gewissen und viel Geld) mit ein!

OXFORD CLUB Communiqué 2/2011

SOS Schifffonds: Sie sind nicht betroffen!

Deutsche Banken sind weltweit führend in der Finanzierung neuer Schiffe. Die Nummer 1 ist die HSH Nordbank, es folgen die Commerzbank-Tochter Deutsche Schiffsbank, KfW IPEX und NordLB. In Deutschland werden Schiffe in erster Linie von Privatanlegern über geschlossene Fonds (1-Schiff-Gesellschaften) finanziert. Deutsche Reeder kontrollieren die weltgrößte Containerschiff-Flotte. Die Reeder hatten den Vorteil, über die Fonds selbst kaum Eigenkapital für neue Schiffe aufnehmen zu müssen. Seit 2008 ist dieser Markt nahezu komplett zusammengebrochen. Die den Fonds Kredite gebenden Banken hatten zunächst bereitwillig gestundet, oft bis zu 18 Monate. Zahlreiche Stundungen laufen jetzt aus. Die Banken bestehen auf Beteiligungen von Reedern und Fondsanlegern. Hintergrund: Länger als drei Jahre darf die Stundung aus rechtlichen Gründen nicht gewährt werden. Dann ist der Kredit als Non-Performing-Loan abzuschreiben und mit mehr Eigenkapital zu hinterlegen.

Meine Einschätzung: Sie wurden bereits vor mehr als fünf Jahren vor solchen Fonds gewarnt. Inzwischen üben die Banken Druck aus, dass Problem-Schiffe verkauft werden und Reeder sich zusammenschließen, um wirtschaftlichere Einheiten zu bilden und die Haftung zu verbessern. Die

Banken werden versuchen, sich ohne Verluste aus dem Geschäft zurückzuziehen.

Rückblick: Steuerspar-Fonds galten viele Jahre als sichere Kapitalanlage. Aus meiner Sicht nicht, da weitaus mehr Schiffe gebaut als gebraucht wurden. Auch diese jahrelangen Warnungen waren treffend. Am 19.11.2011 meldete der Schiffsfonds DS 111 Insolvenz an. Investoren sind in Schifffonds im Gegensatz zu Aktienfonds keine reinen Kapitalanleger, die jederzeit verkaufen können, sondern Miteigentümer einer Gesellschaft und damit Unternehmer. Mit dem Fonds werden Schiffe gekauft und diese vermietet. Zusätzlich zum Kapital der Anleger nehmen die Fonds grundsätzlich hohe Kredite auf. 2011 sind bereits etliche Fonds pleitegegangen, so zum Beispiel der Marnavi Splendor des Fondshauses KGAL oder der MS Pacific Sun vom Elbe Emissionshaus. Ich gehe davon aus, dass dies erst der Anfang ist. Die niedrigen Charterraten werden in den nächsten Monaten zahlreiche Fonds in Not bringen. In der Finanzkrise kollabierten die Charterraten. Entscheidend sind zusätzlich Überkapazitäten. Weiter meiden!

OXFORD CLUB Communiqué 11/2009

Schiffsfonds – Anlegern droht Rückzahlung der Gewinne!

Seit dem Herbst vergangenen Jahres befinden sich viele Schifffonds in schwerer See. Sie sind hart getroffen von dem weltweit eingebrochenem Güterverkehr und einem erhöhten Angebot an Transportkapazitäten. Mit der geringen Auslastung vieler Frachter sinken zugleich auch die Frachtraten.

Bei offenen Fonds werden, wie im Fall HCI Capital AG für das Containerschiff „Mar Catania", freiwillige Nachforderungen erbeten. Werden diese, wie im Beispiel verweigert, droht das Aus.

Im Falle geschlossener Fonds werden die Anleger allerdings Miteigentümer. Bei den Kommanditgesellschaften (KG) und GmbH & Co. KG drohen Insolvenzen.

Meine Einschätzung: Wir hatten auch vor diesen beliebten Steuersparfonds seit Jahren gewarnt. Bei den KG und GmbH & Co. KG kann der Insolvenzverwalter bereits gezahlte Ausschüttungen, oft waren es 5 bis 6 % Rendite jährlich, zurückfordern, und zwar für die komplette Zeit. Die Grenze ist hier die im Handelsregister eingetragene Höchstsumme.

OXFORD CLUB Communiqué 8/2009

Steuerfalle Medienfonds: Filmriss!

Wir warnten Sie über viele Jahre immer wieder vor Medienfonds – zu Recht! Wer sie gezeichnet hat, muss jetzt sogar um die einst gewährten Steuervorteile fürchten, sofern es sich um Fondskonstruktionen mit der Struktur der Schuldübernahme (Bankgarantie für Lizenzeinnahmen von Filmen) handelt. Die Finanzbehörden wollen dann die steuerlichen Vorteile aus der Anfangsphase von Fondszeichnungen nicht mehr anerkennen, so als ob kein unternehmerisches Risiko eingegangen worden sei – rückwirkend bis 2001!

Meine Einschätzung: Zwar verhandeln etliche Initiatoren von Film-Fonds mit den Finanzbehörden. Unabhängig davon haben Anleger gegebenenfalls Ansprüche gegenüber dem Fondsinitiator aufgrund der Prospekthaftung. Fast alle Medienfonds wurden in Kombination mit Krediten gezeichnet, im Sinne einer steuerlichen Optimierung. Daher kann auch die Beraterhaftung greifen. Sie waren rechtzeitig gewarnt!

Rückblick: Oft zahlt sich Beharrlichkeit doch aus. Das bestätigte nach einem zermürbend langen Rechtsstreit jetzt das Oberlandesgericht (OLG) München mit Urteil vom 30.12.2011, Az. KAP 1/07. Danach war der Prospekt des Medienfonds VIP 4 fehlerhaft. Auf dieser Grundlage haben die Kläger endlich Anspruch auf Schadenersatz. Für den Schaden haften der Fondsinitiator und auch UniCreditbank, die 2005 die Hypo-Vereinsbank übernommen hatte. Das Urteil ist wahrscheinlich von Bedeutung für alle Zeichner eines Medienfonds, da es verbindlich ist für alle in Deutschland anhängigen Klageverfahren gegen die ehemalige HypoVereinsbank. Das OLG München begründet den Anspruch auf Schadenersatz mit der falschen Darstellung des steuerrechtlichen Risikos im Prospekt. In Wirklichkeit flossen die Zahlungen anders, als dort angegeben. Die für die Rendite der Anlage ausschlaggebenden Steuervorteile waren aus diesem Grund ausgeblieben. Einige Finanzämter hatten daher den Anlegern sogar alle Steuervorteile nachträglich aberkannt. Falsch waren auch das dargestellte Verlustrisiko und die Prognoserechnung.

Wir hatten über die Jahre vor Medienfonds immer wieder gewarnt. Sollten Sie dennoch zu den Geschädigten zählen, so berufen Sie sich auf das obige Musterurteil. Dieses sollte auch auf andere Medienfonds anwendbar sein. So sind davon wohl auch Anbieter wie die Hannover Leasing und die mitwirkenden Banken betroffen. Wie von uns berichtet, wurden in den Jahren von 1998 und 2005 ähnlich konstruierte Fonds vertrieben. Prüfen Sie, ob Ihre Ansprüche verjährt sind. Klage müssen Sie individuell erheben. Sie haben allerdings gute Chancen auf Schadenersatz. Ziehen Sie einen Fachanwalt zu Rate!

OXFORD CLUB Communiqué 7/2007

Edelholzplantagen: Meiden Sie auch Life Forestry!

In den vergangenen Jahren erreichten uns immer wieder Anfragen zu Prime Forestry – wir rieten Ihnen ab! Das Unternahmen war bis März 2006 mit angeblich zertifizierten Edelholzplantagen in Panama und brachte 3.500 Anleger zu Investitionen von etwa 60 Mio. CHF.

Jetzt stellt die Hergiswiler Life Forestry bis zu 14 % mit ihren Teakholz-Plantagen in Costa Rica in Aussicht. Für 25.000 € erhalten Sie als Anleger

1.000 neu gepflanzte Bäume, Mindesteinsatz: 4.400 €. Hohe Zinsen und noch ein gutes Gewissen! Das Modell ähnelt stark dem von Prime Forestry. Diese Gesellschaft wird derzeit vom Liquidator Karl Wüthrich auf Weisung der Eidgenössischen Bankenkommission aufgelöst. Wir haben Ihnen zu Recht abgeraten!

Life Forestry verspricht, die einzelnen Bäume zu nummerieren und den Anlegern zuzuteilen. Rückstellungen sollen für die Bewirtschaftung auf ein Treuhandkonto eingezahlt werden – Gebührenanteil: 15 %!

Meine Einschätzung: Wir halten die Berechnungen, besonders hinsichtlich der eingeplanten Erträge, für weit überzogen und eine positive Rendite kaum erreichbar. Meiden!

Rückblick: Neuer Skandalfall ist die im gleichen Genre tätige Precious Wood. Hierzu habe ich viele Anfragen von Anlegern erhalten, die dort investieren wollten – und strikt abgeraten. Zu Recht. Es handelt sich um ein Zürcher Tropenholzunternehmen. Seit drei Jahren werden Versprechen über eine Restrukturierung nicht gehalten. Inzwischen werden die Aktionäre auch noch gebeten, sich finanziell an Notverkäufen von Assets in Zentralamerika zu beteiligen. Vorgeschichte: Das dem Schutz der Tropenwälder verschriebene Unternehmen wurde von Angestellten und Geschäftspartnern jahrelang betrogen, hatte 76.000 ha Wald in Brasilien einem Kriminellen abgekauft, leidet in einem anderen, brasilianischen Projekt von rund 485.000 ha unter verzögerten Erntebewilligungen etc. Ein Sumpf an Korruption, in dem das Unternehmen immer mehr versinkt. Meiden Sie solche Aktien, die an Ihr gutes Gewissen appellieren. Oft wollen sie nur Ihr Geld!

Steueroasen waren gestern

Viele vermögendere Anleger lagern einen nicht unbeträchtlichen Teil Ihres Ersparten in so genannten Steueroasen im europäischen Ausland, allen voran in der Schweiz oder Liechtenstein. Im Zuge starker politischer Umwälzungen gelten diese finanzparadiesischen Umstände in den meisten dieser Länder nicht mehr uneingeschränkt. Im *OXFORD CLUB Communiqé* wurde der Wandel der Steueroasen regelmäßig thematisiert und die Folgen für dort investierte Leser beleuchtet.

OXFORD CLUB Communiqué 11/11

„Mausefalle Schweizer Konto" II: Sogar Bargeldeinzahlungen Deutscher sind bei Schweizer Banken unerwünscht?

Unser kritischer Bericht im September-Communiqué 2011 „Mausefalle „Schweizer Konto: Warum Sie kaum Geld bei Ihrer Schweizer Bank abheben können!" wurde als Thema sofort von deutschen Nachrichten-Magazinen aufgegriffen. Kernpunkt ist, dass deutschen Anlegern von Schweizer Kreditinstituten nur sehr eingeschränkt gestattet wird, von ihren Konten Geld abzuheben. Das Geld soll nämlich für Steuerrückzahlungen zur Verfügung stehen. Dieses Verhalten gegen Kunden wird aber sogar noch getoppt.

Inzwischen – so berichten uns Mitglieder – lehnen Schweizer Banken sogar Bareinzahlungen von deutschen Anlegern auf deren eigene Konten ab. So wollte kürzlich ein deutscher Anleger (ein Banker!) bei seiner Schweizer Genossenschaftsbank aus seinem Tresorfach Geld (Schweizer Franken) zum Kauf von physischem Gold einsetzen. Dies lehnte die Schweizer Bank ab! Schriftliche Begründung war, dass er nicht sein Geld einfach vom Tresorfach auf sein Konto einzahlen dürfe. Das Geld habe er auf sein Konto in Deutschland bar einzuzahlen und dann via Überweisung an die Schweizer Bank zu transferieren. Im Original: „Die Weißgeldstrategie bedeutet, dass alle Geldeingänge per Überweisung erfolgen müssen. Auch wenn Sie das Geld, das im Tresorfach liegt, in Deutschland deklariert haben, dürfen wir nichts mehr einzahlen lassen."

Meine Einschätzung: Das bestätigt unsere bereits vor Jahren nachdrücklich gegebenen Warnungen, dass die Schweiz ihren früheren Nimbus als Finanzplatz für diskrete Gelder längst verloren hat und dafür mittlerweile ungeeignet ist.

OXFORD CLUB Communiqué 9/2011

Mausefalle „Schweizer Konto" I: Warum Sie derzeit kaum Geld bei Ihrer Schweizer Bank abheben können!

Das Einrücken einer Kavallerie, wie von Ex-Finanzminister Peer Steinbrück seinerzeit angedroht, war nicht notwendig. Die Schweiz ist auch so eingeknickt. Am 10.8.2011 unterzeichneten die Finanzminister beider Länder ein neues Doppelbesteuerungsabkommen, das ab 1.1.2013 gelten soll. Ab dann – so viel ist sicher – ziehen Schweizer Banken von den laufenden Kapitalerträgen ihrer deutschen Kunden 26,375 % „Abgeltungsteuer" ab. Das entspricht der Höhe der deutschen Abgeltungsteuer zuzüglich des Solidaritätszuschlags. Für bislang unversteuerte Altvermögen wird es richtig teuer. Dieses wird dann – je nachdem, wie lange es in der Schweiz angelegt war – mit einer Pauschalsteuer zwischen 19 und 34 % belastet. Dabei wird bis zu 13 Jahre zurückgerechnet, also bis zum Jahr 2000. Bis dahin reicht die maximale Festsetzungsverjährungsfrist bei Steuerhinterziehung. Gehen Sie davon aus, dass, je länger das diskrete Schweizer Konto existiert hat, desto höher die Steuer wird. Ab zehn Jahren und länger droht damit der Höchstsatz von 34 %. Neuanlagen werden pauschal mit 26,375 % besteuert.

Dass Schweizer Banken einmal als Hilfsbeamte des deutschen Fiskus fungieren würden, hätte sich natürlich vor wenigen Jahren kaum jemand träumen lassen. Wach wird allerdings so mancher Anleger, der an sein Schweizer Geld nicht mehr herankommt. Die Schweizer Banken achten seit Anfang 2011 darauf, die Gelder auf Konten und Depots zurückzuhalten, um Rücklagen zu haben für die Steuerschulden ihrer Kunden. Dies berichten inzwischen etliche Kunden, die größere Beträge von Ihren Schweizer Konten abheben wollten.

Grund für die Blockade der Gelder ist, dass als Grundlage für die Berechnung nicht ein Vermögen zu einem bestimmten Stichtag, also zum Beispiel der 1.1.2011, gilt, sondern ein durchschnittlicher Konto- und Depotwert herangezogen werden könnte. Denkbar ist in Anlehnung an die deutschen Verjährungsregelungen ein Durchschnittwert der vergangenen zehn Jahre. Die Bundesländer werden allerdings darauf bestehen, dass entsprechende Abkommen auch mit anderen „Steueroasen" getroffen werden. Die Milliarden an Einnahmen werden entsprechend dem Schlüssel der deutschen Abgeltungsteuer aufgeteilt: je 44 % für Bund und Länder sowie 12 % für die Kommunen.

Meine Einschätzung: Urs Ackermann, Pressesprecher der Zürcher Kantonalbank (ZKB), war für eine Schweizer Bank im Frühjahr 2011 bemerkenswert offen: „Wir zahlen Ausländern keine größeren Mengen Bargeld mehr aus. Wir sind in einer neuen Welt, und da ist es klar: Wer große Bargeldbeträge abziehen will, der will sie vor den Steuerbehörden verstecken." Hier zeigt sich wieder, wie berechtigt seit mehr als fünf Jahren unsere Warnungen vor der „Steueroase Schweiz" (und Liechtenstein) sind. Sofern also ein deutscher Anleger einen höheren Betrag von seinem Konto abheben will, befürchtet die Schweizer Bank, die spätere Differenz zur Steuerschuld gegebenenfalls aus eigenen Mitteln abdecken zu müssen. Deshalb verweigern seit Anfang 2011 diverse Schweizer Kreditinstitute höhere Auszahlungen an deutsche Kunden. Mit anderen Worten: Ihr Vermögen bleibt blockiert. Sie kommen nicht an Ihr Geld.

OXFORD CLUB Communiqué 3/2010

Schweizer Bankgeheimnis wird heimlich aufgeweicht: So werden Sie von den Banken verraten!

Anfang des Jahres 2010 versandten Schweizer Banken mit Kontoausweisen und Depotaufstellungen auch die neuen Allgemeinen Geschäftsbedingungen (AGB). Ein genauer Blick lohnt sich hier besonders auf die Hinweise zum Bankkundengeheimnis. Eine der Schweizer Großbanken, stellvertretend für andere herausgegriffen, schwächt das Bankgeheimnis in gleich mehreren wichtigen Punkten ab. Auf das Bankgeheimnis nicht berufen können sich danach Kunden, die

- gegen die Bank gerichtliche Schritte eingeleitet haben,
- mit Zahlungen im Rückstand sind oder
- Vorwürfe gegen die Bank in der Öffentlichkeit oder
- gegenüber in- und ausländischen Behörden erheben.

Die Bank behält sich bei Transaktionen in ausländischen Wertpapieren eine Offenlegung vor, sofern die „zur Anwendung gelangenden Bestimmungen" das erfordern.

Diese Aufweichung des Bankgeheimnisses durch die Schweizer Banken selbst ist heftig. Wenn Sie sich als Schweizer Bankkunde an die Öffentlichkeit wenden, weil Sie der Auffassung sind, Ihnen sei Unrecht widerfahren, müssen Sie damit rechnen, dass die Bank Einzelheiten Ihrer Vermögensverhältnisse darlegt. Und der letzte Punkt ist als Generalklausel praktisch ein Freibrief für Schweizer Banken. Dies bietet unter anderem bei französischen Anlegern eine offene Flanke, da hier bereits Meldepflichten für Anleger einheimischer Wertpapiere bestehen. Der neueste Trend sind die von immer mehr Staaten verlangten Segregated Accounts. Die untersagen Anlegern, ausländische Wertpapiere in die bislang üblichen anonymen Sammeldepots einzubringen.

Meine Einschätzung: Wenn über das Kippen der ehemaligen Steueroase Schweiz im März 2009 – wir berichteten ausführlich – und sich häufende Indiskretionen von Bankmitarbeitern (wir prognostizierten auch das) hinaus jetzt auch noch die Banken selbst gegen ihre Kunden vorgehen – der erste Fall wurde uns unlängst über einen der deutschen Top-10-Kunden der UBS bekannt, der in diesen Tagen dagegen (Frühjahr 2010) offen klagt –, so läuft schon sehr bald der Domino-Day für die Steueroase Schweiz ab.

OXFORD CLUB Communiqué 8/2009

Vorsicht: So werden Anleger aus der Schweiz abgezockt!

„Schweizerische Börsenabwicklungsgesellschaft", „Helvetia Treuhand", „Global Suisse Capital", „Bürgschaftskasse", „Equity Swiss Service", „Ocean´s Continental", „AAA Assets Management" – mit solchen Firmennamen und Internetadressen werden immer mehr deutsche Anleger betrogen. Die Niederlassungsfreiheit in der Schweiz wird genutzt, um mit Schweizer Adressen Kunden in die Falle zu locken.

Meine Einschätzung: Wir warnen vor solchen Briefkastenadressen. Hinter ihnen steckt meist eine Büroservice-Firma mit Hintermännern in Deutschland. Die Eidgenössische Finanzmarktaufsicht Finma reagiert zusehends härter auf die Finanzschwindler. Ihnen droht über ein Strafverfahren zusätzlich der Zwangskonkurs.

OXFORD CLUB Communiqué 4/2009

Domino-Day für Steueroasen: Diese fallen jetzt in Serie!

Unter Führung von Deutschland und Frankreich greifen die Staaten der Euro-Region in der aktuellen Krise die europäischen Steueroasen an, wie die Schweiz, Liechtenstein, Monaco und die Kanalinseln sowie gleich als unangenehm empfundene Steuerwettbewerber wie die Slowakei, das Baltikum und Irland.

Liechtenstein hat am 12. März 2009 kapituliert und legt die Rechtsbegriffe Steuerhinterziehung und Steuerbetrug zusammen, um von vornherein nicht auf der Schwarzen Liste zu erscheinen und in einen automatisierten Datenausgleich gezwungen zu werden.

Andorras Regierung kündigte am selben Tag ein Gesetz zur Aufhebung des Bankgeheimnisses an!

Die Isle of Man gibt nun wie Jersey Informationen heraus: Finanzminister Peer Steinbrück hat mit der Isle of Man zwei Abkommen unterzeichnet, und zwar eines „für Transparenz und Auskunftsaustausch bei der Besteuerung" sowie eines über die Besteuerung der Gewinne aus dem Betrieb von Schiffen. Das bedeutet, dass für die Besteuerung relevante Informationen zugänglich sein und auf Antrag ausländischen Steuerbehörden zur Verfügung gestellt werden müssen. Seit Mitte 2008 gelten ähnliche Vereinbarungen mit der Kanalinsel Jersey.

Steueroasen kapitulieren aktuell in Serie: Am 13. März 2009 kündigten die Schweiz, Österreich und Luxemburg an, ihr Bankgeheimnis zu lockern und ausländischen Behörden bereits bei Verdacht auf Steuerhinterziehung Kontodaten zu übermitteln. Belgien will sogar ab 2010 im Rahmen der EU-Zinssteuer automatisch Informationen über ausländische Steuerpflichtige liefern. Und auch Monaco kündigte an, mit anderen Staaten zusammenarbeiten zu wollen.

Meine Einschätzung: Die europäischen Steueroasen werden trockengelegt, wie Ihnen seit Jahren treffend prognostiziert. Selbst Hongkong und Singapur haben angekündigt, bei Steuerdelikten nach OECD-Standards verfahren zu wollen. Wir halten Sie auf dem Laufenden.

OXFORD CLUB Communiqué 1/2008

Achtung: Steueroase Schweiz kippt ab 2009!

Das berühmte Schweizer Bankgeheimnis bietet Ihnen bald keinen Schutz mehr. Ausländische Anleger haben hier 2,8 Bio. € diskret deponiert. Ab 2009 ist der Schutz aufgehoben! Bislang hatten Steuersünder in der Schweiz wenig zu befürchten. Bei Steuerhinterziehung gab es keine Auskunft an das anfragende Finanzamt, lediglich bei Steuerbetrug, also beispielsweise bei gefälschten Dokumenten, wurde das Schweigen gegenüber den Fahndern gebrochen.

Auf Druck der Europäischen Union wird mit Wirkung ab 2009 Auskunft bei einfacher Steuerhinterziehung erteilt. Damit ist das Schweizer Bankgeheimnis praktisch aufgehoben.

Eine erste Lockerung trat bereits im Juni 2008 in Kraft: Bei Verdacht auf Umsatzsteuerhinterziehung werden alle Kontoinformationen jetzt schon an die Fahnder weitergegeben.

Beispiel: Wird ein Bezug zwischen Schwarzgeld und angeblich hinterzogener Umsatzsteuer hergestellt, etwa bei Schwarzgeldern wird Selbstständigen unterstellt, auch die Umsatzsteuer nicht korrekt verbucht zu haben, erteilt die Schweiz jetzt schon Auskunft. Der Rest des Schweizer Bankgeheimnisses entfällt dann Ende 2008.

Meine Einschätzung: Auch die früher legendäre Steueroase Schweiz zeigt deutliche Aufweichungstendenzen gegenüber der Europäischen Union.

Infrastruktur: Sichern Sie sich gegen Versorgungsausfälle ab

Die Weltwirtschaft hat durch die Globalisierung der vergangenen rund 20 Jahre erheblich an Dynamik und Effizienz gewonnen und uns allen finanzielle Vorteile gebracht. Kernpunkte sind eine geringe Lagerhaltung und eine bedarfsorientierte Lieferung, das so genannte Just-in-Time-Verfahren. Allgemein wurde dies oft mit dem Ausdruck bezeichnet: „Das Lager liegt auf der Straße." Ironisch angemerkt, da kann es wirklich bleiben. In vielen Regionen Deutschlands haben Sie dies beim Winterdienst der beiden Vorjahre deutlich bemerkt.

Kaum jemand denkt daran, welche Auswirkungen eine Naturkatastrophe oder gezieltes menschliches Vorgehen (Anschläge, kriegerische Auseinandersetzungen) auf die fragilen Ketten der Systeme der Versorgungsketten und Wertschöpfungen haben können.

Allein schon kurzfristige Unterbrechungen durch solche Störungen hätten empfindliche Folgen für die Sicherheit der Versorgung und die Preise.

Just-in-Time: Hochkomplexe Versorgungssysteme sind extrem anfällig gegen Unterbrechungen

Beispiele aus dem Jahr 2011 sind die Erdbeben- und Tsunami-Folgen mit der folgenden Nuklear-Katastrophe von Fukushima, die zahlreiche Zuliefererbetriebe zerstörte und die Produktion der japanischen Industrie empfindlich traf. Die Großregion mit den Zentren Tokio, Yokohama und Kawasaki erfährt seitdem eine noch größere Konzentration.

Die Überschwemmungskatastrophe im Großraum Bangkok im Herbst 2011 hat gezeigt, wie anfällig grenzüberschreitende Produktionsketten sind, wenn kaum Lagerhaltung vorhanden ist.

Hinzu kommt auch politisches Kalkül, wie sich im Jahr 2010 bei der Versorgung mit Seltenerdmetallen zeigte. China mit einem weltweiten

Anteil von damals rund 97 % bei der weltweiten Produktion dieser Elemente senkte in mehreren Stufen drastisch die Exporte. Ziel war der Großverbraucher Japan, der zugleich in Grenzkonflikte verwickelt wurde. Japan wurde sprichwörtlich auf dem falschen Fuß erwischt. Kostenkalkulation in Perfektion und damit minimale Lagerhaltung und keine Alternativen in der Versorgung zeigte deutlich die Verletzbarkeit des Kaizen. Inzwischen hat sich Japan nach neuen Projekten für die Versorgung mit Seltenerdmetallen umgeschaut und ist in Indien und Australien fündig geworden.

Krisen sind durchaus denkbar durch die Blockade von lebenswichtigen Schifffahrtsverbindungen, Störungen des Flugverkehrs oder von zentralen Raffinerie-Komplexen – um nur einige Beispiele zu nennen.

Das würde die Preise für Transporte und die betroffenen Güter geradezu explodieren lassen. Jede Kostenkalkulation würde innerhalb kürzester Zeit zur Makulatur.

China stellt die eigene Versorgungssicherheit seit Jahren in den Vordergrund. Emsig werden im großen Stil Devisenreserven angehäuft und gezielt weltweit eingesetzt für den Erwerb von Rohstoffen, vorzugsweise Energiequellen und Agrarland. Sehen Sie China mit der umsichtigen Bevorratung und Absicherung als Ihr Vorbild!

Rechnen Sie mit dem Unerwarteten!

Sie kennen meine Jahresprognose für 2012? Sie finden darin auf der Linie der Vorjahre die Prognosen von zunehmenden Auswirkungen durch Naturkatastrophen und geopolitische Störungen. Diese beiden Zyklen sehe ich eskalieren und einen neuen Hochpunkt im Jahr 2012 erreichen.

Ich bin kein Crash-Prophet und sehe auch die Welt nicht untergehen. Ich versuche lediglich, im Interesse der Mitglieder des *OXFORD CLUB*, die auf meine Ratschläge vertrauen, realistisch zu sein.

Ich habe um die Jahreswende 2009/2010 einen konjunkturellen Aufschwung vorausgesagt und zugleich einen für die Masse unerwartet steilen Anstieg der internationalen Aktienmärkte sowie der Preise für Gold und Silber, bis in die erste Jahreshälfte 2011 hinein. Dann würden Turbulenzen wieder zunehmen. So ist es dann tatsächlich gekommen.

Jetzt schauen fast alle auf die Schulden der Staaten, den Euro (besonders) und den US$, legen jede politische Äußerung auf die sprichwörtliche Goldwaage, befürchten ein Absacken der Konjunktur und schauen auf die volkswirtschaftlichen Statistiken. Dieser Kaffeesatzleserei halte ich mich fern. Ich erwarte, wie in meinen Analysen zur Geopolitik ausgeführt, von dieser Seite massive Störungen, wie seit Jahrzehnten nicht erlebt.

Es liegen somit einige raue Jahre vor uns, sowohl in wirtschaftlicher als auch in politischer Hinsicht. Verhindern können wir sie leider nicht, aber uns darauf einstellen.

Nehmen wir als Beispiel eine seriöse Betrachtung eines großflächigen und lang andauernden Stromausfalls mit dessen Folgen durch Fachleute. Den Auftrag hierzu gab der Bundestagsausschuss für Bildung, Forschung und Technikfolgenabschätzung an das Büro für Technikfolgen-Abschätzung beim Deutschen Bundestag (TAB). 2010 war das Ergebnis die folgende Publikation:

Thomas Petermann et al.: **Gefährdung und Verletzbarkeit moderner Gesellschaften – am Beispiel eines großräumigen und langandauernden Ausfalls der Stromversorgung** (Vergl.: TAB-Arbeitsbericht Nr. 141. Berlin 2010, 264 Seiten http://www.tab-beim-bundestag.de/de/publikationen/berichte/ab141.html)

Meine Anregung ist: Lesen Sie diesen Bericht! Im Folgenden gebe ich Ihnen eine kurze Übersicht dazu:

In unseren modernen Industriegesellschaften sind die Strukturen entscheidend geprägt durch eine hochgradige Arbeitsteilung und Technologie. Die Bevölkerung wird über ein hochkomplexes Netzwerk mit lebenswichtigen Gütern und Dienstleistungen versorgt. Fachleute sprechen von einem eng verflochtenen Netz so genannter „Kritischer Infrastrukturen". Dieses umfasst insbesondere Energieversorgung, Informationstechnik und Telekommunikation, Transport und Verkehr, Energieversorgung sowie das Gesundheitswesen. Jede Störung allein auf nur einem dieser Sektoren hätte schnell Auswirkungen auf die anderen Bereiche, würde sofort auf eine Vielzahl von Menschen durchschlagen und diese empfindsam treffen.

Auslöser könnten terroristische Anschläge, Naturkatastrophen oder große Unglücksfälle werden.

Achillesferse unserer Industriegesellschaften wäre besonders ein länger andauernder und großflächiger Stromausfall. Dieser würde rasch alle Bereiche der Kritischen Infrastrukturen betreffen und bis zum Zusammenbruch der gesamten Gesellschaft führen.

Ein solches Ereignis ist „nicht aus der Welt". Nehmen wir das Münsterland am 25. November 2005. Dort knickten am Abend 82 Strommasten als Folge heftiger Schneefälle ein. Der nasse Schnee hatte sich um freihängende Starkstromleitungen gelegt und einen tonnenschweren Eismantel gebildet. Die Leitungen hielten diesem Gewicht nicht stand – die Strommasten knickten um. Rund 250.000 Menschen mussten zum Teil tagelang ohne Strom auskommen. Ein Teil der Bevölkerung verbrachte das erste Adventswochenende 2005 in Turn- oder Stadthallen.

Der Vorfall wurde damals bundesweit von den Medien aufgegriffen. Der Stromausfall dauerte im Bereich der münsterländischen Städte Ochtrup, Steinfurt, Laer, Horstmar und Schöppingen „nur" drei bis vier Tage, führte aber bereits zu Schäden von insgesamt mehr als 100 Mio. €. Denn Unternehmen mussten die Produktion einstellen, in privaten Haushalten wurden die Kühlschränke warm, Fütterungsanlagen von Landwirten fielen aus. Dem Versorger RWE selbst entstand ein Schaden von 47 Mio. €.

Da schreibe ich über etwas, was ich hautnah erfahren habe. Ich lebte damals in einer der betroffenen Städte. Am 25. November 2005 kurz vor 20.00 Uhr fielen bei mir in der Wohnung TV-Gerät, PC (mit Internet) und die Heizung für drei Tage aus. Es war nur ein Schuss vor den Bug, denn in den Nachbarstädten war die Infrastruktur weiter intakt. Aber es war ein kleiner Vorgeschmack auf mögliche, größere Ausfälle dieser Art.

Bisherige Stromausfälle dauerten maximal wenige Tage, verursachten allerdings schnell Schäden in Milliardenhöhe. Das Funktionieren unserer Infrastrukturen ist ganz entscheidend von einer kontinuierlichen Stromversorgung abhängig. Allein ein zweiwöchiger, auf das Gebiet mehrerer Bundesländer übergreifender Stromausfall hätte zwangsläufig katastrophale Folgen.

Informationstechnik und Telekommunikation

Telekommunikations- und Datendienste fallen zum Teil sofort, spätestens allerdings nach wenigen Tagen aus. In der Festnetztelefonie fallen sofort die digitalen Endgeräte und der Teilnehmeranschluss aus, anschließend die Ortsvermittlungsstellen.

In den Mobilfunknetzen sind aufgeladene und mäßig genutzte Endgeräte einige Tage funktionstüchtig. Hier fallen allerdings rasch die Basisstationen, von denen die Einwahl in die Netze vorgenommen wird, aus. Infolge erhöhter Gesprächsaufkommen sind diese innerhalb weniger Minuten überlastet oder geben wegen kurzfristig funktionierender Notstromversorgung komplett ihren Geist auf.

Bürger können ohne Strom mit ihren TV-Geräten keine Sendungen empfangen. Radioempfang ist lediglich über akku- und batteriebetriebene Geräte möglich. Dieser wird im Krisenfall zum wichtigsten Informationskanal der Bevölkerung.

Transport und Verkehr

Der Schienenverkehr kommt abrupt zum Stillstand. Der motorisierte Individual- und der öffentliche Personennahverkehr in dichtbesiedelten Gebieten werden erheblich beeinträchtigt. Der Hafenbetrieb fällt weitgehend aus. Lediglich Flughäfen erweisen sich als relativ robust.

Der Straßenverkehr endet unmittelbar nach dem Stromausfall besonders in den Großstädten im Chaos. Kreuzungen, Tunnel und Schrankenanlagen sind blockiert. Folgen sind endlose Staus und zahlreiche Unfälle. Die meisten Tankstellen fallen aus. Zahllose Pkw bleiben liegen. Nach etwa 24 Stunden nimmt der motorisierte Individualverkehr stark ab. Der öffentliche Personennahverkehr kann wegen knappen Treibstoffs nur teilweise aufrechterhalten werden.

Der stromversorgte Schienenverkehr stoppt sofort. Menschen sind in U-Bahnen und Zügen der Bahn eingeschlossen. Leitstellen, Stellwerke und Sicherungstechnik sind erheblich eingeschränkt. Das behindert die gewohnte Mobilität der Bevölkerung massiv.

Der Grundbetrieb von größeren Flughäfen kann durch Netzersatzanlagen und Treibstoffvorräte über die gesamte Dauer des Stromausfalls gesichert werden. In den Häfen ist das Be- und Entladen der Schiffe unterbrochen. Der gesamte Hafenbetrieb kommt zum Stillstand. Der Ausfall der Binnenhäfen hat regionale Bedeutung, der von Seehäfen wäre deutschland- und sogar europaweit zu merken.

Durch erhebliche Engpässe wäre die Versorgung der Bevölkerung mit Lebensmitteln und medizinischen Bedarfsgütern gefährdet.

Wasserversorgung und Abwasserentsorgung

Wasser ist als Lebensmittel praktisch nicht ersetzbar und für hygienische Mindeststandards unverzichtbar.

Wasserinfrastruktursysteme würden ohne Strom nach kurzer Zeit ausfallen. Der Ausfall wäre für die Versorgung der Bevölkerung mit Trinkwasser eine Katastrophe. Die Abwasserentsorgung würde kippen.

Eine Unterbrechung der Wasserversorgung wirkt sich gravierend auf die Privathaushalte aus: Gewohnte Körperpflege ist nicht durchführbar, für zahlreiche Haushalte gibt es kein warmes Wasser mehr. Das Zubereiten von Speisen und Getränken ist nur noch eingeschränkt möglich. Die Toilettenspülung funktioniert nicht. Dann gibt es keine saubere Kleidung mehr. Die hygienischen Zustände spitzen sich zu. Toiletten sind verstopft. Krankheiten breiten sich aus. Die Gefahr von Bränden steigt im industriellen Bereich durch den Ausfall von Kühlungen und Prozessleitsystemen sowie in Privathaushalten durch Versuche, ohne Strom heizen oder zu kochen.

Lebensmittel

Von der Versorgung mit Lebensmitteln hängt das Überleben zahlreicher Menschen ab – und damit auch die Aufrechterhaltung der öffentlichen Ordnung.

Gesundheitswesen

Fast alle Einrichtungen der medizinischen und pharmazeutischen Versorgung der Bevölkerung hängen unmittelbar von Elektrizität ab. Innerhalb von einer Woche brechen medizinische und pharmazeutische Versorgung zusammen. Krankenhäuser können durch Notstromaggregate nur noch eingeschränkt tätig sein, Dialysezentren sowie Alten- und Pflegeheime müssen zumindest teilweise geräumt werden und Funktionsbereiche schließen. Viele Arztpraxen und Apotheken können ohne Strom nicht mehr weiterarbeiten und werden geschlossen.

Bereits in der ersten Woche werden Arzneimittel zunehmend knapper. Besonders dramatisch wirken sich Engpässe bei Insulin, Blutkonserven und Dialyseflüssigkeiten aus.

Die Rettungsdienste sind durch die beeinträchtigte Kommunikationsinfrastruktur weitgehend von Notrufen der Bevölkerung abgeschnitten. Der Zusammenbruch der in Krankenhäusern konzentrierten Versorgung droht. Spätestens am Ende der ersten Woche wäre eine Katastrophe zu erwarten.

Finanzdienstleistungen

Daten- und Zahlungsverkehr zwischen Banken, Clearing-Organisationen und den Börsen ist über eine lange Zeit durch Notstromversorgung gewährleistet, allerdings ist die Kommunikation zwischen ihnen die Schwachstelle. Der Ausfall der Telefonnetze und des Internets macht die Abwicklung von Finanzdienstleistungen unmöglich.

Zahlreiche Banken schließen wegen Strommangels nach einigen Tagen. Mit dem Ausfall der Geldautomaten kollabiert die Bargeldversorgung der Bevölkerung. Dieser fehlt die Möglichkeit zur Bezahlung. Das führt in Geschäften und Banken zu aggressiven Auseinandersetzungen.

Die Bevölkerung ist tief verunsichert durch fehlende elektronische Bezahlmöglichkeiten sowie die versiegende Bargeldversorgung.

Fazit: Ein Ausfall der Stromversorgung über mehrere Tage würde den alltäglichen Ablauf infrage stellen und übliche Kommunikationswege ausfallen lassen. Er käme unerwartet und wäre zeitlich nicht bestimmbar. Die Versorgung und die öffentliche Ordnung würden rasch zusammenbrechen. Gefühle von Ohnmacht, Angst und Stress lassen die Menschen höchst unterschiedlich reagieren. Ein Teil der Menschen wird rücksichtslos, aggressiver und gewalttätig reagieren und Konflikte auslösen.

Bereits nach wenigen Tagen würde im betroffenen Gebiet die flächendeckende und bedarfsgerechte Versorgung der Bevölkerung mit lebensnotwendigen Gütern und Dienstleistungen ausfallen. Die öffentliche Sicherheit wäre gefährdet. Der Staat würde in seiner Schutzfunktion für die

Menschen weitgehend ausfallen. Die ausgelösten Folgen würden in eine Katastrophe führen.

Fazit: Stellen Sie sich auf eine mögliche, vorübergehende Störung in der Versorgung mit Lebensmitteln ein! Der aufgezeigte Stromausfall wäre eine solche Möglichkeit. Sorgen Sie vor, und legen Sie Vorräte in haltbaren Lebensmitteln an, die über die oft üblichen paar Tage hinausreichen. Ich denke an einen Zeitraum von drei Monaten. Im OXFORD CLUB-Communiqué werde ich im Frühjahr 2012 über einige sinnvolle Checklisten berichten, die Sie absichern.

Sicher durch die Krise: Setzen Sie auf Sachwerte!

In den vorherigen Kapiteln habe ich meine Analyse der Trends gegeben, in denen wir uns befinden und die neu auf uns zukommen werden.

Kurz zusammengefasst, sehe ich folgende Eckpunkte für die Zeit ab dem Jahr 2012:

- Das Jahrzehnt der Sachwerte: Sachwert schlägt Geldwert.
- Phase der regressiven Inflation, d. h., die Inflation entwertet Papierwerte und Ansprüche. Damit versuchen Staaten, die gewaltigen Probleme ihrer Überschuldung und unerfüllbarer Versprechen (Sozialversicherung, Altersversorgung) zu reduzieren. Wachstum allein kann diese Probleme nicht mehr lösen – auch Erhöhungen von Steuern und Abgaben stoßen an ihre Grenzen. Also bleibt nur Inflation!
- Verunsicherungen breiter Bevölkerungskreise sowie mangelndes Vertrauen in die Regierungen, die Politik allgemein und die Staaten als solche.
- Finanzsektoren als Blasen der vergangenen Jahrzehnte werden weiter schrumpfen und die Realwirtschaft wieder an Bedeutung zunehmen.
- Steigende Abgabenpflichten für Bürger und Unternehmen.
- Exogene Ursachen: Naturkatastrophen und geopolitische Störungen könnten die wirtschaftliche Entwicklung insbesondere der komplexen Systeme in den Industriestaaten empfindsam stören – mit der Folge wirtschaftlicher Einbrüche und dem Sinken des Lebensstandards.

Im Folgenden gebe ich Ihnen einige Empfehlungen, die Auswirkungen auf sich zu beschränken oder sogar von diesen Trends zu profitieren.

Ihre schuldenfreie Immobilie!

Mancher von Ihnen ist jetzt vielleicht überrascht. Ausgerechnet ein Einfamilienhaus oder eine Eigentumswohnung – und dann auch noch möglichst schuldenfrei? Das rät ein Börsenexperte?

Ja, das meine ich sehr ernst. Und wenn Sie von all meinen Ratschlägen nur einen beherzigen, dann bitte diesen. Ihre Immobilie, besonders die selbstgenutzte, ist praktisch das Fundament Ihres Vermögens und zugleich – wir leben auf dieser Welt nur eine begrenzte Zeit – ein wichtiges Stück Ihrer Lebensqualität.

Nebenbei bemerkt: Die eigenen vier Wände sind der Wunsch von beachtlichen 80 % der Bundesbürger – hier liegt die große Mehrheit richtig!

Der deutsche Immobilienmarkt

Seit im Jahr 2008 der US-Investment-Konzern Lehman Brothers pleiteging, ziehen die Immobilienpreise auch in Deutschland wieder an. Bis Ende 2011 sind die Preise für Neubauwohnungen in Deutschland um durchschnittlich 18 % und die für Häuser um etwa 9 % gestiegen.

Stärker zugelegt haben die Preise für Immobilien besonders in den Großstädten wie Frankfurt am Main, München und Hamburg mit oft mehr als 20 %.

Im Jahr 2010 wurden rund 20 % der Wohnimmobilien von Kapitalanlegern gekauft, in 2011 stieg dieser Anteil bereits auf etwa 35 %. Ein Anreiz dazu sind die historisch niedrigen Zinsen. Hinzu kommt die Euro-Krise als Dauerthema. Anleger suchen verängstigt Sicherheit.

Für Immobilien gilt der Grundsatz, dass Lage, Lage und nochmals Lage zählt. Erwarten Sie keine hohen Renditen von Investments in Immobilien. So sind die Einnahmen durch die Mietspiegel nach oben hin begrenzt. Es gilt derzeit das Prinzip „Sicherheit hat Vorrang vor Rendite!“. Auch Mietrenditen von weniger als 2 % werden momentan akzeptiert.

Abseits der wirtschaftsstarken Großstädte ist der Trend von Immobilienpreisen auf dem flachen Land weiterhin schwach. Hier stagnieren die Quadratmeterpreise für Wohnflächen in zahlreichen Regionen bei rund 1.000 €. Gut für die Menschen, die hier auf Dauer wohnen möchten, aber weniger als Kapitalanlage geeignet, da der akzeptable Wiederverkauf nach einigen Jahren unsicher erscheint und auch die Vermietung wenig ertragreich ist. In der Provinz wirkt sich die langfristige schrumpfende Bevölkerungszahl preisdämpfend aus. Johann Eekhoff, Professor für Wohnwirtschaft in Köln, warnt davor, dass in etwa zehn Jahren zahlreiche Immobilien vor allem in ländlichen Gegenden kaum mehr zu verkaufen sein werden.

Achten Sie beim Kauf von Immobilien auf Folgendes!

Achten Sie daher sowohl als Eigennutzer als auch als Kapitalanleger auf folgende Punkte:

Die 5 Hauptkriterien …

1. An erster Stelle steht die Lage des Objekts! Die wichtigsten drei Kriterien einer Immobilie sind: die Lage, die Lage – und nochmals die Lage! In wirtschaftlich starken Regionen mit niedriger Arbeitslosenquote, hohen Gehältern und starker Kaufkraft erzielen Immobilien beste Preise – und umgekehrt. Kaufen Sie eine Immobilie an einem Standort, an dem Sie sich persönlich langfristig wohl fühlen werden.

2. Lassen Sie einen Sachverständigen die Bausubstanz der Immobilie vor Ihrem Kauf prüfen. Vermeiden Sie ein Problemhaus.

3. Vergleichen Sie die Zinsen! Prüfen Sie die Angebote mehrerer Banken anhand des Effektivzinses. Nur der ist wirklich aussagekräftig. Denn der Effektivzins enthält zusätzliche Kosten wie Bearbeitungs- und Kontoführungsgebühren.

4. Denken Sie an Eigenkapital! Finanzieren Sie möglichst 20 bis 30 % der Kaufsumme mit Eigenkapital. Denken Sie daran, dass beim Kauf einer Immobilie etwa 10 % der Kaufsumme extra anfallen an Kosten für Grunderwerbsteuer, Notar- und Amtsgerichtsgebühren sowie eine Courtage an den Vermittler.

5. Beschränken Sie Ihren Schuldendienst auf etwa ein Viertel Ihres laufenden Nettoeinkommens, maximal 40 %! Vereinbaren Sie eine höhere Tilgung als 1 % jährlich sowie Möglichkeiten zur Sondertilgung. Sichern Sie sich die historisch niedrigen Zinsen langfristig, also auf 15 oder 20 Jahre. Das erhöht Ihre Planungssicherheit und sichert Sie ab vor unerwarteten Zinsanstiegen. Ende des Jahres 2011 lagen die Zinsen für Hypotheken mit 70 % Beleihung auf diese Zeiträume um die 3,6 %. Die Sondertilgung ist in Deutschland auf maximal 10 % der Darlehenssumme pro Jahr faktisch beschränkt. Darüber geht kein mir bekanntes Institut.

Allerdings bleibt Ihnen bei langlaufenden Zinsbindungen in Deutschland ein hohes Maß an Flexibilität. Bei Krediten mit mehr als zehn Jahren Zinsbindung können Sie nach zehn Jahren jederzeit einseitig aus dem Vertrag aussteigen! Dann könnten Sie beispielsweise auf einen Schlag den Rest Ihrer Hypothek tilgen.

… und die 5 Nebenkriterien

1. Kaufvertrag: Achten Sie auf Abweichungen von BGB-Regelungen. Akzeptieren Sie keine Sach- und Rechtsmängelausschlüsse bei Gebäuden oder zu kurze Zahlungsfristen bei Neubauten.

2. Baubeschreibung: Ihnen steht ausschließlich das schriftlich Vereinbarte zu. Achten Sie darauf, dass die Baubeschreibung umfassend und ausführlich ist.

3. Detaillierte Planunterlagen sollten im Maßstab 1:100 und komplett (Höhenmaße von Geschossen und Räumen) vorliegen.

4. Teilungserklärung beim Erwerb von Eigentumswohnungen und Reihenhäusern regelt, in welcher Form ein Gebäude hinsichtlich der Räumlichkeiten, Rechte und Pflichten unter den jeweiligen Eigentümern aufgeteilt wird.

5. Energiebedarfsausweis: Der Nachweis über die Energieeffizienz eines Neubaus sollte beim Kauf vom Bauträger fester Vertragsbestandteil sein.

Hypothekenzinsen: Checken Sie diese Adressen!

Informieren Sie sich vor der Aufnahme einer Hypothek umfassend über die Angebote der verschiedenen Institute. Hier gibt es breit gefächerte Zinssätze, also Preise für das benötigte Fremdkapital. Angesichts der langen Laufzeiten lohnt sich ein Vergleich auf jeden Fall. Die auf diese Weise eingesparten Zinsen können Sie besser zur Tilgung verwenden. Im Folgenden liste ich Ihnen eine aktuelle Liste von Instituten (geordnet nach der Höhe des Zinssatzes, Stand: 21.11.2011) auf, bei denen Sie Angebote für einen Vergleich einholen können. Entscheidend ist der Effektivzins.

Zinsbindung 15 Jahre: 3,61 bis 3,66 %

Institut	Kontakttelefon	Internet-Adresse
Deutsche Bank	01818/10 00	www.deutsche-bank.de
Enderlein	0521/58 00 40	www.enderlein.com
Interhyp	0800/2 00 15 15 15	www.interhyp.de
Accedo	0800/2 28 85 00	www.accedo.de
DTW-Immobilien-finanzierung	0800/1 15 56 00	www.immobilienfinanzierung.de
HypothekenDiscount	0800/6 00 80 60	www.hypothekendiscount.de
Creditweb	0800/2 22 05 50	www.creditweb.de
Dr. Klein	0800/8 83 38 80	www.drklein.de
Santander Direkt Bank	0800/1 00 62 62	www.santander-direkt.de
1822direkt	069/94 17 00	www.1822direkt.de

BF.direkt	0711/2 25 54 41 60	www.baufinanzierung-direkt.de
Comdirect Bank	01803/33 63 65	www.comdirect.de
CosmosDirekt	0681/9 66 66 66	www.cosmosdirekt.de
Die Hypotheker	06181/40 28 28	www.die-hypotheker.de
INGDiba	069/50 50 01 09	www.ing-diba.de

Zinsbindung 20 Jahre: 3,62 bis 3,76 %

Institut	Kontakttelefon	Internet-Adresse
Accedo	0800/2 28 85 00	www.accedo.de
DTW-Immobilien-finanzierung	0800/1 15 56 00	www.immobilienfinanzierung.de
Enderlein	0521/58 00 40	www.enderlein.com
BF.direkt	0711/2 25 54 41 60	www.baufinanzierung-direkt.de
Hannoversche	0511/9 56 56 28	www.hannoversche.de
Creditweb	0800/2 22 05 50	www.creditweb.de
Dr. Klein	0800/8 83 38 80	www.drklein.de
HypothekenDiscount	0800/6 00 80 60	www.hypothekendiscount.de
Interhyp	0800/2 00 15 15 15	www.interhyp.de
Comdirect Bank	01803/33 63 65	www.comdirect.de

Vorsicht, billiges Baugeld!

Sie erhalten derzeit Baugeld zu historisch niedrigen Zinsen. Das ist Ihre Chance, durch eine ergänzende Fremdfinanzierung Ihren Traum von den eigenen vier Wänden zu realisieren.

Aber: Gerade die historisch niedrigen Zinsen für Hypotheken bergen eine große Gefahr für Sie. Die niedrigen Monatsraten locken Sie – unterschätzen Sie jedoch nicht die langfristige Belastung. Denn je niedriger der Zins, desto länger müssen Sie die Hypothek abbezahlen. Erhöhen Sie deshalb Ihre Tilgung auf 2 oder 3 % – und vereinbaren Sie Sondertilgungsmöglichkeiten! Sie gestalten damit Ihre Finanzierung flexibler.

Reduzieren Sie rasch Ihre Hypothekenbelastung: Machen Sie sich frei!

Immer wieder sprechen mich Mitglieder der *OXFORD CLUB Eildepesche* und des *OXFORD CLUB Communiqué* darauf an: „Gerade in einer Inflationsära sollten wir doch hohe Schulden machen, denn die werden entwertet. Oder es kommt zur Währungsreform, dann sind wir die Schulden sogar los."

Vorsicht: Sie wissen nicht, wie der Staat reagiert. Deutschland hat die bitteren Erfahrungen allein im vergangenen Jahrhundert zwei Mal durch eine Währungsreform durchlitten. Der Staat schlich sich jedes Mal aus seiner Verantwortung und seinen Verpflichtungen. Er kann „Inflationsgewinnler" durch zusätzliche Abgaben und Steuern heranziehen. Immobilien können nicht weglaufen. Ich habe Ihnen die staatlichen Reaktionen im Kapitel „Inflation" erläutert.

Deutschland hat einen besonderen Bezug zu Schulden. Hier steckt allein im Begriff der Schulden die „Schuld". In anderen Ländern ist für Kredite der Begriff der Verbindlichkeiten geläufig. Schulden engen ein. Sie können zum Sklaven der Gläubiger machen. Zahlen Sie die Hypotheken besonders für Ihre eigengenutzte Immobilie rasch ab. Betrachten Sie im obigen Sinne die Immobilie als finanzielles Fundament Ihres Vermögens, ein Stück wichtige Lebensqualität und als Entlastung von finanzieller Belastung durch mietfreies Wohnen im Alter!

Forward-Darlehen: Dann doch besser ein variables Darlehen mit Zinsobergrenze (Cap)

Mit Forward-Darlehen lassen sich niedrige Zinsen auf mehrere Jahre, in der Regel bis zu 60 Monate, sichern. Dafür verlangen die Banken einen Zinsaufschlag pro Monat. Ich sehe diese Darlehen deshalb skeptisch. Bessere Alternative ist ein variables Darlehen mit einer Zinsobergrenze (Cap). Eine Untersuchung der FMH Max Herbst bestätigt diese Einschätzung mit der Analyse, das sich in den vergangenen Jahren Forward-Darlehen in weniger als 25 % aller untersuchten Fälle für den Nehmer gelohnt haben. Forward-Darlehen sind nur dann geeignet, wenn eine Zinserhöhung kurzfristig bevorsteht.

Investieren Sie in Gold und Silber: So gehen Sie in der Krise nicht unter – und gewinnen sogar!

Gold ist das klassische Krisen- oder Angst-Metall. Silber ist der kleine Bruder des gelben Edelmetalls. Gold habe ich Mitgliedern des *OXFORD CLUB Communiqué* bereits zu Preisen unter 300 US$/Unze seit Ende der 1990er Jahre empfohlen.

In Nordamerika wird Silber als das „Gold des kleinen Mannes" bezeichnet. Es hat meiner Einschätzung nach eine monetäre Funktion zweiten Ranges und war jahrhundertelang Zahlungs- und Wertaufbewahrungsmittel. Anders als Gold wurde Silber jedoch zum großen Teil industriell verbraucht. Ich gehe weiterhin davon aus, dass die Ära der Krisen nicht beendet ist. Sei es nun die Krise um den Euro, besser gesagt die Staatsschulden-Krise im Euro-Land – und darüber hinaus in den westlichen Industriestaaten. Ich halte allerdings die Lage in den USA, in Großbritannien und in Japan noch für weitaus brisanter als in der Euro-Region.

Und Sie wissen aus meinen geopolitischen Betrachtungen, dass ich ab dem Jahr 2012 mit erheblichen Störungen rechne. So traurig diese Katastrophen für die betroffenen Menschen sein werden, so führen sie andererseits zu einer weiter überdurchschnittlichen Wertentwicklung von Gold und Silber und stören die wirtschaftliche Entwicklung der Industriestaaten empfindsam.

In Zeiten globaler Krisen ist besonders Gold ein geeignetes Anlageinstrument. Immer wieder kommt das Gegenargument, Gold sei bereits teuer. Ich weise nur darauf hin, dass es für Gold keinen fairen Wert gibt. Zum aktuellen Preisniveau ist Gold sicherlich nicht mehr preiswert und auch kein ideales antizyklisches Investment mehr. Doch das gelbe Edelmetall wird von Anlegern als Mittel des Werterhalts zunehmend geschätzt und nachgefragt. Der langfristige Aufwärtstrend ist weiterhin intakt.

Eine Übertreibungsphase in der Preisentwicklung steht erst noch bevor.

Notenbanken halten durchschnittlich rund 11 % ihrer Währungsreserven in Gold. Allerdings gibt es hier erhebliche Unterschiede zwischen den einzelnen Notenbanken. Trotz Aufstockung liegt der Anteil der Bank of China bei lediglich 1,6 % und der Bank of Japan bei 3,7 %. Damit haben diese Notenbanken, aber noch etliche mehr, einen Nachholbedarf beim Aufstocken der Goldquoten. Allein diese Nachfrage sollte für höhere Goldpreise sorgen.

Zwar ist der US$ weiterhin die weltweit wichtigste Reservewährung und wird es zunächst noch bleiben. Aber seine Bedeutung geht mit dem schrumpfenden Anteil der US-Wirtschaft am weltweiten Bruttosozialprodukt sukzessive zurück. Diese Entwicklung betrachte ich noch nicht als beendet. Die USA sind ein tönerner Riese geworden. Von einem bestimmten Punkt an kann sich der langfristige Abwärtstrend der US-Währung in einem Absturz beschleunigen.

Erste Wahl: Kapitalanlagemünzen in Gold und Silber

Ich halte auch Käufe von Gold und Silber in physischer Form für mittel- und langfristig lukrativ.

Kaufen Sie keine Medaillen und keine Münzen ohne Nennwert

Wie immer wieder festzustellen ist, locken gut laufende Geschäfte auch Abzocker an. Diese kassieren das Geld gegen Vorkasse, Sie aber sehen niemals die Ware. Oft handelt es sich um Internetadressen mit der Endung auf „.com“ anstelle von „.de“. Sehr wichtig ist es, dass Sie zwischen Münzen und Medaillen unterscheiden. Der Grund: Münzen sind Zahlungsmittel und werden von Staaten zur Prägung in Auftrag gegeben. Medaillen sind das nicht!

Immer wieder werden auch Edelmetallmünzen ohne Nennwert angeboten, so beispielsweise ein Panda oder ein halbvergoldeter Wiener Philharmoniker. Das sind keine echten Anlagemünzen, sondern Medaillen. Sicherlich gibt es unter Medaillen auch Stücke mit hohem Sammlerwert. Diese sind allerdings nur für passionierte Sammler interessant. Sie als reiner Edelmetall-Anleger sollten Medaillen meiden. Medaillen sind in den vergangenen Jahren auch über das Internet und das Fernsehen sowie in zahlreichen Illustrierten in Form von Sondereditionen angeboten worden. Auch wenn es sich um hohe Feingehalte an Gold oder Silber handelt: Es bleiben Medaillen – und die Preise liegen oft beim Mehrfachen des Metallwertes. Finger weg!

Die gleichen Vertriebsketten vertreiben oft auch „Münzen" mit einem Nennwert kleiner afrikanischer Länder oder Inselstaaten. Der Händler hat hier die Hoheitsrechte erworben und bietet zu weit überzogenen Preisen an.

Goldmünzen – meine Favoriten

In der Nähe von 1.500 US$ je Unze Gold sehe ich Käufe in Gold-Kapitalanlagemünzen, den sog. Bullion-Münzen, als aussichtsreich an.

Wiener Philharmoniker

Diese österreichische Goldmünze ist die auflagenstärkste Goldmünze Europas. Die Feinheit liegt bei 999,9/1.000 (24 Karat Gold). Die Vorderseite ziert die Orgel aus dem goldenen Saal des Wiener Musikvereins, mit der Länderangabe „Republik Österreich", der Jahreszahl und dem Nennwert. Die Rückseite enthält alljährlich wechselnde Instrumente aus der Orchesterbesetzung. Zunächst wurde der Gold-Philharmoniker mit Nennwerten in Schilling ausgegeben, seit 2002 in Euro:

100 Euro = 1 Unze (einst 2.000 Schilling)
50 Euro = 1/2 Unze (einst 1.000 Schilling)
25 Euro = 1/4 Unze (einst 500 Schilling)
10 Euro = 1/10 Unze (einst 200 Schilling)

Krügerrand

Der südafrikanische Krügerrand wird seit dem Jahre 1967 geprägt und ist die international bekannteste Gold-Kapitalanlagemünze. Die Vorderseite des Krügerrand enthält neben der Länderherkunft das Konterfei von Paul Kruger, einem bedeutenden südafrikanischen Politiker, der von deutschen Einwanderern abstammte. Auf der Rückseite befinden sich eine Springbock-Antilope, das Nationaltier von Südafrika, mit Prägejahr und Wertangabe, beispielsweise 1 oz (Unze).

Der Krügerrand zeigt eine leicht rötlich goldene Farbe, was an seiner Legierung mit einem Kupferanteil liegt. Der Goldanteil liegt bei 917/1000 (22 Karat), das Gewicht bei 33,93 Gramm. Aufgeprägt ist die Wertangabe 1 Unze – und seit 1980 wird diese Münze auch als 1/2 Unze, 1/4 Unze und 1/10 Unze ausgegeben. Sie ist trotz nicht angegebenen Nennwerts ein gesetzliches Zahlungsmittel und daher eine Kapitalanlagemünze.

Maple Leaf

Kanada gibt seit 1979 eine 24-Karat-Bullion-Goldmünze, den nach dem Krügerrand international zweitbekanntesten Maple Leaf aus. Die Vorderseite zieren ein Ahornblatt als kanadisches Nationalzeichen mit Länderangabe und die Angaben zum Goldwert. Auf der Rückseite ist das Konterfei von Queen Elisabeth mit Prägejahr und dem CAD-Wert Abgebildet:

50 CAD = 1 Unze
20 CAD = 1/2 Unze
10 CAD = 1/4 Unze
5 CAD = 1/10 Unze
1 CAD = 1/20 Unze

American Eagle

Die Vorderseite ziert die berühmte Lady Liberty (Freiheitsstatue von New York), die Rückseite ein Adler, der seinen bewohnten Horst anfliegt. Die Goldmünze weist 22 Karat auf, erhält Kupfer beigemischt und hat folgende Nennwerte:

50 US-Dollar = 1 Unze
25 US-Dollar = 1/2 Unze
10 US-Dollar = 1/4 Unze
5 US-Dollar = 1/10 Unze

Australian Nugget oder Australian Kangaroo

Das Australian Nugget, inzwischen auch offiziell Australian Kangaroo, kommt als 24-Karat-Goldmünze aus Australien. Die Vorderseite wurde bis 1989 mit einem Nugget-Bild geprägt. Dann folgte das australische Beutel- und Nationaltier. Die Rückseite ziert das Konterfei von Königin Elisabeth II. mit Prägejahr und folgenden Nennwerten abgebildet:

3.000 AUD = 1 kg
1.000 AUD = 10 Unzen
200 AUD = 2 Unzen
100 AUD = 1 Unze
50 AUD = 1/2 Unze
25 AUD = 1/4 Unze
15 AUD = 1/10 Unze
5 AUD = 1/20 Unze

Weitere bekannte Goldmünzen

Britannia

Die englische Goldmünze wurde anfangs mit einer Kupfer-Gold-Legierung, inzwischen mit einer Silber-Gold-Legierung, dem so genannten Gelbgold, versehen. Die Vorderseite ziert Britannia, eine weibliche Personifizierung des Inselnamens, die Rückseite das Konterfei von Queen Elizabeth. Die Wertangaben werden in Pfund und Unzen auf die Goldmünze geprägt:

100 Pfund = 1 Unze
50 Pfund = 1/2 Unze
25 Pfund = 1/4 Unze
10 Pfund = 1/10 Unze

Libertad

Der mexikanische Libertad ist eine 24-Karat-Goldmünze. Auf der Vorderseite sind die Siegesgöttin „Libertad“ (Freiheit) und im Hintergrund der Vulkan Popocatepetl, auf der Rückseite das mexikanische Landeswappen mit den Nennwerten 1 Unze, 1/2 Unze, 1/4 Unze, 1/10 Unze und 1/20 Unze abgebildet.

Panda

Der 24-Karat-Panda wird von der Volksrepublik China ausgegeben. Die Vorderseite zieren der Himmelstempel von Peking, die Nationalherkunft und das Ausgabejahr. Auf der Rückseite befindet sich das chinesische Nationaltier, der Panda. Offiziell aktuelle Wertangaben des China-Pandas werden in Yuan und Unze ausgegeben (ohne limitierte Sonderausgaben):

500 Yuan = 1 Unze
200 Yuan = 1/2 Unze
100 Yuan = 1/4 Unze
50 Yuan = 1/10 Unze25 Yuan = 1/20 Unze

Gold-Kapitalanlagemünzen: Empfehlenswert sind 1-Unzen- bis 1/4-Unzen-Stücke

Empfehlenswert sind 1-Unzen-, ½-Unzen- und 1/4-Unzen-Münzen in Gold. Kleinere Einheiten bezahlen Sie mit zu hohen Aufgeldern.

Silber-Kapitalanlagemünzen

Silbermünzen, die als gesetzliche Zahlungsmittel in ihren Ausgabeländern gelten, werden in Deutschland mit nur 7 % Mehrwertsteuer belastet, im Vergleich zu Silber-Barren, auf die 19 % Mehrwertsteuer anfallen (Österreich: 20 %). Ausländer, die in Deutschland Silbermünzen erwerben, zahlen dort auch lediglich 7 % Mehrwertsteuer. Der oft raschere Preisanstieg von Silber und der geringere Kaufwert einer Unze Silber im Vergleich zu Gold kompensieren in der Praxis auf mittlere Sicht den Steueraufschlag. Auf Silberbarren fällt allerdings eine Mehrwertsteuer von 19 % an, sodass Anleger dann bevorzugt zur 1-Kilo-Silbermünze oder zum Münz-Barren greifen, die – wie alle Stückelungen – in Deutschland mit nur 7 % Mehrwertsteuer belastet werden. Bei 25 bis 27,50 US$/Unze im Silberpreis schätze ich Käufe in den Silber-Kapitalanlagemünzen als chancenreich ein. Anders als im Vergleich zu Goldmünzen, die aktuell im 1-Unzen-Bereich leicht oberhalb von 1.300 € notieren, sehe ich bei Silbermünzen die 1-Unzen-Münzen als untere „Gewichtsklasse". Diese notieren derzeit bei je knapp 28 €. Unterhalb 1 Unze scheinen mir die Aufgelder zum Silberwert zu hoch. Wer diese noch verringern möchte, kann auch 1-kg-Silbermünzen oder Münzbarren ins Visier nehmen. Das sind praktisch „Barren", nur statt deren 19 % Mehrwertsteueraufschlag werden auf die Münzen in Deutschland 7 % aufgeschlagen. In Österreich werden auf jeden Fall 20 % Mehrwertsteuer auf Münzen und Barren fällig. Das wichtigste Merkmal der Anlagemünzen ist, dass sie offizielles Zahlungsmittel in ihrem Ausgabeland sind. Sie weisen also in der Regel einen Nennwert auf. Einzige Ausnahme unter den Silber-Anlagemünzen bildet hier der mexikanische Libertad, der keinen Nennwert aufweist, aber dennoch eine Münze ist. Trotzdem: Auf den Nennwert muss generell geachtet werden, denn wenn kein Nennwert vorhanden ist, handelt es sich nicht um eine Münze, sondern um eine Medaille.

Investieren Sie in Kapitalanlagemünzen!

Anlagemünzen werden meist in sehr hohen Stückzahlen geprägt. Das ist allerdings irrelevant, da sich der Wert der Münze ausschließlich aus dem Materialwert ergibt. Zwar weisen auch Anlagemünzen einen Nennwert auf, doch dieser Aspekt ist eigentlich unbedeutend, da der Nennwert lediglich als Referenz dafür dient, dass es sich hierbei um eine offizielle Münze handelt. Der Wert der Münze, der sich aus dem Materialwert ergibt, liegt deutlich über dem Nennwert. Der Preis für eine Silberanlagemünze setzt sich also aus dem Silberwert plus Zusatzkosten (für die Prägung, Verkaufsspanne usw.) zusammen. Wenn Sie also einen amerikanischen Silver-Eagle, einen kanadischen Silver Maple Leaf, eine chinesische Silber-Panda-Münze oder eine australische Silber-Koala-Münze erwerben, dann kaufen Sie tatsächlich 1 Unze physisches Feinsilber, auf das Sie in Deutschland nur 7 % Mehrwertsteuer abführen müssen.

Gängige Silber-Anlagemünzen

Die klassischen Silber-Anlagemünzen sind:

- Wiener Philharmoniker
- Kanadas Maple Leaf
- American Silver Eagle
- China Panda
- Australien: Kookaburra, Koala, Lunar-Serie, Känguru

- Mexiko: Libertad (kein Nennwert aufgeprägt, aber Münze)
- Neuseeland Kiwi
- UK Britannia

Meine sieben Favoriten unter den Silbermünzen sind:

- 1-Unzen-Münzen
  - Wiener Philarmoniker
  - Kanadas Maple Leaf
  - American Silver Eagle
  - Lunar-Serie (Australien) mit divesrsen Motiven
- 1-kg-Münzen
  - Koala
  - Kookaburra
  - Lunar-Serie mit verschiedenen Motiven

Wiener Philharmoniker

Die österreichische Silbermünze wird ausschließlich in der 1-Unzen-Version geprägt. Ansonsten entspricht die Silber-Ausgabe der Goldprägung. Nennwert ist 1,50 €.

Maple Leaf

Die Prägung ist identisch mit der Gold-Version. Nennwert sind 5 CAD.

American Silver Eagle

Auch als American Eagle bezeichnet. Nennwert ist 1 US$. Das Liberty-Bild zeigt eine in die Sonne schreitende Siegesgöttin, gehüllt in die Fahne der USA. Sie hält Lorbeer- und Eichenzweige in der linken Hand, der rechte Arm ist nach vorn ausgestreckt. Die Kopfbedeckung ist die aus der Französischen Revolution bekannte phrygische Mütze, ein Symbol für das Streben nach Freiheit und Glück. Die Rundschrift „Liberty" enthält das Prägejahr. Am rechten Rand der Münze steht der nationale Wahlspruch „In God we trust" (Wir vertrauen in Gott). Die andere Münzseite bildet den Adler mit Wappen ab. Der Adler hält in der linken Kralle Pfeile, in der rechten einen Olivenzweig und im Schnabel ein Spruchband mit dem US-Leitspruch: „E Pluribus Unum" („Aus den Vielen eins"). Oberhalb des Adlerkopfes sind 13 Sterne für die ursprünglichen 13 Gründungskolonien abgebildet. Im Vergleich zum Maple Leaf weist der US Silver Eagle durch eine leichte Kupferbeimischung von 0,07 % eine geringere Reinheit auf.

Kookaburra und Koala aus Australien

Schöne Motive zieren die australischen Silbermünzen mit den Tiermotiven des Kookaburra-Vogels und des Koala-Bären sowie die Lunar-Serie. Die Stückelungen sind hier auch nach oben breit gefächert und reichen von 1 Unze Silber über 2 Unzen, 5 Unzen bis zu 1 kg. Unter den herkömmlichen 1-kg-Silbermünzen sind diese Stücke regelmäßig mit den geringsten Aufpreisen zum Silberwert versehen und eine Alternative zu den 1-kg-Silberbarren mit 19 % Mehrwertsteueraufschlag in Deutschland (20 % in Österreich). Die Lunar-Serie orientiert sich am chinesischen Kalender für Tierkreiszeichen und hat 12 Motive. Ziehen Sie anstelle des Kaufs von 1-Unzen-Lunaren gegebenenfalls auch 2-Unzen-Stücke in Betracht. Diese könnten wegen geringerer Auflage eher später einen Sammlerwert aufbauen. Aber: Alle

Kapitalanlagemünzen sollten für Sie stets ein Investment auf den Metallwert sein. Sie sind kein Numismatiker.

Bezugsquellen: Spezialisierte Händler

Für Käufe bieten sich spezialisierte Händler an, denn Banken haben sich inzwischen wegen geringer Verdienstspannen aus diesem Handel zurückgezogen oder bieten zu teuer an. Anders als bei Kreditinstituten genießen Sie bei Spezialhändlern als Kunde Anonymität – bis zur Grenze von 15.000 € (Geldwäschegesetz). Gerade hierauf legen zahlreiche Kunden inzwischen verstärkt Wert. Kein Wunder angesichts des geschwundenen Vertrauens in Staaten und deren Zurückdrängen jeglicher Privatsphäre.

Edelmetall-Händler, die als solide gelten
(eine kleine Auswahl von Anbietern, in alphabetischer Reihenfolge)

Anlagegold 24	www.anlagegold24.de
ESG Edelmetallservice	www.scheideanstalt.de
Frank Ewers	www.argentarius.de
Geiger Edelmetalle	www.geiger-edelmetalle.de
Kronwitter	www.kronwitter-muenzen.de
MP Edelmetalle	www.mp-edelmetalle.de
Münzdiscount	www.muenzdiscount.de
Münzen Müller	www.muenzenmueller.de
Münzhandel Thomas Göbel	www.anlagemetalle.de
Münzkabinett Frankfurt	www.muenzkabinett-frankfurt.de
Pro Aurum	www.proaurum.de
Westgold	www.westgold.de

Vergleichsseite für Angebote bei Kapitalanlagemünzen:
www.bullion-investor.com

Überlegen Sie die Aufbewahrung gut und wahren Sie Ihr Geheimnis!

Physische Investments in Gold und Silber sollten Sie auf jeden Fall so aufbewahren, dass Sie zu ihnen im Bedarfsfall auch tatsächlich Zugang haben. Das kann ein gutes Versteck bei Ihnen zu Hause sein. In Betracht kommen auch Schließfächer bei Banken, vorzugsweise bei Sparkassen und Volksbanken oder auch bei kleineren Geldinstituten in der Schweiz (Kantonalbanken!). Generell gilt: Berühren Sie die Münzen nicht mit den Fingern. Bewahren Sie sie staubfrei und trocken in den Münzkapseln auf.

Hinweis: Schweigen Sie über die vertraulichen Lagerungen! Es ist Ihre persönliche Kapitalanlage. Ein Geheimnis, das mehrere Personen kennen, ist keines mehr. Leider werden Sie im Leben immer wieder feststellen, dass sich Personen Ihres Vertrauens plötzlich gegen Sie wenden. Mein dringender persönlicher Ratschlag ist daher: Seien Sie bitte vorsichtig, mit wem Sie Ihre Geheimnisse teilen!

Gold-Barren: Wichtig ist die Echtheit

Auf den Anleger-Messen des Jahres 2011 habe ich erstaunlich viele vermögende Investoren getroffen, die inzwischen Euro-Beträge in Millionenhöhe in Form von Goldbarren privat horten. Daher gebe ich Ihnen die nachfolgende Liste von seriösen Verkäufern, die mit Prägestempeln die Echtheit des Goldes belegen. Die kursiv ausgewiesenen Unternehmen stellen die Goldbarren inzwischen nicht mehr her. Die Barren erfüllen aber die Voraussetzung des entscheidenden Kriteriums London Good Delivery (LGD) von 995 Gramm Gold je 1 kg. Das heißt, die meisten Goldbarren haben sogar ein Feingewicht von 999,9 (reines Gewicht in Gold). Für die Echtheit spricht neben dem Prägestempel, auf dem Gewicht und Hersteller angegeben sind, noch die Nummerierung. Auf Goldbarren fallen in Deutschland keine Mehrwertsteuer an. Nach mehr als einem Jahr sind Gewinne zudem steuerfrei. Zu beachten sind eventuelle Lagerkosten und die Gefahr – bei persönlicher Lagerung –, dass Ihr Tresor geräumt werden könnte. Achtung! Für alle deutschen Bankschließfächer gilt: Im Erbfall erfährt das Finanzamt den Inhalt! Hinweis: Ich favorisiere allerdings aufgrund der besseren Handhabbarkeit keine Barren, sondern Gold-Kapitalanlagemünzen als 1-Unzen-Stücke.

Eine Auswahl seriöser Verkäufer von Goldbarren

Argor Heraeus SA, Schweiz
ATAkulche, Türkei
Bank of England, Großbritannien
Bureau Central Suisse, Schweiz
Centres et Métaux SA, Schweiz
Chimet Trattamento Metalli, Italien
Degussa, Deutschland
Engelhard, verschiedene Länder
Heraeus Hanau
Heraeus Hongkong
Johnson Matthey JM, verschiedene Länder
Metalor, Schweiz, USA, Hongkong
Met-Mex Penoles SA DECV, Mexiko
Mitsubishi Materials Corp., Japan
Mitsui Mining and Smelting, Japan
Nippon Mining, Japan
NM Rothschild & Sons, Großbritannien
Norddeutsche Affinerie Hamburg, Deutschland
PAMP SA Switzerland, Schweiz
Rand Refinery Limited, Südafrika
Refined by Great Wall and Silver Refinery, China
Royal Canadian Mint, Kanada
Tanaka Tokyo Melters, Japan
The Perth Mint, Australien
Umicore, Belgien

Zweite Wahl: Gold- und Silber-ETF, aber nur solche aus der Schweiz!

Persönlich rate ich Ihnen, als Privatanleger vorzugsweise Gold und Silber in physischer Form zu kaufen. Konkret habe ich Ihnen in den Ausgaben der *OXFORD CLUB Eildepesche* Möglichkeiten von Kapitalanlagemünzen empfohlen.

Es gibt Anleger, die gerne physisch in Silber oder Gold investieren möchten, die Lagerung zu Hause oder in einer Bank jedoch scheuen. Die sichere Anlage in Krisenzeiten wird gesucht, aber im Bedarfsfall soll das Silber oder Gold auch ausgeliefert werden können. Für diese Investoren kommen Exchange Traded Funds (ETF) auf Gold und Silber in Betracht, also Fonds, die unmittelbar die Edelmetalle kaufen und lagern. Das ist nicht einfach. Hier stoßen Sie besonders in Deutschland auf rechtliche Hindernisse. Das beginnt schon damit, dass reine Edelmetall-Fonds nicht zum Vertrieb zugelassen sind.

Seit inzwischen mehr als sieben Jahren sind die Gold-ETFs in eine neue Größenordnung vorgestoßen. Mit rund 2.200 t Gold horten sie doppelt so viel Gold wie die Schweiz.

Nicht den i-Shares Silber-ETF!

Vorab eine Warnung! Der älteste Silber-ETF ist der von i-Shares. Ich rate Ihnen dazu, diesen ETF zu meiden! Der i-Shares-Silber-ETF darf seine Silberbestände verleihen. Das akzeptiere ich nicht! In diesem Fall ist das entsprechende Silber physisch nicht vorhanden, sondern besteht in Form einer schuldrechtlichen Forderung an den Vertragspartner. Was ist, wenn dieser pleitegeht? So unwahrscheinlich ist das nicht. Diese bittere Erfahrung hat selbst die Notenbank von Portugal machen müssen. Sie hatte 17 Tonnen Gold wegen geringer Zusatzerträge an den großen US-Investment-Konzern Drexel Burnham verliehen. Der wurde insolvent – Und das Gold war weg!

Der i-Shares-Silber-ETF hat als Treuhänder JP Morgan Custodian – ausgerechnet den Oligopolisten für Leerverkäufe auf Edelmetalle mit einem US-Anteil von mehr als 60 % und einem Marktanteil bei US-Goldderivaten von bis zu 75 %. Und eine solche Adresse passt auf physisches Silber auf? Nein, danke!

Wenn ETF auf Gold und Silber, dann die aus der Schweiz!

Die Gold- und Silber-ETF der Schweizer Adressen Zürcher Kantonalbank und Julius Baer (gemanagt durch die Swiss & Global Asset Management) halte ich persönlich für die akzeptablen börsengehandelten Edelmetall-Fonds. Dafür sehe ich die folgenden Gründe:

- Gold und Silber werden tatsächlich, also physisch, gekauft und in der Schweiz verwahrt.
- Verleihgeschäfte finden nicht statt.
- Derivate werden nicht eingesetzt.
- Es handelt sich um so genanntes Fonds-Sondervermögen. Ginge also die (staatliche) Zürcher Kantonalbank oder die Vermögensverwaltungsgesellschaft Julius Bär Pleite, so fiel das Sondervermögen nicht in die Konkursmasse.
- Auslieferung in physischer Form ist möglich. Es gibt hier allerdings Einschränkungen durch Mindestmengen.
- Die Anteilscheine der Gold- und Silber-ETF werden an der Schweizer Börse mit guter Liquidität und geringen Spreads, quasi wie Aktien, gehandelt.
- Da die ETF keine festen Laufzeiten haben, entfallen so genannte Rollover-Kosten.

Fazit: Die Gold- und Silber-ETF von der ZKB und von Julius Bär sind börsennotiert und werden permanent gehandelt. Sie sind flexibel und liquide wie Aktien. Das Besondere an diesen ETFs ist, dass die Anteilscheine vollständig durch physisches Gold bzw. Silber hinterlegt sind. Diese Edelmetalle lagern in Tresoren in der Schweiz.

Das sind ETFs, wie Sie sich als Anleger in Edelmetallen es wünschen. Wo Silber oder Gold draufsteht, ist auch Silber oder Gold wirklich drin! Was nützt Ihnen denn alles andere?

Achtung: Beachten Sie diese beiden Schwächen von Edelmetall-ETFs!

1. Für Anleger fällt die Abgeltungsteuer an, also für Deutsche 25 % (plus Solidaritätszuschlag und Kirchensteuer) sowie für Österreicher ab 1.4.2012 die Kapitalertragsteuer. Die Schweizer Adressen beugen sich der Abgeltungsteuer. Da hier allerdings der physische Besitz von Silber bzw. Gold vorliegt und Investmentgrund ist, können beispielsweise deutsche Anleger gegen die Abgeltungsteuer rechtlich vorgehen. Dazu äußere ich mich nachfolgend noch.

2. Staaten haben den Überblick und gegebenenfalls den Zugriff auf alle börsengehandelten Fonds.

Vorwurf „schwarze Fonds" unberechtigt

Vorherrschende Auffassung, der auch ich mich anschließe, ist, dass es sich bei den Fonds, die im elektronischen Bundesanzeiger veröffentlicht sind, nicht um intransparente Fonds handelt. Sie können persönlich im Zweifel bei jedem Fonds die Probe machen, indem Sie die Internetadresse https://ebundesanzeiger.de/ebanzwww/wexsservlet wählen und anschießend die ISIN des abzufragenden Fonds eingeben.

Dieser Benachteiligung von „schwarzen Fonds“ wird durch die Rechtsprechung des Bundesgerichtshofs – das *OXFORD CLUB Communiqué* berichtete – in zwei Urteilen (Az.: VIII R 24/07 und VIII R 2/06) widersprochen. Danach ist dies eine unzulässige Benachteiligung von Auslandsfonds durch einen Verstoß gegen die Freiheit des Kapitalverkehrs und die Pauschalsteuer und somit rechtswidrig.

Bei Anwendung der Strafsteuer für solche Edelmetall-ETFs würden diese als Investments unattraktiv. Sie sollten im Zweifel Ihren Steuerberater konsultieren. Dieser ist zu rechtsverbindlichen Äußerungen berechtigt.

Nicht jede deutsche Bank führt Ihren Auftrag aus und etliche Kurssysteme zeigen nichts an

Gekauft werden können diese Silber- und Gold-ETFs über die Börse Zürich, und zwar auch über deutsche Banken und Sparkassen. Der aber immer noch mögliche Ärger kann auf jeden Fall durch ein Schweizer Wertpapierdepot vermieden werden.

Etliche deutsche Kurssysteme zeigen Ihnen diese bei einheimischen Kreditinstituten so unbeliebten ETFs nicht an. Ausnahme ist erfreulicherweise das Kurssystem von www.comdirekt.de. Probleme gibt es bei etlichen deutschen Discountbanken mit der Order, da diese Institute nicht an der Börse Zürich handeln. Einige nehmen aber zumindest die Order entgegen, wenn schon nicht online, so doch wenigstens telefonisch.

Ihre Chance auf eine Kursverdopplung mit Gold-ETFs und auf mehr als eine Verdreifachung mit Silber-ETFs!

Aus dem Angebot der Schweizer ETFs sehe ich die folgenden als mögliche Investments:

Titel	ISIN	1 Anteil	währungs-gesichert	Kurs
ZKB Silber-ETF	CH0047533556	rd. 100 Unzen Silber	nein	2.339,05 €
Silber-ETF Julius Bär	CH0106405860	rd. 1 Unze Silber	ja	21,62 €
ZKB Gold-ETF	CH0047533523	rd. 1 Unze Gold	nein	1.269,61 €
Gold-ETF Julius Bär	CH0044781174	rd. 1 Unze Gold	ja	1.316,92 €

Auch hier gilt: ETFs sollten Sie erst kaufen, sobald sich die Kurse in der Korrektur der Marke von 1.500 bis 1.570 US$/Unze Gold und von 25 bis 27,50 US$/Unze Silber nähern!

Kursentwicklung wie der Preis von Silber und Gold

Die genannten ETF-Anteilscheine sind durch Silber bzw. Gold in physischer Form hinterlegt und spiegeln die Entwicklung des Silber- bzw. des Goldpreises wider. Der Spread, also die Geld-Brief-Spanne, liegt bei den obigen ETFs bei etwa 0,45 %, die jährliche Managementgebühr bei rund 1 %. Darin enthalten sind die Lagerungskosten. Die Silber-Standardbarren beider Schweizer Häuser haben ein Gewicht von je 30 kg. In dieser Form ist Sachauszahlung möglich. Die Kommission dafür beträgt maximal 0,2 % des Gegenwerts.

Gold-ETF von ZKB und Julius Bär: Auslieferung von Gold – eher für Großanleger geeignet!

Das Gold wird in 12,5-kg-Barren gelagert und das Recht auf Auslieferung des Goldes ist auf diese Standardeinheit beschränkt. Das entspricht derzeit einem Betrag von umgerechnet rund 522.500 €. Andere handelsübliche Einheiten werden laut Prospekt nur auf Antrag und bei Verfügbarkeit bereitgestellt. Die Kosten trägt der Anleger. Der ZKB Gold-ETF hat zudem eine Rücknahmekommission von 1 % sowie eine Auslieferungsgebühr für das physische Gold von maximal 0,2 %.

Eine ähnliche Klausel findet sich in den Prospekten der Gold-ETF der Bank Julius Bär: Das Recht auf Sachauszahlung gilt vorbehaltlich „währungspolitischer oder sonstiger behördlicher Maßnahmen“, welche die Lieferung derart „erschweren“, dass sie der Bank „nicht zugemutet“ werden kann. Andere Einheiten als 12,5-kg-Standardbarren werden nur auf Antrag und bei Verfügbarkeit bereitgestellt, zuzüglich der Fabrikations- und weiterer Kosten. Julius Bär ist nicht verpflichtet, einem solchen Antrag zu entsprechen.

Sie sehen, der Teufel steckt – wie so oft – im Kleingedruckten. Die Option zum Bezug von Gold sollten Sie als Privatanleger daher nicht als Kaufargument gelten lassen. Hinsichtlich der Bedingungen für die Auslieferung von Gold sind beide Schweizer ETFs eher für große professionelle Investoren und weniger für Privatanleger geeignet.

Buchgold über den XETRA-ETC – noch eine Alternative

Smarte Anleger investieren auch in physisches Gold. Nach einem Sprint über die Marke von 1.900 US$ je Unze Gold hinweg kam ein rasanter Rücksetzer bis kurz vor die gleitende 200-Tage-Durchschnittslinie bei rund 1.540 US$/Unze. Danach zog der Goldpreis sofort wieder über die Marke von 1.600 US$ in Richtung 1.700 US$ hoch. Ich schätze, dass der Goldpreis leicht oberhalb von 1.500 US$/Unze seine charttechnische Bodenbildung vollziehen wird. Dann würden sich Käufe in Gold wieder lohnen.

1 Anteil = 1 Gramm Gold mit dem Recht auf Lieferung!

Xetra Gold war das erste Produkt der Deutsche Börse Commodities, einem Joint-Venture der Börse mit dem Goldhändler Umicore und den fünf Banken Metzler, Vontobel, Commerzbank, Deutsche Bank sowie DZ Bank. Es handelt sich um einen so genannten Exchange Traded Commodity (ETC). Jede Schuldverschreibung verbrieft das Recht auf 1 Gramm Gold. Auf diese Weise lassen sich auch kleinere Mengen an Gold preiswert erwerben. Bei Xetra Gold wird die jährliche Gebühr nicht aus der Substanz entnommen, sondern der Depotbank gesondert in Rechnung gestellt. Diese Gebühr liegt mit etwa 0,357 % jährlich niedrig.

Kein ETF, sondern Inhaberschuldverschreibung

Ansprüche aus Schuldverschreibungen sind nicht versichert, doch andere Gläubiger gibt es faktisch nicht. Selbst eine Insolvenz der Deutsche Börse Commodities würde das Recht auf Auslieferung des Goldes nicht erlöschen lassen. Das Endlos-Zertifikat unterliegt der Abgeltungsteuer.

Der Emittent: Xetra Gold ist jederzeit zu 100 Prozent durch Gold gedeckt. Der größte Teil (95 %) des Goldes wird in physischer Form in den Tresoren der Clearstream – dem deutschen Zentralverwahrer für Wertpapiere – eingelagert. Der restliche Teil wird als Lieferansprüche auf Gold gegen die Umicore AG & Co. KG in Hanau unterhalten. Der physische Deckungsbestand hinter Xetra Gold lagert nach hohen Sicherheitsstandards im deutschen Zentraltresor für Wertpapiere, in dem Werte von mehreren Billionen Euro verwahrt werden.

Einspruch gegen Abgeltungsteuer beim Xetra Gold!

Die vom Bundesfinanzministerium mit Schreiben vom 22.12.2009 angeordnete Gleichstellung mit Anleihen ist umstritten. Denn der Xetra Gold gewährt einen Lieferanspruch auf Gold. Damit sollte das Wertpapier steuerlich wie ein verbriefter Anspruch zur Lieferung eines Rohstoffs behandelt werden, das heißt, nach einer Haltedauer von mehr als einem Jahr könnten Gewinne steuerfrei realisiert werden. Der Steuerexperte des *OXFORD CLUB Communiqué* und renommierte Buchautor Anton-Rudolf Götzenberger hat für Sie nachgeforscht und bei der Deutsche Börse Commodities erfahren, dass dem Einspruch eines Privatanlegers gegen die Versteuerung vom Finanzamt Frankfurt stattgegeben und auch Steuerfreiheit für künftige Verkäufe verbindlich eingeräumt wurde. Legen Sie somit auch gegen eine Besteuerung des Xetra Gold nach einer Haltedauer von mehr als einem Jahr Einspruch beim Finanzamt ein!

Xetra Gold, Börse: XETRA, ISIN: DE000A0S9GB0, WKN: A0S9GB, Symbol: GLD4

Physisches Silber im Schweizer Zollfreilager: Sicher, diskret und steuerfrei!

Einige Gesellschaften bieten die Aufbewahrung von Edelmetallen in einem Schweizer Zollfreilager an. Auf diese Weise haben Sie die Möglichkeit, steuerfrei – bis zur physischen Auslieferung – in Silber zu investieren. Ich beziehe mich im Folgenden ausschließlich auf Silber, da Gold innerhalb der Europäischen Union ohnehin mehrwertsteuerfrei ist. Darüber hinaus gelten meine Ausführungen allerdings auch für andere Edelmetalle wie Platin und Palladium. Auch die können in Schweizer Zollfreilagern steuerfrei deponiert werden.

Ihre drei Vorteile für Investments von Silber in Schweizer Zollfreilagern:

1. Sie zahlen keine Mehrwertsteuer, ganz gleich ob Sie Silbermünzen oder Silberbarren kaufen. Sie wissen aus meinen vorherigen Ausführungen, dass Sie ansonsten 7 bzw. 19 % Mehrwertsteuer nach deutschem Recht zahlen müssen.

2. Ihr Silber wird sicher aufbewahrt. Sie brauchen somit keinen einheimischen Tresor in Ihrem Haus oder bei der Bank.

3. Ihre Investments bleiben diskret. Die übliche deutsche Kontenabfrage durch Steuer- und Sozialbehörden, über die ich ausführlich und wiederholt im *OXFORD CLUB Communiqué* berichte, erfasst nicht die Schweizer Zollfreilager.

Zollfreilager sind so genannte Transitlager. Sie dienen der zollfreien Lagerung von Waren. Solche Zollfreilager bestehen unter anderem in der Schweiz, in Dubai und in Panama. Ich empfehle Ihnen wegen der Nähe und Stabilität die Schweizer Zollfreilager.

Die Einlagerung in einem Zollfreilager ist steuerfrei. Achtung: Eine spätere physische Auslieferung würde die Besteuerung auslösen! Die spätere Auslieferung wäre ohne Probleme möglich. In der Schweiz würde dann die Umsatzsteuer von derzeit 8 % anfallen. Darüber hinaus ist eine Verzollungsgebühr von 160 € (Beispiel Pro Aurum) zu entrichten. Sofern Sie dann Ihre Edelmetalle über die Grenze einführen, also zum Beispiel nach Deutschland, würde auf Barren die Einfuhrumsatzsteuer fällig, also die für Deutschland oder Österreich geltende dortige Mehrwertsteuer.

Kosten für die Lagerung: Die Lagerung in einem Zollfreilager ist nicht kostenlos. Die Anbieter verlangen abhängig von Wert und Volumen der Einlage Lagerkosten. Bei Pro Aurum beispielsweise variieren die Lagerkosten für Silber zwischen 1 und 1,75 % pro Jahr, für Gold, Platin und Palladium zwischen 0,4 und 0,75 % pro Jahr. Einige Anbieter nehmen eine einmalige Einlagerungsgebühr.

Mindesteinlagerungswert: Nicht alle Anbieter verlangen einen Mindesteinlagerungswert. Im Fall von Pro Aurum beträgt der Mindesteinlagerungswert 25.000 CHF. (Vergl.: http://www.proaurum.de/ankaufund-verkauf/Zollfrei-lagern.html)

Als Kunde eines Schweizer Zollfreilagers erhalten Sie selbstverständlich eine Kaufabrechnung und eine jährliche Lagerbestätigung.

Sind Sie nicht an der physischen Auslieferung interessiert, können Sie das Silber (oder andere Edelmetalle) problemlos an den Anbieter (Händler) zurückverkaufen. Ihr Vorteil ist, dass Sie in diesem Fall keine Umsatzsteuer zahlen.

Im Regelfall sind Sie also lediglich interessiert, im Schweizer Zollfreilager besonders Silber steuerfrei einzulagern und dort später (spekulationssteuerfrei nach mehr als einem Jahr) wieder zu verkaufen!

Edelmetall-Aktienfonds: Diversifizieren Sie mit Profis gleich über eine Sammlung von Edelmetallaktien

Wer eine Auswahl von Einzelaktien meiden möchte oder vom Volumen her nicht durchführen kann, dem stehen als Alternativen Edelmetallaktien-Fonds zur Verfügung. Meine Favoriten unter diesen Fonds sind:

Blackrock World Gold Fund X2 EUR
Ein langfristig erfolgreicher Goldfonds – und der weltweit größte
ISIN: LU0243984555
WKN: A1C31T

Der World Gold Fund zielt auf maximalen Gesamtertrag ab, indem er weltweit mindestens 70 % seines Gesamtvermögens in Aktienwerte von Unternehmen anlegt, die überwiegend im Goldbergbau tätig sind.

Investmentschwerpunkt sind größere Gold-Minengesellschaften wie insbesondere Newcrest Mining, Goldcorp, Fresnillo, Kinross Gold, Randgold Resources, Minas Buenaventura, Eldorado Gold, Newmont Mining, Industrias Penoles und IAMGold.

Ende 2011 lag der Umfang dieses Giganten und Oldtimers (seit 30.12.1994) unter den Goldaktienfonds bei knapp 8,3 Mrd. US$. Geographischer Schwerpunkt war Kanada mit 41,04 %, gefolgt von Afrika mit 18,57 % und Lateinamerika mit 17,07 % (30.11.2011) Anteil.

Fondsmanager ist Evy Hambro, langjährig erfahren auf den Sektoren Edelmetalle und Rohstoffe sowie seit 1994 im Unternehmen tätig.

Ausgabeaufschlag: 5 %
Gesamtgebühr (Total Expense Ratio): 2,08 %
Webseite: www.blackrock.com/de (Deutschland)
www.blackrock.com/at (Österreich)
www.blackrock.com/ch (Schweiz)
oder für alle: www.fundinfo.com

Earth Gold Fund UI (EUR R)
Fokus des erfolgreichen Fonds sind die mittelgroßen Edelmetallaktien
ISIN: DE000A0Q2SD8
WKN: A0Q2SD

Auch dieser Edelmetallaktienfonds investiert weltweit in Unternehmen aller Größen aus dem Edelmetallsektor, setzt allerdings hier den Fokus auf Mid-Caps. Er umfasste Ende 2011 Aktien von Gold Fields, Anglogold Ashanti, Newmont Gold, Kinross Gold und Coeur d´Alene Mines.

Fondsmanager Dr. Joachim Berlenbach besitzt eine langjährige Expertise als Geologe, Analyst und Fondsmanager.

Anlageziel ist ein möglichst hoher Wertzuwachs. Der Fonds setzt sich zu mindestens zwei Dritteln aus Wertpapieren und Investmentanteilen des Goldsektors zusammen. Hierzu zählen Wertpapiere, die an die Entwicklung des Goldpreises gekoppelt sind, und solche von Ausstellern, deren Umsatzerlöse oder Gewinne überwiegend aus der Suche, der Gewinnung oder Aufbereitung von Gold resultieren, sowie Anteile an Investmentfonds, die aufgrund ihrer Vertragsbedingungen oder Satzung zu mindestens 51 % im Goldbereich investieren.

Geographischer Schwerpunkt ist mit rund 52,20 % Kanada, gefolgt von den USA mit 15,51 % und Afrika mit 14,53 %.

Der am 1.7.2008 aufgelegte Fonds hatte Ende 2011 ein Volumen von rund 75 Mio. €.

Ausgabeaufschlag: 5 %
Gesamtgebühr (Total Expense Ratio): 2,35 %
Webseite: www.universal-investment.de

Gold- und Silberaktien: Enormer Nachholbedarf zu den Gold- und Silberpreisen

Oft werden Gold und Goldaktien miteinander gleichgesetzt. Zieht somit der Goldpreis an, bleiben aber die Kurse der Goldaktien zurück bzw. sinken gar, gibt es gleich besorgte Anfragen: „Was ist denn da los?"

Diese Fragen verstehe ich gut. Führen Sie sich bitte vor Augen, dass physisches Gold und Aktien von Goldminen-Gesellschaften zwei völlig unterschiedliche Investmentarten sind. Die beiden Arten können nicht gleichgesetzt werden.

Goldminenaktien – und analog auch Silberminenaktien – weisen ein unternehmerisches Chance-Risiko-Verhältnis auf. Diese Aktien sind an der Gewinnentwicklung orientiert und unterliegen zudem stark den Einflüssen der Aktienmärkte. Ich schätze, dass die Kurse der Goldaktien in rund 70 % der Zeiträume nicht parallel zur Goldpreisentwicklung verlaufen und in etwa 30 % der Zeit sich besser als der Goldpreis entwickeln, also eine Hebelwirkung zum Goldpreis entfalten.

So zogen die Kurse der Goldaktien im Zeitraum von 2000 bis 2003 sowie von 2005 bis 2007 weitaus stärker als der Goldpreis an, blieben aber besonders ab dem Jahr 2008 hinter der Entwicklung des Goldpreises erheblich zurück. Der Grund dafür lag hauptsächlich in der Tatsache, dass um 2008 die Produktionskosten schneller anzogen als der Goldpreis. Gewinnmargen kamen daher unter Druck, und die Aktienkurse vieler Goldminengesellschaften sanken sogar. Besonders drastisch fiel die Kursentwicklung im Crashjahr 2008 aus, der zweitgrößten Aktienbaisse seit den 1930er Jahren. Hier kamen zahlreiche Minengesellschaften doppelt unter Druck, und zwar durch die zuvor stark gestiegenen Energiekosten (sinkende Gewinne trotz gestiegenen Goldpreises) und die kollabierenden Aktienmärkte (Risikoscheu vieler Anleger). Selbst solide Goldminen-Konzerne drittelten sich im Kurs, Junior-Produzenten und Explorer stürzten nicht selten um 80 oder 90 % ab.

Aktuell werden zahlreiche Goldminenaktien wiederum niedrig bewertet, und zwar relativ zum gut gestiegenen Goldpreis sogar ähnlich niedrig wie zum Tief des Jahres 2008. Damit besteht hohes Gewinnpotenzial, selbst bei einem lediglich gleich bleibenden Goldpreis. Denn die Gewinne der Goldproduzenten ziehen enorm an.

Für das *OXFORD CLUB Communiqué* und die *OXFORD CLUB Eildepesche* obliegt mir unter anderem die Verantwortung in Sachen Recherche auch von Edelmetallaktien. Diesen Sektor habe ich in den vergangenen 15 Jahren zu einem eindeutigen Schwerpunkt beider Investmentbriefe ausgebaut.

Ich gebe Ihnen im Folgenden einen allgemeinen Überblick über die dabei unter anderem zugrunde gelegten Kriterien. Diese Schilderung kann Sie vielleicht bei Ihren eigenen Entscheidungen unterstützen.

Diese Punkte sind bei der Auswahl von Gold- und Silberaktien zu beachten!

Status des Unternehmens: Handelt es sich um einen etablierten Konzern, einen mittelgroßen Produzenten, einen Junior-Produzenten oder einen Explorer mit oder ohne Vorkommen? Je nach dieser Kategorie bestehen erhebliche Unterschiede in der Volatilität der Aktienkurse. Einen „ruhigeren" Kursverlauf weisen die großen Produzenten auf. Zum Teil wilde Kurssprünge vollziehen Explorer und Junior-Edelmetallproduzenten.

Management: Wer führt das Unternehmen? Hat das Management Erfahrung und Erfolge vorzuweisen? Nichts ist so erfolgreich wie der Erfolg. Der Rohstoff- und Edelmetallsektor ist ein hartes Geschäft. Welchen Hintergrund hat das Führungspersonal. Ist es branchenfremd? Warnsignal ist, wenn bewährte Erfolgsmanager ein Unternehmen plötzlich verlassen. Vorkommen müssen erst einmal gefunden, geprüft, entwickelt und zur Produktion gebracht werden. Das erfordert Kompetenz. Nur ein geringer Teil schafft es überhaupt.

Projekte: Eines vorab: Die Mehrheit der Projekte von Gold- oder Silberproduzenten führt nicht zum Bau einer Mine. Das Vorkommen muss wirtschaftlich zu produzieren sein. Die Kosten für die Einrichtung einer Mine können zwischen 50 Mio. US$ und rund 5 Mrd. US$ variieren. Ob ein Projekt überhaupt wirtschaftlich lohnenswert ist, ergibt sich aus einer Vielzahl unterschiedlicher Faktoren, wie unter anderem aus der Beschaffenheit des Erzkörpers (geologische Struktur, Tiefe, Verteilung des Vorkommens, Umfang von Reserven und Ressourcen), Anschluss an die notwendige Infrastruktur (Straßen, Schienennetz, Häfen, Versorgung mit Strom und Wasser etc.), Edelmetall- und Rohstoffpreise, Grad der Mineralisierung, Einrichtungskosten für die Verarbeitungsanlage und die übrige Technik, Transportkosten etc. Die Entscheidung, ob für ein bestimmtes Projekt eine Mine wirtschaftlich sinnvoll ist, wird auf der Grundlage einer bankfähigen Durchführbarkeitsstudie getroffen. Bei der Analyse eines Edelmetall- oder Rohstoffvorkommens erwähne ich regelmäßig den Begriff „NI 43-101“ (National Instrument NI 43-101). Hierbei handelt es sich um strenge Richtlinien für die Berichterstattung und Darstellung von Informationen im Zusammenhang mit mineralischen Vorkommen. Diesem Instrument sind alle in Kanada gelisteten Rohstoffgesellschaften unterstellt, überwacht wird es von der kanadischen Börsenaufsicht Canadian Securities Administrators. Mit dem Standard NI 43-101 wollen die Behörden sicherstellen, dass keine irreführenden, falschen oder sogar betrügerischen Informationen über Mineralvorkommen veröffentlicht werden. Für Produzenten und Explorer sind dabei insbesondere die drei Ressourcenkategorien „inferred“ (vermutet), „indicated“ (angezeigt) und „measured“ (gemessen) relevant. Je höher eine Ressource eingestuft wird, desto wertvoller ist die Lagerstätte. Eine bankfähige Durchführbarkeitsstudie, auch Machbarkeitsstudie genannt, gibt letztlich Aufschluss darüber, ob ein Projekt wahrscheinlich erfolgreich realisiert werden kann. Bei Produzenten ist anhand der vorhandenen Reserven und Ressourcen in Verbindung mit der durchschnittlichen jährlichen Produktion die Lebensdauer der Minen zu kalkulieren. Irgendwann ist jedes Vorkommen erschöpft, also abgebaut. Gute Goldproduzenten schaffen mit ihren gesamten Assets eine durchschnittliche Produktionsdauer von um die zehn Jahre. Es wird zunehmend schwieriger, bereits geförderte Mengen durch die nötigen Reserven und Ressourcen zu ersetzen. Damit sind erfolgreiche Explorationen oder Übernahmen anderer Minengesellschaften lebensnotwendig.

Diversifiziertes Portfolio von Projekten: Handelt es sich um ein Unternehmen mit einem Projekt oder gar mit mehreren? Eine Gesellschaft mit einem Projekt kann sehr lukrativ sein und wahrlich eine „Goldgrube" besitzen. Von diesem einen Projekt ist das Unternehmen dann allerdings abhängig. Tragisch, wenn es dort dann Probleme gibt, also beispielsweise magere Bohrresultate erzielt werden oder wenn sich Behörden mit drastischen Auflagen oder Produktionsstopps aufgrund von Unfällen oder Umweltbeeinträchtigungen einschalten. Ein Unternehmen mit verschiedenen Projekten in unterschiedlichen Ländern ist da weniger gefährdet.

Finanzierung: Die Exploration, die Entwicklung der Projekte und/oder die Produktion sind zu finanzieren. Woher kommt das Geld dafür? Ist das Geld vorhanden oder ist es über die Ausgabe weiterer Aktien (Verwässerungseffekt auf mögliche, künftige Gewinne) zu beschaffen. Wie sind die Finanzierungskonditionen? Muss das Unternehmen als Bedingung für Kredite künftige Produktion vorwärtsverkaufen, also hedgen? Wie routiniert handelt das Management bei der Finanzierung? Werden Zwischenhochs an der Börse und des eigenen Aktienkurses für Kapitalerhöhungen genutzt oder gar für Schwächephasen, was wiederum zu Verwässerungseffekten führt. Die finanzielle Situation eines Unternehmens können Sie anhand der jüngsten Quartals- und auch der Jahresberichte analysieren. Sie finden diese meist im Bereich der Investors Relations auf der Unternehmens-Homepage. Ferner sind diese Informationen für alle an US-Börsen notierten Firmen auf der Homepage der US-Börsenaufsicht SEC zu finden, für kanadische Unternehmen über die Sedar-Website.

Hat das Unternehmen eine starke Bilanz? Wie ist der Verschuldungsgrad? Wie hoch ist die Cash-Reserve, und wie sehen die kurzfristigen Verbindlichkeiten aus?

Unternehmen, die noch keine Produktion aufweisen, können ihre Liquidität fast ausschließlich über Eigenkapitalerhöhungen beziehen. Langfristige Finanzierungen werden solche Unternehmen ohne eine bankfähige Durchführbarkeitsstudie und die Genehmigung für ein bestimmtes Projekt kaum erhalten. Die Analyse der Jahresabschlüsse liefert auch Informationen besonders über die Verwendung des Geldes bei Explorern und Junior-Produzenten. Manches Unternehmen hat sich zum Selbstbedienungsladen für Management und PR-Firmen entwickelt und wird intern regelrecht ausgeräubert.

Bei Explorern ist die vorhandene Liquidität in Verbindung mit dem Fortschritt der Explorationsarbeiten und laufenden Kosten (burn rate) zu setzen, um auf die Überlebensfähigkeit sowie künftige Aktienemissionen und Private Placements (Verwässerungseffekte) schließen zu können.

Kapitalstruktur: Diese ist eng verbunden mit der Finanzierung. Wie viele Aktien wurden ausgegeben, wie hoch ist die Zahl der noch ausstehenden Aktien insgesamt (fully diluted)? Hier sind die Geschäftsberichte der Firma zu studieren. Von Vorteil sind möglichst wenig ausgegebene, insgesamt noch ausstehende Aktien. Letztere können sich durch ausgegebene Warrants, Optionen oder Wandelanleihen erheblich ausweiten und den späteren Gewinn je Aktie massiv verwässern. Wann kommen die zusätzlichen Aktien an den Markt, und können sie über einen möglichen Verkauf den Aktienkurs unter Druck bringen? Wer hält die Aktien? Ist das Management am eigenen Unternehmen beteiligt (Vertrauensbeweis)?

Politik: Die Politik eines Landes hat einen großen Einfluss auf die Entwicklung von Minengesellschaften und betrifft diese unmittelbar. Hinzu kommen eventuelle Widerstände von Teilen der Bevölkerung aus der

Minenregion oder von den so genannten NGOs, den Nichtregierungsorganisationen. Was nützt ein noch so attraktives Projekt, wenn die Regierung und die Behörden des betreffenden Landes es blockieren? Venezuela hat die Rohstoffvorkommen im Jahr 2011 endgültig verstaatlicht. Immer mehr Länder heben die Steuern auf Gewinne massiv an, verlangen Unternehmensbeteiligungen oder stoppen Projekte aufgrund von Umweltauflagen oder Protesten der Wähler bzw. von Umweltaktivisten. Ich will das nicht moralisch bewerten. Wichtig bleibt, dass die politischen Einflüsse plötzlich und unerwartet einen Strich durch die Rechnung machen können – und dass dies immer häufiger geschieht. Auf der anderen Seite sind alle leicht zugänglichen, hochmineralisierten Edelmetall- und Rohstoffvorkommen längst entdeckt und zum großen Teil abgebaut. Daher dehnt sich die Suche nach weiteren Vorkommen immer mehr in instabile Länder aus. Überraschungen negativer Art hält die Politik allerdings auch in den so genannten entwickelten Ländern bereit.

Eine Auswahl an Edelmetall-Unternehmen für Ihre Investments

Im Folgenden nenne ich Ihnen eine Auswahl von Gold- und Silber-Unternehmen, die ich in den beiden Diensten *OXFORD CLUB Communiqué* und *OXFORD CLUB Eildepesche* aktuell empfehle. Diese werden dort zeitnah verfolgt und kommentiert sowie mit Kauflimits und Kurszielen genannt. Dieses Buch kann die Feinsteuerung solcher Investments nicht übernehmen. Ich stelle Ihnen einige dieser Empfehlungen kurz vor, damit Sie einen Eindruck über die Art der aus einem aufwändigen Ausleseprozess herausgefilterten Aktien erhalten.

Eine Auswahl großer und mittelgroßer Edelmetall-Produzenten

● **Alacer Gold** (ISIN: CA0106791064, WKN: A1JFG6, Frankfurt)
Am 18.2.2011 aus der Fusion von Anatolia Minerals Development und Avoca Resources gebildet. Global diversifiziertes Portfolio an Projekten in der Türkei und Australien. Ziel einer Jahresproduktion von rund 600.000 Unzen Gold ab 2013 und 800.000 Unzen Gold ab 2015. Auf der

Basis einer Jahresförderung von 600.000 Unzen Gold reichen die Reserven über knapp zehn Jahre und die Ressourcen etwa 18 Jahre.

● **Anglogold Ashanti** (ISIN: US0351282068, WKN: 915102, Frankfurt)
Der weltweit drittgrößte Gold-Konzern betreibt 20 Minen auf vier Kontinenten. Die Jahresproduktion 2010 lag bei 4,52 Mio. Unzen Gold. Bis zum Jahr 2014 soll die Produktion von bislang 4,45 Mio. Unzen Gold auf 5,5 Mio. Unzen jährlich gesteigert werden. 2011 betrug der Produktionsanteil aus Südafrika etwa 39 % und soll bis 2014 auf 31 % sinken. Bis zum Jahr 2020 plant der Gold-Konzern, seine Jahresproduktion auf rund 7,6 Mio. Unzen auszuweiten.

● **Aurico Gold** (ISIN: CA05155C1059, WKN: A1JBWL, AUQ, NYSE)
Aurico Gold, ehemals Gammon Gold, hat Northgate Minerals Ende 2011 erfolgreich übernommen. Betrieben werden jetzt fünf Goldminen, 2012 kommt eine weitere hinzu. Drei Gold-Entwicklungsprojekte liegen in Mexiko, Kanada und Australien.

● **Coeur d´Alene Mines** (ISIN: US1921081089, WKN: 868 071, Frankfurt)
Der größte US-Silberproduzent geht für 2011 von einer geplanten Produktion von rund 19,5 Mio. Unzen Silber und 220.000 Unzen Gold aus. Drei neue, große Edelmetallminen ermöglichen eine höhere Förderung: San Batholomé (Bolivien), Palmarejo (Mexiko) und Kensington (Alaska). Hinzu kommt die neue Großmine Rochester (Nevada/USA). Darüber hinaus wird intensiv exploriert in Argentinien, Mexiko und Alaska.

● **Eldorado Gold** (ISIN: CA2849021035, WKN: 892560, EGO, NYSE)
Eldorado Gold ist ein kanadischer Goldproduzent, der weltweit sechs Minen betreibt, eine weitere im Bau hat, zwei Minen in der Entwicklung und ein intensives Explorationsprogramm verfolgt. Gefördert wird in China, der Türkei, Brasilien und Griechenland. Ziel ist eine Jahresproduktion von rund 1,5 Mio. Unzen Gold bis 2015. Ein Niedrigkosten-Produzent mit solider Bilanz. Für European Goldfields wurde Ende 2011 eine niedrige Übernahmeofferte abgegeben.

● **IAMGold** (ISIN: CA4509131088, WKN: 899657, IAG, New York)
IAMGold ist mit einer Jahresproduktion von rund 1 Mio. Unzen Gold eines der führenden mittelgroßen Goldminen-Unternehmen mit fünf Goldminen auf drei Kontinenten. Solide Bilanz, ein gutes Management, eine breite Pipeline von Projekten in der Entwicklung und die Exploration unterstützen die Expansionsstrategie. Geografisch wird Wachstum besonders in Westafrika, einigen Ländern Lateinamerikas sowie in den kanadischen Provinzen Ontario und Québec angestrebt.

● **Kingsgate Consolidated** (ISIN: AU000000KCN1, WKN: 905456, KCN, Sydney)
Kingsgate Consolidated ist ein aufsteigender mittlerer Goldproduzent mit Fokus auf Thailand und Australien. Hauptprojekt ist die Chatree-Mine in Thailand. Diese erreicht auf Basis einer Jahresproduktion von rund 300.000 Unzen Gold eine Lebensdauer der Reserven von fünf Jahren und für die Ressourcen zehn Jahre. Kingsgate befindet sich derzeit in einer Übergangsphase und bietet die Chance auf einen Turnaround der Gewinne sowie auf Explorationserfolge.

● **La Mancha Resources** (ISIN: CA5035481095, WKN: 482587, LMA, Toronto)
Einer der raren Junior-Goldproduzenten mit einem positiven Verlauf des Aktienkurses im Jahr 2011. Ausreichende finanzielle Mittel bietet das Barvermögen von 91,5 Mio. US$. La Mancha Resources ist schuldenfrei und erwirtschaftete einen geschätzten operativen Cash-Flow von 87 Mio. US$ in 2011. Für 2012 sind etwa 114 Mio. US$ geplant. Dies finanziert das weitere organische Wachstum. Die Entwicklung der CIL-Anlage im sudanesischen Hassaï-Projekt soll die jährliche Goldproduktion bis 2014 auf mehr als 200.000 Unzen jährlich bringen. Darüber hinaus strebt das Management die Expansion des White Foil-Betriebs in Australien und die Entwicklung des Hassaï-VMS-Projekts an.

● **New Gold** (ISIN: CA6445351068, WKN: A0ERPH, NGD, AMEX)
Ein mittelgroßer, aggressiv agierender Gold-Konzern mit seinen drei

Goldminen Mesquite (USA), Cerro San Pedro (Mexiko) und Peak Mines (Australien).
Nach 383.000 Unzen zu je 428 US$/Unze in 2010 erreicht die Produktion voraussichtlich zwischen 380.000 und 400.000 Unzen zu je 409 US$ in 2011. Drei Projekte sind in der Entwicklung: New Afton in Kanada (in Betrieb ab dem ersten Halbjahr 2012) sowie das Großprojekt El Morro (30 %) in Chile (70 % hält Goldcorp) und Blackwater in Kanada. CEO ist Randall Oliphant, ehemals CEO und Präsident von Barrick Gold. Starkes Management.

● **OceanaGold** (ISIN: CA6752221037, WKN: A0MVLD, OGC, Toronto)
Der größte Goldproduzent Neuseelands baut seine Stellung in der asiatisch-pazifischen Region weiter aus und betreibt Minen im Süden von Neuseeland sowie im Norden der Philippinen. 2011 ist eine Produktion von 255.000 bis 270.000 Unzen Gold zu laufenden Betriebskosten von 850 bis 890 US$/Unze Gold geplant. Die philippinische Didipio-Mine soll ab Ende 2012 ihren kompletten Betrieb aufnehmen, mit dem Ziel einer Jahresproduktion von 100.000 Unzen Gold und 14.000 Tonnen (t) Kupfer auf Dauer von 16 Jahren. Ziel ist für 2016 eine Jahresproduktion von rund 600.000 Unzen Gold. Die Ressourcen liegen insgesamt bei rund 6,6 Mio. Unzen Gold und 271.000 t Kupfer. Unterbewertet!

● **Perseus Mining** (ISIN: AU000000PRU3, WKN: A0B7MN, PRU, Sydney)
Im laufenden Fiskaljahr (30.6.2012) sollen zwischen 190.000 und 200.000 Unzen Gold in Westafrika durch das australische Minenunternehmen produziert werden, zu Kosten von etwa 590 US$/Unze Gold. Darüber hinaus sehe ich hohes Explorationspotenzial. So wurden während der Bohrungen beim Goldprojekt Edikan (Central Ashanti) hochgradige Abschnitte entdeckt. Ende Mai 2011 nahm Perseus Mining zudem die Exploration auf dem Tengrela-Projekt wieder auf. Ziel ab 2013 ist eine Jahresproduktion von rund 450.000 Unzen Gold. Gesamtressourcen von rund 5,7 Mio. Unzen Gold (gemessen und angezeigt) sowie weitere

geschätzte 2,2 Mio. Unzen Gold (jeweils mehr als 80 % in Ghana). Cash-Reserve (15.11.2011): 155 Mio. US$, Schulden: 85 Mio. US$.

- **Silver Wheaton** (ISIN: CA8283361076, WKN: A0DPA9, SLW, AMEX)

Silver Wheaton produziert nicht selbst Silber, sondern profitiert über seinen Anteil an den zuvor erworbenen Verkäufen (Royalties) von Produzenten. Verkaufsprognose 2011 sind 25,5 Mio. Unzen Silber. Seit dem vierten Quartal 2011 koppelt Silver Wheaton die Dividende an den Silberpreis und will künftig etwa 20 % der Einkünfte des vorherigen Quartals, dividiert durch die Zahl der ausstehenden Aktien, ausschütten. Für das dritte Quartal 2011 und 353,5 Mio. Aktien würde dies eine Dividende von 0,09 US$ bedeuten. Für das Jahr 2015 mit der Prognose von dann 43 Mio. Unzen Silber und einem Silberpreis von unterstellten 35 US$/Unze Silber käme die Dividende auf 0,75 US$ je Aktie. Da kommt kein ETF mit! Reserven umfassen derzeit 942 Mio. Unzen Silber und 250.000 Unzen Gold sowie weitere Ressourcen von 365,3 Mio. Unzen Silber und 230.000 Unzen Gold. Eine Silberaktie für eher konservative Anleger.

- **Yamana Gold** (ISIN: CA98462Y1007, WKN: 357818, AUY, New York)

Das Management plant für 2011 eine Produktion von rund 1,1 Mio. Unzen Goldäquivalent zu durchschnittlichen Cash-Kosten von weniger als 100 US$/Unze. Sieben Minen betreibt Yamana Gold bereits, vier weitere befinden sich in der Entwicklung. Deren Inbetriebnahme ist für Mitte 2012 bis Ende 2013 vorgesehen. Das würde die Produktion um etwa 440.000 Unzen Goldäquivalent steigern und die Jahresproduktion im Jahr 2014 auf 1,7 Mio. Unzen Goldäquivalent anheben. Yamana Gold verfolgt sogar das ehrgeizige Ziel einer Jahresproduktion von mehr als 2 Mio. Unzen Goldäquivalent. Zu diesem Zweck wurde das Explorationsbudget in 2011 um 31 % auf 111 Mio. US$ ausgeweitet, um die Reserven und Ressourcen umfassend zu erhöhen. Die Jahresdividende wurde auf 0,20 US$ je Aktie angehoben; noch höhere Ausschüttungen wurden in Aussicht gestellt.

Edelmetall-Junior-Produzenten

● **Aurcana** (ISIN: CA0519182095, WKN: A0B9Y6, AUN, TSXV)
Diese Silberminen-Gesellschaft plant für 2011 eine Produktion von rund 1,7 Mio. Unzen Silberäquivalent, für 2012 rund 5 Mio. Unzen und für 2013 dann sogar zwischen 9 bis 10 Mio. Unzen. Hauptprojekt ist die mexikanische Mine La Negra (92 %-Anteil). Die Verarbeitungsanlage wird gerade von 1.500 t auf 2.000 t Gestein pro Tag ausgeweitet. Es handelt sich um ein Projekt mit Vorkommen an Silber, Kupfer, Nickel und Blei. Die Ressource lautete Anfang 2011 auf 2,3 Mio. Unzen Silber an Reserven sowie Ressourcen von 7,5 Mio. Unzen in den Kategorien gemessen und angezeigt und 1,4 Mio. Unzen in der Kategorie geschätzt; sie basiert lediglich auf drei der insgesamt 28 Vorkommen. Im Mai 2012 soll die Shafter-Mine zusätzlich in Betrieb genommen werden. Eine Machbarkeitsstudie aus dem Jahr 2010 geht von einer Jahresproduktion von anfänglich 3,8 Mio. Unzen Silber zu Betriebskosten von durchschnittlich 7,53 US$/Unze Silber aus.

● **Brigus Gold** (ISIN: CA1094901024, WKN: A1C05K, BRD, AMEX)
Brigus Gold ist ein aufsteigender Goldproduzent mit Projekten in Ontario und Saskatchewan (rund 2 Mio. Unzen Gold). Hauptprojekt ist die Black Fox-Mine nahe Timmins/Ontario. Brigus Gold plant, die Erweiterung der Gesteinsmühle von zuletzt 2.200 Tonnen (t) Erz pro Tag auf 3.500 t zu bringen. Explorationserfolge wurden aus dem Süden des Black Fox-Komplexes gemeldet mit 3,96 Gramm Gold über eine Länge von insgesamt 50 m und 3,96 Gramm Gold/t auf 20 m. Der Chef des operativen Betriebs (COO), Richard Allen, ist ehemaliger Direktor von Barrick Gold. Jüngst hat Brigus Gold das Fachpersonal verstärkt durch einen neuen Minenmanager, vier Geologen und einen Produktionskoordinator. Ab 2012 ist Ziel, pro Quartal rund 25.000 Unzen Gold zu produzieren und bis zum Jahr 2015 rund 200.000 Unzen Gold zu erreichen.

● **Great Panther Silver** (ISIN: CA39115V1013, WKN: A0YH8Q, GPR, Toronto)
Der seit vier Jahren profitable primäre Silber-Produzent betreibt die bei-

den mexikanischen Minen Topia (Silber, Blei, Zink, Gold) und Guanajuato (Silber, Gold) und hat dort auch noch zwei Explorationsprojekte: Santa Rosa und San Ignacio. Seit dem Jahr 2006 wird die Produktion jährlich ausgeweitet; sie erreichte im Jahr 2011 rund 5 Mio. Unzen Silberäquivalent.

● **Hecla Mining** (ISIN: US4227041062, WKN: 854693, HL, New York)
2011 ereigneten sich zwei tödliche Unfälle in der Lucky Friday-Mine in Idaho sowie ein weiterer Unfall mit Verletzten. Trotz der Vorfälle blieb die Planung für 2011 bei insgesamt rund 9 Mio. Unzen Silber zu durchschnittlichen Betriebskosten von etwa 1 US$ je Unze nach Beiprodukt-Gutschriften. Die volle Produktion in der Lucky Friday-Mine kann voraussichtlich Ende Februar 2012 nach dem Bau einer neuen Förderstrecke fortgesetzt werden. Für das Gesamtjahr 2012 rechnet Hecla Mining unverändert mit einer Produktion von mehr als 9,5 Mio. Unzen Silber.

● **Rio Alto Mining** (ISIN: CA76689T1049, WKN: A0QYAX, RIO, Toronto)
In einem Teil des Hauptprojekts La Arena in Norden Perus ist die Goldproduktion im Mai 2011 angelaufen. Hier liegen Ressourcen von rund 2,8 Mio. Unzen Gold und 1,7 Mrd. Pound Kupfer in der angezeigten Kategorie sowie weitere geschätzte 1,2 Mio. Unzen Gold und 1,2 Mrd. Pound Kupfer. La Arena bietet mit der mehr als 21.000 ha umfassenden Fläche erhebliches Entwicklungs- und Explorationspotenzial. In der Region befinden sich auch Weltklasse-Minen von Barrick Gold und Newmont Mining. Nahe gelegene Projekte von Rio Alto Mining sind noch San Andres, Astrid, Agua Blanca, La Florida, Maria Angola und Al Alizar.

Rio Alto Mining fährt die Goldproduktion auf 100.000 Unzen pro Jahr hoch. Zusätzliche rund 30.000 Unzen sollten ab dem Jahr 2015 aus dem sulfidischen Teil des Projekts hinzukommen, ebenso wie etwa 60 Mio. Pound Kupfer jährlich. Eine abschließende Durchführbarkeitsstudie wird bis spätestens zum ersten Halbjahr 2013 erwartet. Übernahmekandidat.

Asset-Explorer

- **Andina Minerals** (ISIN: CA03421911057, WKN: A0J3S7, ADM, TSXV)

Das Hauptprojekt birgt eine niedrighaltige Mineralisierung von durchschnittlich nur 0,73 Gramm je Tonne Erz. Der Explorer verfügt damit über Ressource von beachtlichen 6,6 Mio. Unzen Gold sowie weiteren 2,3 Mio. Unzen in den Kategorien gemessen und angezeigt. Die Durchführbarkeitsstudie ergab eine Lebensdauer der Mine von 15 Jahren, eine durchschnittliche Produktion von 283.000 Unzen jährlich zu Cash-Kosten von 584 US$ je Unze während der ersten fünf Jahre und eine erforderliche Investition von mehr als 550 Mio. US$ zum Bau der Mine. Der Markt ist skeptisch, ob die niedrige Mineralisierung den Betrieb ermöglichen wird. Das Management und ich gehen davon aus.

- **Golden Minerals** (ISIN: US3811191069, WKN: A0X9LC, AUMN, AMEX)

Die 2011 stark rückläufige Kursentwicklung von Golden Minerals führe ich auf Verkäufe von enttäuschten ECU-Aktionären zurück. Die Übernahme von ECU Silver ist abgewickelt. Das fusionierte Unternehmen weist aus meiner Sicht gute Zukunftschancen auf. Das erfahrene Management von Golden Minerals hat massive Insiderkäufe der eigenen Aktien bis zu 18,50 US$ und somit erheblich über dem aktuellen Aktienkurs durchgeführt. Das Unternehmen ist zudem gut kapitalisiert und hat umfassende Ressourcen von insgesamt mehr als 400 Mio. Unzen Silberäquivalent mit Potenzial auf mehr als 1 Mrd. Unzen.

- **Golden Queen** (ISIN: CA38115J1003, WKN: 622 357, GQM, Toronto)

Fokus von Golden Queen ist das Gold- und Silber-Projekt Soledad Mountain außerhalb der Stadt Mojave im Kern County im Süden von Kalifornien. Die 2011 aktualisierte Durchführbarkeitsstudie ergab komplette Betriebskosten von durchschnittlich nur 133 US$/Unze Gold, unter Anrechnung der Erlöse für Silber. Alle entscheidenden behördlichen Genehmigungen liegen vor. Geschätzte Investitionskosten: rund 88,9 Mio. US$ für das von der Infrastruktur gut erschlossene Projekt. Die Jahresproduktion wird auf durchschnittlich 75.000 Unzen Gold sowie 950.000 Unzen Silber pro Jahr geschätzt und kann – je nach Mineralisierung – schwanken. Insgesamt wird eine Produktion von 936.332 Unzen Gold und 10.426.654 Unzen Silber auf eine Dauer von 13 Jahren geplant. Das Management prüft aktuell verschiedene Möglichkeiten der Finanzierung. Sobald diese gesichert ist, kann die Minenkonstruktion etwa neun Monate später abgeschlossen werden.

● **International Tower Hill Mines** (ISIN: CA46050R1029, WKN: A1C4CG, THM, AMEX)
Haupt-Asset ist das in Alaska gelegene Projekt Livengood. Anglogold Ashanti USA besitzt 11,5 % des Aktienkapitals an International Tower Hill Mines und könnte Interesse an einer kompletten Übernahme haben. Eine neue Studie zur vorläufigen Bewertung der Wirtschaftlichkeit (Scoping Study) geht von einem Goldvorkommen von rund 16,5 Mio. Unzen Gold der Kategorien gemessen und angezeigt aus. Neuer CEO ist James Komadina, zuvor Leiter der Nordamerika-Sektion des Minengiganten AngloGold Ashanti. Das Management schätzt, künftig 562.000 Unzen Gold pro Jahr über 23 Jahre Minenleben produzieren zu können, zu durchschnittlichen Cash-Kosten von 703 US$/Unze.

● **Majescor Resources** (ISIN: CA7609602031, WKN: A0RDPP, MJX, TSXV)
Dieser Junior-Explorer hat sich geographisch auf Projekte im Nordosten von Haiti fokussiert. 2010 wurde das Unternehmen SAGC komplett übernommen. Es hält 62 % des Aktienkapitals an der Gesellschaft SOMINE, die das gleichnamige Gold- und Kupfer-Projekt auf Haiti besitzt. Bisherige Schätzungen gehen hier von rund 1,5 Mrd. Pound Kupfer und ca. 200.000 Unzen Gold (historische Annahmen) aus. Hier wird hohes Explorationspotenzial vermutet. Nachbar ist der Gold-Konzern Newmont Mining, der sein Projekt dort für eines der weltweit chancenreichsten hält, aber noch mitten im Genehmigungsverfahren für die

Exploration steckt, während Majescor Resources alle Erlaubnisse bereits hält. Ein Übernahmekandidat für den großen Nachbarn? Hohe Hebelwirkung im Erfolgsfall angesichts der geringen Marktkapitalisierung.

- **Mines Management** (ISIN: US60343211058, WKN: 157794, MGN, AMEX)

Immer wieder dominieren starke Zweifel an der Börse, ob Mines Management sein großes US-Projekt Montadore jemals durch den Wall der erforderlichen behördlichen Genehmigungen durchbringen wird. Vorgängerin Noranda Minerals besaß alle Genehmigungen, gab aber aufgrund damals niedriger Rohstoffpreise 2002 das Mega-Projekt fast kostenlos an Mines Management ab. Gegen die vorherrschende Erwartung, dass der Asset-Explorer letztlich im Genehmigungsverfahren scheitern wird, setzt sich das Management Schritt für Schritt seit Jahren behutsam durch. Das kostet Zeit und erfordert weit mehr Geduld als ursprünglich erwartet, ist aber bislang erfolgreich. Ende September 2011 wurde eine weitere Hürde genommen und eine Ergänzung zur vorgelegten Umweltverträglichkeitsstudie von der US-Forstbehörde eingeholt. Jetzt stehen noch die öffentliche Diskussion, Beratungen mit der Fischereibehörde und die abschließende Umweltverträglichkeitsstudie aus, die dann die Grundlage für die Betriebserlaubnis bilden. Das gesamte Verfahren könnte Ende 2012 erfolgreich abgeschlossen werden. Die Aktie wird zum Übernahmeziel, sobald das komplizierte Genehmigungsverfahren für das Großprojekt Montadore abgeschlossen ist. Das ist eines der weltweit noch nicht entwickelten Silber-/Kupfer-Vorkommen mit Ressourcen von rund 230 Mio. Unzen Silber und knapp 2 Mrd. Pound Kupfer.

- **Paramount Gold and Silver** (ISIN: US69924P1021, WKN: A0HGKQ, PZG, AMEX)

Paramount Gold and Silver ist ein Bekannter für die Mitglieder des *OXFORD CLUB Communiqué*, die im März 2011 mit der Aktie bereits rund 110 % Gewinn nach nur vier Monaten erzielen konnten. Jetzt ist sie wieder ein Kauf.

Paramount Gold and Silver hat sich auf Gold- und Silber-Projekte in den USA und Mexiko fokussiert. Exploriert wird die früher produzierende Mine Sleeper in Nevada/USA. Diese wurde von 1986 bis 1996 von AMAX betrieben und produzierte mehr als 1,6 Mio. Unzen Gold. Erst die Hälfte der dortigen Goldvorkommen soll gefördert worden sein. Die Ressource umfasst mehr als 1,8 Mio. Unzen Gold sowie 11 Mio. Unzen Silber. Darüber hinaus hält das Unternehmen das großflächige Projekt San Miguel im berühmten mexikanischen Sierra Madre-Gold-/-Silbergürtel. Dort liegen sieben historische Minen und eine Reihe viel versprechender Zielzonen. Strategisch umrandet das Gebiet das große Palmarejo-Projekt von Coeur d'Alène Mines. Intensiv wird exploriert. Die Vorkommen umfassen insgesamt 4,5 Mio. Unzen Gold und 117,9 Mio. Unzen Silber, umgerechnet rund 7 Mio. Unzen Goldäquivalent.

- **Pretium Resources** (ISIN: CA74139C1023, WKN: A1H4B5, PVG, Toronto)

CEO Robert Quartermain kennen Sie wahrscheinlich von seinem früheren Erfolg bei Standard Silver Resources. Hier formte er in seinen 25 Jahren als Chef aus dem Explorer mit einem Börsenwert von nur 2 Mio. US$ einen Konzern mit einem Wert von bis zu 1,9 Mrd. US$. Nach dem Rückzug in den verdienten Ruhestand tritt die Legende nochmals an: Er führt jetzt Pretium Resources und investiert dort sein Geld. Das neue Unternehmen ist ein Spin-Off, eine Ausgliederung der Goldprojekte von Standard Silver Resources. Vorrangiges Ziel ist, die im Norden British Columbias gelegenen und aneinander angrenzenden beiden Goldprojekte Snowfield und Brucejack zu entwickeln und dafür eine vorläufige Durchführbarkeitsstudie zu erstellen. Eine vorläufige Wirtschaftlichkeitsbetrachtung für Snowfield geht von einer Lebensdauer der Mine von 27 Jahren aus. Die Investitionssumme liegt danach bei rund 3,465 Mrd. US$, die operativen Kosten bei 9,38 US$ je Tonne Erz. Geplant ist eine Jahresproduktion von durchschnittlich 700.000 Unzen Gold, 4,162 Mio. Unzen Silber, 44,582 Mio. Pound Kupfer, 3,668 Mio. Pound Molybdän und 9.011 kg Rhenium. Eine vorläufige Wirtschaftlichkeitsstudie für Brucejack vom Juni 2011 geht von Investitionskosten von 281,7 Mio.

US$ sowie 16 Jahren Betriebsdauer mit insgesamt einer Produktion von 2,16 Mio. Unzen Gold und 14,72 Mio. Unzen Silber aus. Großaktionär ist Silver Standard Resources mit einem Aktienanteil von 22 %, das Management mit 5 % (Robert Quartermain hält 2,876 Mio. Aktien), weitere institutionelle Anleger halten insgesamt 50 % des Aktienkapitals, darunter der Carmignac Gestion-Fonds 6,15 Mio. Aktien.

Wie sicher ist Ihr Geld bei einer Bankpleite?

Die Fotos von Massen ängstlicher Sparer vor der britischen Bank Northern Rock gingen im Jahr 2007 um die Welt. Das schien noch weit weg. Jetzt, da Griechenland seit spätestens 2010 wackelt und eine Banken-Krise in den Medien beschworen wird, gehen immer mehr Anfragen bei mir ein. Motto: „Wie sicher ist mein Geld bei der Bank?“

In der seit 80 Jahren größten Wirtschaftskrise von Industriestaaten trat im Jahr 2008 Bundeskanzlerin Angela Merkel mit dem damaligen Bundesfinanzminister Peer Steinbrück vor die Öffentlichkeit: „Wir sagen den Sparerinnen und Sparern, dass ihre Einlagen sicher sind. Auch dafür steht die Bundesregierung ein.“

Ich erhalte immer wieder Anfragen, ob das Wort der Bundeskanzlerin heute noch gilt. Dazu ein Regierungssprecher: „Dem Wort von damals ist heute nichts hinzuzufügen.“

Eine gesetzliche Grundlage fehlte der Staatsgarantie. Unabhängig davon werden Kundengelder durch ein umfangreiches Sicherheitsnetz vor Bankpleiten gesichert. Das Versprechen diente der vordergründigen psychologischen Beruhigung der deutschen Bevölkerung und erzielte seine Wirkung.

Das Sicherheitsnetz für Kundengelder ist wie folgt gespannt.

Private Banken: 100.000 € je Kunde

Bei privaten Banken, also beispielsweise Deutsche Bank oder Commerzbank, sind durch das Einlagensicherungs- und Anlegerentschädigungsgesetz zunächst über die Entschädigungseinrichtung deutscher Banken (EdB) die Giro-, Spar-, Tages- und Festgeldguthaben sowie auf den Namen des Kunden lautende Sparbriefe bis zu 100 000 € pro Kunde und Bank abgesichert.

Aktien, Fondsanteile oder Zertifikate sind nicht abgesichert.

Wohlhabende Kunden sollten – wenn sie ganz sichergehen wollen – ihr Geld somit auf mehrere Institute verteilen.

Geschützt werden Privatpersonen, Personengesellschaften und kleine Kapitalgesellschaften, wenn sie laut Handelsgesetzbuch zwei von drei Kriterien erfüllen: bis 9,68 Mio. € Umsatz, bis 4,84 Mio. € Bilanzsumme und maximal 50 Mitarbeiter.

Bei privaten Banken kommt allerdings ein freiwilliges Sicherungssystem für Einlagen hinzu, die 100 000 € übersteigen. Die Grenze ist dann – je nach Institut – unterschiedlich. Sie liegt bei 30 % des haftenden Eigenkapitals der jeweiligen Bank, mindestens aber bei 1,5 Mio. €. Die Teilnehmerliste können Sie unter www.bdb.de einsehen. Die meisten deutschen Privatbanken sind dort ebenso Mitglied wie etliche Tochtergesellschaften ausländischer Banken.

Der Bankenverband plant allerdings, die obige Grenze schrittweise zu senken. Ab dem Jahr 2015 soll der Fonds nur noch für 20 % des haftenden Eigenkapitals garantieren, ab 2020 dann für 15 % und ab 2025 nur noch für 8,75 %. Die dann niedrigste Garantie-Summe würde von derzeit 1,5 Mio. € auf 437.500 € je Kunde sinken.

Bei Privatbanken, die dem Einlagensicherungsfonds und der Entschädigungseinrichtung deutscher Banken angehören, würde der Fonds die praktische Abwicklung als Mittler zwischen den Kunden und der Entschädigungseinrichtung deutscher Banken übernehmen. Rein formaljuristisch gedacht, besteht kein Rechtsanspruch auf Entschädigung durch den Fonds. Das hat seinen praktischen Grund darin, dass die rechtliche Form einer Versicherung vermieden werden soll, damit das Verfahren unkomplizierter und preiswerter ablaufen kann. Es besteht allerdings kein Rechtsanspruch. Trotzdem ist der Fonds bislang stets tätig geworden und hat voll entschädigt.

Achillesferse: Bei mehreren Pleiten von Großbanken wäre allerdings auch der Einlagensicherungsfonds überfordert. Dann müsste wohl der Bund (Staat) einspringen. Im härtesten Falle würde dies zu einer Verstaatlichung von Banken führen (Beispiel: HypoVereinsBank). Die Aktien der Bank würden dann wahrscheinlich wertlos.

Sparkassen, Landesbanken, Landesbausparkassen sowie Genossenschaftsbanken: 100 % Schutz

Die Sparkassen etc. und Kreditgenossenschaften gehören nicht der vorgenannten Entschädigungseinrichtung deutscher Banken an, sondern haben eigene Sicherungseinrichtungen.

Hier gilt das Motto der drei Musketiere „Einer für alle, alle für einen". Die Sparkassen, Landesbanken und Landesbausparkassen bilden einen Haftungsverbund. Dieser fängt im Krisenfall ein Pleite-Institut auf und soll damit Einlagen zu 100 % garantieren. Sogar die von den Kreditinstituten ausgegebenen Zertifikate und Schuldverschreibungen sind geschützt.

Bei Sparkassen würden folgende Kettenreaktion bei einer Schieflage in Gang gesetzt: Die anderen Sparkassen aus der Region helfen als erste, danach greift die Sicherungsreserve der Landesbanken und Girozentralen sowie der Sicherungsfonds der Landesbausparkassen. Umgekehrt würden auch Sparkassen den Landesbanken helfen. Im Falle einer größeren Krise würde das gesamte Sicherungsnetz der vorgenannten Sparkassen aktiviert.

Kreditgenossenschaften: 100-prozentiger Schutz

Kreditgenossenschaften sind die Volks- und Raiffeisenbanken. Diese Institute zahlen in eine Sicherungseinrichtung ein, die im Notfall jede dieser Art von Banken sowie die Einlagen aller Nichtbanken-Kunden zu 100 % schützt.

Zwischenbilanz: Bislang hat bei Sparkassen und Genossenschaftsbanken noch kein Kunde Geld verloren. Seit der Einführung des Einlagensicherungsfonds im Jahr 1976 gilt das auch für die Privatbanken.

In Österreich gibt es vier mit den beiden vorgenannten Verbünden vergleichbare Haftungszirkel, und zwar die Sparkassen-Haftungs AG, die Österreichische Raiffeisen Einlagensicherung, die Hypo-Haftungsgesellschaft und die Schultze-Delitzsch-Haftungs Genossenschaft. Daneben gibt es für die privaten Banken die so genannte Einlagensicherung der Banken & Bankiers.

Für jedes Bankinstitut – auch für die Töchter ausländischer Banken – gilt die Pflicht zum Beitritt zu einer der vorgenannten Sicherungseinrichtungen als Grundlage für die gültige Banklizenz. Bei Zweigstellen ausländischer Banken haftet ein ausländisches Sicherungssystem.

Offen bleibt, ob der Sicherungsschutz auch bei Groß-Krisen der Institute hält. Letztlich wird dann der Staat gefordert sein.

Deutschland: Von der Öffentlichkeit unbeachtet ging im August 2010 die erst im November 2009 gegründete Noa Bank pleite. Betroffen waren rund 14.000 Kunden mit fast 200 Mio. €. Jeder, der die damals geltende Grenze von maximal 50.000 € je Kunde nicht überschritten hatte, erhielt sein Kapital rasch zurück.

Österreich: Hier griff die Einlagensicherung bereits vier Mal, und zwar für die Insolvenzen von BHI, Diskont Bank, Riegerbank und Trigonbank (insgesamt rund 140 Mio. €).

Bausparkassen und Versicherungen

Ergänzend zur gesetzlichen Entschädigungseinrichtung deutscher Banken besitzen die deutschen Bausparkassen einen eigenen Sicherungsfonds. Bauspareinlagen sind unbegrenzt geschützt, Spareinlagen bis zu 250.000 € je Kunde und Bausparkasse.

Die Versicherungsunternehmen unterhalten eine eigene Sicherungseinrichtung, den so genannten Protektor. Dieser erfasst die Ersparnisse in Lebens- und Rentenversicherungen sowie anderen Kapitalprodukten. Im Falle einer Schieflage eines Versicherungsunternehmens würden deren Verträge auf die Auffanggesellschaft Protektor übertragen und dort die Policen weitergeführt. Das Kapital für Protektor stellt die gesamte Versicherungsbranche je nach dem Anteil des einzelnen Unternehmens.

Achtung: Fremdwährungen!

Zahlreiche Anleger versuchen sich über Zertifikate in Fremdwährungen vor einem befürchteten Wertverlust des Euro abzusichern. Solche Zertifikate sind allerdings nicht gegen den Ausfall der Emittenten geschützt. Eine Warnung war hier der Untergang des US-Konzerns Lehman Brothers im September 2008, bei dem zahlreiche Anleger ihr Geld verloren.

Fremdwährungskonten werden bei Entschädigungen nur dann berücksichtigt, sofern es sich um Einlagen auf die Währung eines Staates der Europäischen Union handelt. Beispielsweise wären Schweizer Franken oder Norwegische Krone nicht geschützt.

„Wie sicher sind meine Tagesgeldkonten bei der ING-Diba und bei der Royal Bank of Scotland?“

Auch diese Fragen wurden mir öfter gestellt. Die ING-Diba ist der deutschen Einlagensicherung angeschlossen. Damit gelten die obigen Garantien für Privatbanken.

Die Royal Bank of Scotland gehört dem britischen Einlagensicherungsfonds an. Dieser schützt Einlagen von Privatanlegern (auch Deutschen) bis zu 85.000 britischen Pfund zu 100 %.

Europaweit gilt die Einlagensicherung von 100.000 € je Kunde und Institut seit 2011

Die gesetzliche Einlagensicherung gilt für alle Länder der Europäischen Union. Ausnahme: Für Großbritannien gilt die Grenze von 85.000 britischen Pfund. Bezogen auf die genannte Grenze, sollen Ansprüche innerhalb von bis zu 20 Tagen mit angefallenen Zinsen – im Ausnahmefall 30 Tage – abgewickelt sein.

Fazit: Fremdwährungen empfehle ich in Form von Anleihen oder Geldmarktpapieren nicht. Es handelt sich nicht um Reservewährungen, aus denen Sie leicht hinein- und herauskommen. Das Risiko lohnt nicht!

Schlusswort

Mit diesem Buch habe ich versucht, Ihnen einen Überblick über die internationalen Finanzmärkte, deren aktuelle Lage und zukünftige Trends zu geben. Wir leben in schwierigen Zeiten und haben große Herausforderungen zu bewältigen. Aber es ist kein Weltuntergang. Auf Probleme, die es zu allen Zeiten gegeben hat, können und müssen wir uns einstellen und geschickt anpassen. In Westeuropa leben wir in einer der längsten Friedensperioden und auf einem Wohlstandsniveau, um das uns viele andere Staaten beneiden. Das gilt auch, falls – wovon ich ausgehe – unser Lebensstandard ein Stück weit sinken wird. Positiv finde ich, dass die aufgeblasene Finanzwirtschaft – hier besonders in den USA und Großbritannien – der vergangenen beiden Jahrzehnte weiter schrumpfen und die reale Wirtschaft wieder an Bedeutung gewinnen wird. Kritische Wirtschaftszeiten dienen somit wieder der Rückkehr zu mehr Solidität und Normalität.

Mit meinen Analysen, so zum US-Dollar und zur Noch-Weltmacht USA, zum Euroland, zur wieder aufkeimenden Inflation sowie zu geopolitischen Trends und dem Rückblick auf Warnungen möchte ich Ihnen Hintergrundinformationen geben und Sie zum Nachdenken anregen. Und vielleicht können Sie von meinen Vorschlägen den einen oder anderen zu Ihrem Wohl oder zum Wohl Ihnen nahestehender Personen umsetzen. Für die vor uns liegenden Jahre setze ich auf Sachwerte, auf Substanz, und ich meide Papierversprechen. Bei Substanz empfehle ich in erster Linie die selbst genutzte, möglichst schuldenfreie Immobilie – auch als ein wichtiges Stück Ihrer Lebensqualität – sowie Edelmetalle (Gold und Silber) in physischer Form, in ETFs oder in Aktien.

Über die beiden Informationsbriefe, das *OXFORD CLUB Communiqué* und die *OXFORD CLUB Eildepesche*, verfolge ich das Geschehen zeitnah und aktuell weiter. Leben ist Veränderung. Ich freue mich auf die Zukunft!

Danksagung

Mein Dank gilt anlässlich des 15-jährigen Bestehens des *OXFORD CLUB Communiqué* allen Mitgliedern. Sie haben durch ihre langjährige Treue, Verbundenheit, Kritik und Anerkennung den Erfolg – und dieses Buch – erst möglich gemacht. Und ich danke auch allen Lesern: schön, dass es Sie gibt!

Ihr Friedrich Lange

Hintergrundinformation:

Alles Wichtige zum OXFORD-CLUB

Die Mission des OXFORD-CLUB

Der „Oxford Club“ ist ein privater, internationaler Finanzclub. Wir verfolgen ein gemeinsames Ziel: finanzielle Unabhängigkeit und persönliche Privatsphäre für uns und unsere Familien. Um dieses Ziel zu erreichen, erhalten unsere Mitglieder ausgesuchte und sorgfältig recherchierte Investment-Empfehlungen, Strategien zur Geldanlage und zum Immobilienerwerb sowie alle nötigen Informationen, um diesen Wohlstand zu schützen sowie die private und finanzielle Sicherheit zu gewährleisten.

Unser Club ist international tätig, mit Stützpunkten in den USA, England, Frankreich und Deutschland. Weltweit gehören der Organisation über 100.000 Mitglieder an.

Mit dem OXFORD-CLUB zu Ihrem Börsenerfolg

Als Leiter „Internationale Finanzmärkte“ zeichnet sich Friedrich Lange seit mehr als einem Jahrzehnt sowohl für die deutschsprachigen Ausgaben des monatlich erscheinenden **OXFORD-CLUB Communiqué** als auch für den wöchentlichen **OXFORD-CLUB EIL-DEPESCHE** verantwortlich. Mit seinen antizyklisch orientierten Börsenbriefen begeistert er eine seit jeher wachsende Leserschaft. Seine Ausgaben werden in Deutschland, Österreich, der Schweiz und vielen anderen Ländern gelesen.

Zwei Börsenbriefe, ein Ziel

Um Ihnen die **Gemeinsamkeiten und Unterschiede dieser beiden Börsendienste** zu erläutern, haben wir auf der kommenden Doppelseite die wichtigsten Informationen für Sie zusammengestellt:

Das OXFORD CLUB-Communiqué

Antizyklische Investment-Empfehlungen und investmentnahe Themen

APRIL 2011 AUSGABE NR. 4

OXFORD CLUB COMMUNIQUÉ

Aktuelle Mitteilungen exklusiv für unsere Mitglieder

INHALT

Silber, Gold und Rohstoffe bleiben Ihre Schwerpunkte!

Liebes Mitglied,

Tragödie Japan

Vergessen Sie die geopolitischen Gefahren nicht!

Iluka Resources mit durchschnittlich rund 120% Gewinn verkauft!

Warten Sie auf niedrige Kaufkurse

Friedrich Lange

Leiter Internationale Finanzmärkte

Investor Verlag

OXFORD CLUB Communiqué April 2011 1

- Das OXFORD CLUB-Communiqué erscheint **monatlich** und umfasst **16 Seiten**. Die Ausgabe erscheint sowohl direkt nach Redaktionsschluss als **PDF-Datei per E-Mail,** als auch wenige Tage später in **gedruckter Fassung** und wird per Post zugestellt.
- **Ganzheitlicher Ansatz**: Das OXFORD-CLUB-COMMUNIQUÉ behandelt zz gleichen Teilen Investment- als auch Investmentnahe Themen. Hier werden für Sie stets aktuelle Trends und brisante Inhalte beleuchtet. Die Rubriken „Marktanalyse" und „Wall Street-Inside" schauen für Sie **hinter die Kulissen der internationalen Finanzmärkte**.
- Mit **Anton-Rudolf Götzenberger** gibt Ihnen ein renommierter Steuerexperte und Buchautor unverzichtbare **Überlebenstipps im Steuer-Dschungel**. In einer Zeit, in der der Fiskus grenzenlos gierig auf Ihre Einkünfte ist, werden Ihnen hilfreiche Strategien zum legalen Sparen und Vermeiden von Steuern aufgezeigt.
- **Warnungen vor beliebten Investments**, die Ihnen von Banken und Massenmedien dringend ans Herz gelegt werden. Eine Warnung ist oft genauso wichtig, wie ein chancenreiches Investment.
- **Bedrohungen Ihrer Privatsphäre** werden aufgezeigt und die damit für Sie konkret verbundenen Gefahren und Möglichkeiten, sich dagegen zu wehren. Denn unter dem Deckmantel der angeblichen Bekämpfung von Kriminalität und seit dem Jahr 2001 des Terrors werden Ihre Bürgerrechte eklatant eingeschränkt.
- **Investmentteil:** Hier finden Sie **Neuempfehlungen, Dispositionshinweise** (was wurde seit dem vorausgegangenen Communiqué gekauft oder verkauft), **Updates** und die **Listen mit** allen noch **geführten Empfehlungen. Jeder Verkauf** wird **kommentiert** und mit allen Details (Kauftage und Kurse, umgerechnet in Euro) aufgeführt.
- Abgerundet wird dies alles durch den **OC-Wochenbericht.** Der für Mitglieder des OXFORD CLUB-Communiqués kostenlose Report enthält Updates, Dispositionshinweise oder Hintergründe in Ergänzung zum Communiqué.

Die OXFORD-CLUB EIL-DEPESCHE

AUSGABE 50 — Oxford Club — 18. Oktober 2010

EILDEPESCHE

Aktuelle Mitteilung – exklusiv für unsere Mitglieder

INHALTSVERZEICHNIS

Editorial ... 1

Hintergründe zu den Musterdepots

Musterdepot I Gemischtes Depot

Largo Resources ... 2
Golden Star Resources ... 2
Impact Silver ... 3
Uranium One ... 3
Oceana Gold ... 5

Musterdepot II „Gold“:

Anatolia Minerals ... 6
Greystar Resources ... 6
Spanish Mountain Gold ... 6

Musterdepot III „Silber“:

Fortuna Silver Mines ... 8
Orko Silver ... 8

Musterdepot IV „Explorer“

South American Silver ... 9

Updates ausserhalb der Musterdepos

Geovic Mining ... 9
Allied Nevada Gold ... 10
Almaden Minerals ... 10
Atmel ... 11
Eurasian Minerals ... 11
First Majestic Silver ... 11
Fortuna Silver Mines ... 11
Fronteer Gold ... 12
MAG Silver ... 12
Nevsun Resources ... 12
Novagold resources ... 12
Pelangio Exploration ... 13
UMS ... 13

Updates

Crescent Gold ... 14
Endeavour Silver/ Cream Minerals ... 15
Great Panther Silver ... 15
Western Potash ... 16

Marktanalyse

US-Notenbanker außer Kontrolle! ... 17

Bis zu 1.433% mit Teil-gewinn-Mitnahmen gesichert!

Liebes Mitglied,

am Dienstag vergangener Woche gelangen gleich serienweise die empfohlenen Teil-Gewinnmitnahmen.

Außerhalb der Musterdepots konnten Sie Pelangio Explorations mit rund 1.433%, Fortuna Silver Mines mit 683% und Orko Silver mit 580% Gewinn veräußern. Die Details zu den Verkäufen und offenen Verkaufspositionen habe ich für Sie in dieser Ausgabe aufgelistet.

In den Musterdepots I bis III baue ich derzeit die Cash-Reserven aus, um diese in die erwartete Konsolidierung zu investieren.

Mit der Notenbank-Politik des leichten Geldes befasst sich der heutige Marktkommentar und zeigt Ihnen die Schattenseiten des Quantitative Easing II der US-Notenbank auf.

Herzlich Ihr

Friedrich Lange

Chefredakteur
OXFORD CLUB EILDEPESCHE

Investor Verlag

PERFORMANCE
Musterdepot I: +110,84%
Musterdepot II: +401,81%
Musterdepot III: +329,08%
Musterdepot IV: +62,86%

Hinweis: Treffen Sie mich auf der Edelmetallmesse in München am 5. und 6. November 2010!
Treffen Sie mich in dieser Woche auf der Anleger-Messe „Gewinn“ in Wien am 21. Oktober, ab 12.00 Uhr!

AUSGABE 50 / 18. Oktober 2010 1

Der antizyklische Investment-Brief für kleine und mittlere Werte mit umfassenden Marktanalysen, Musterdepots und Telefonsprechstunden

- Die OXFORD-CLUB EIL-DEPESCHE erscheint in der Regel **wöchentlich als PDF-Datei**. Ihr Vorteil: Sofort nach Redaktionsschluss haben Sie die Ausgabe im Ihrem E-Mail-Postfach! Auch hier erhalten Sie wenige Tage nach E-Mail-Versand die Ausgabe in Schriftform per Post zugestellt
- Vorteil der OC EIL-DEPESCHE ist die **jederzeit mögliche Erscheinungsweise**. So können Sie immer genau dann an der Börse reagieren, wenn es nötig ist.
- **Ausschließlich Investments**! Oft erhalten Sie **detaillierte Marktanalysen** mit aufschlussreichen Charts. Hier wirkt sich die offene Seitenzahl positiv aus. Die Länge der Analysen ist ohne Limits. Trotzdem werden **Hintergründe kompakt, aufschlussreich** und gewohnt **kritisch** geschildert.
- **Vier Musterdepots decken unterschiedliche Schwerpunkte ab**. Derzeit liegt der Schwerpunkt zu mehr als 95% in den Edelmetall- und Rohstoff-Aktien. Seit Auflage der Depots konnten viele Anleger Ihre Investments bereits vervielfachen!
- **Jede Empfehlung wird in allen Ausgaben fortlaufend aufgeführt**, bis der Kauf oder Verkauf gelingt oder aufgegeben wird. So wissen Sie als Investor jederzeit, wo Sie mit Ihren Geldanlagen stehen.
- **Regelmäßig stattfindende Telefonsprechstunden**. Hier nimmt sich Chefredakteur Friedrich Lange Zeit für Ihre Fragen und berät Sie zuverlässig und unverbindlich.

Sie möchten die OXFORD-CLUB-Dienste in Ruhe testen?

Für Angebote und weitere Informationen zum *OXFORD-CLUB Communiqué* oder *der OXFORD-CLUB-EIL-DEPESCHE* besuchen Sie uns auf der Seite www.investor-verlag.de/shop.

24-Stunden-Info-Hotline: Tel. 0228/95 50 44 54

Ihre Notizen: